Inhalt

Natur

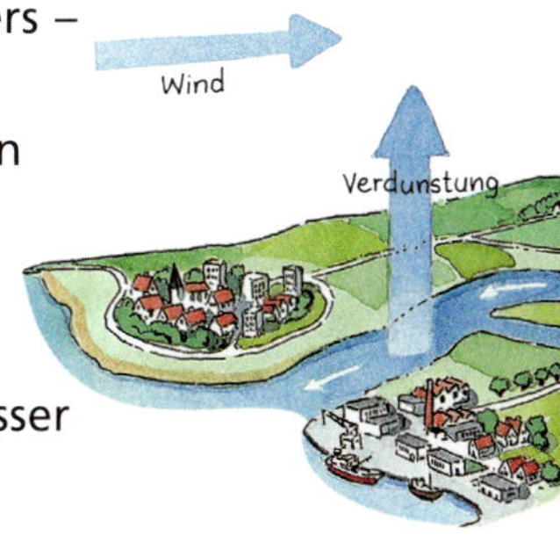

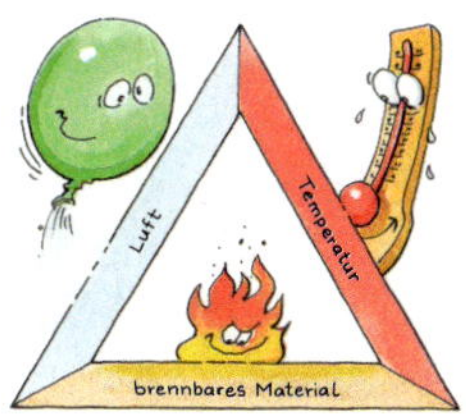

Technik

Raum

Gesellschaft

Zeit

So arbeitest du mit diesem Buch

Arbeitsbuch

Das Buch kombiniert **Arbeits**heft, in dem die Aufgaben direkt bearbeitet werden, und Schul**buch**, um sich über die Sachthemen der 3. und 4. Klasse zu informieren.

Themenbereiche

Das Arbeitsbuch behandelt fünf Themenbereiche, die durch Farben unterschieden werden: **Natur**, **Technik**, **Raum**, **Gesellschaft (mit Computerkurs)**, **Zeit**. An den Farbbalken unten auf der Seite kannst du erkennen, in welchem Themenbereich du gerade arbeitest.

Inhaltsverzeichnis

Das Inhaltsverzeichnis auf den Seiten 1 bis 3 zeigt dir, welche Themen angeboten werden. Meistens bilden zwei oder vier Seiten einen Block.

Titelseiten

Jeder Themenbereich beginnt mit einer Titelseite (z. B. Seite 5). Auf dieser werden Fragen oder Aufgaben gestellt, die du durch das Bearbeiten der Folgeseiten beantworten kannst.

Themenhefte

Alle Seiten sind perforiert, wodurch sie sich leicht aus dem Buch heraustrennen lassen. In einem Schnellhefter oder Ringbuch lassen sich so kleine oder große Themenhefte zusammenstellen. Die Titelseiten dienen dann als Titelblätter.

Lerntagebuch

Auf der Rückseite der Titelseite findest du das Lerntagebuch zu dem Themenbereich. Hier kannst du eintragen, zu welchem Thema du von wann bis wann gearbeitet hast. Gleichzeitig notierst du, was dir an dem Thema gefallen hat und was nicht, was du gelernt oder eventuell nicht verstanden hast.

Aufgaben

(1) Felder mit Nummern zeigen dir, dass du eine Aufgabe bearbeiten sollst. Schriftliche Lösungen werden dann direkt ins Arbeitsbuch eingetragen. Siehst du dieses Symbol, sollst du die Aufgabe auf einem Blatt Papier oder in einem Heft lösen. Das Blatt kannst du direkt ins Themenheft einheften.

Ich teste mein Wissen

Jeder Themenbereich endet mit der Seite „Ich teste mein Wissen“. Hier kannst du überprüfen, wie gut du das Wichtigste zu einzelnen Themen behalten hast.

Werkstätten

In den Werkstätten lernst du Methoden und Arbeitsweisen kennen, um besondere Aufgaben zu erfüllen. Dazu gehören das Bauen, Experimentieren und Sich-Informieren.

Was ich gelernt habe

Auf den Seiten 191 und 192 („Was ich im Sachunterricht gelernt habe“) kannst du deine Leistungen zu jedem Einzelthema selbst einschätzen und eintragen. Die Gesamtübersicht zeigt dir, was du in der 3. und 4. Klasse gelernt hast.

Natur (1)

Einheimische Vögel werden einmal im Jahr gezählt. Gehört dieser zu den zehn häufigsten Vogelarten?

Der größte Teil der Erdoberfläche ist mit Wasser bedeckt. Warum ist Wasser trotzdem so kostbar?

Viele Wiesenpflanzen und Insekten leben auch in deiner Umgebung. Welche kennst du?

Welche fünf Getreidearten werden in Deutschland angebaut?

Mein Lerntagebuch: **Natur (1)**

Thema	begonnen am	beendet am
Was mir am Thema gefallen / nicht gefallen hat.		
Was ich gelernt habe. Was ich nicht verstanden habe.		

Fülle die Zeilen gemäß der Überschriften im oberen Kasten aus.
Wenn der Platz nicht reicht, kannst du auch ein Extrablatt (die Kopiervorlage) für die einzelnen Themen benutzen.

Weizen und Mais

Weizen

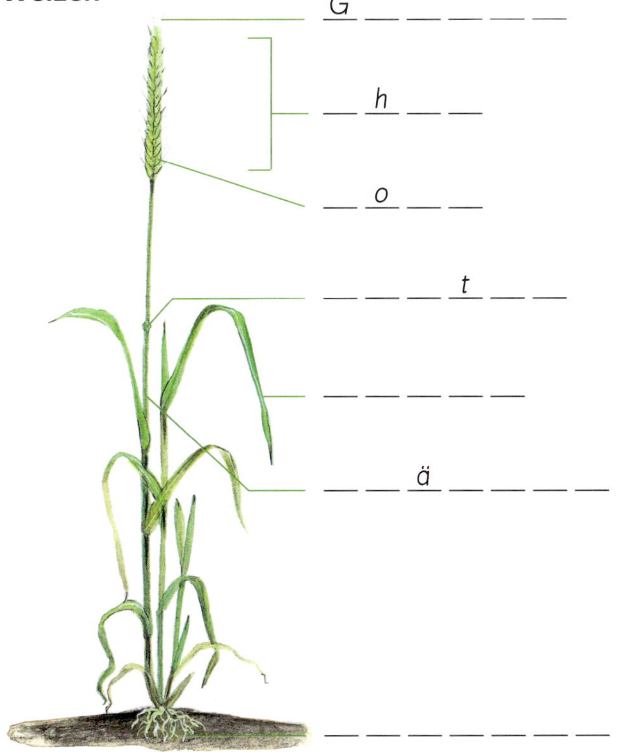

Setze ein: **Ähre – Blatt – Granne – Knoten – Korn – Stängel – Wurzeln.**

Mais

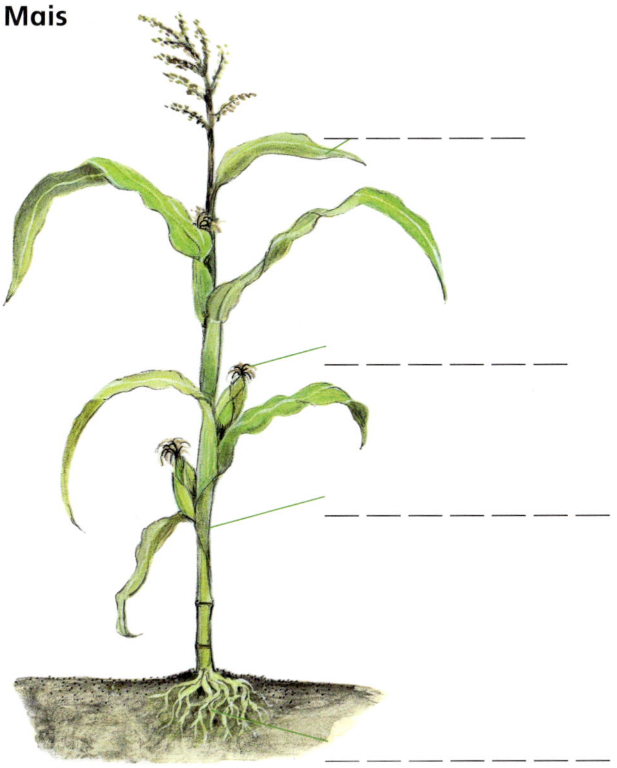

Setze ein:
Blatt – Kolben – Stängel – Wurzeln.

Weizen

Jedes Jahr im Sommer leuchtet auf den Feldern das reife Getreide.
Eine häufige Getreideart ist der Weizen. Am oberen Ende des Stängels sitzen dicht gedrängt Körner, die Früchte des Weizens. Sie werden von einer festen Hülle, den Spelzen umgeben und geschützt. Die Spelzen haben Fortsätze, die Grannen. Alle Körner zusammen – das ist der Fruchtstand – nennt man Ähre. In einer Ähre reifen im Durchschnitt etwa 35 Körner. Der lange, hohle Stängel (Halm) hat an einigen Stellen Verdickungen. Sie heißen Knoten und geben dem Halm Festigkeit. Sie verhindern zum Beispiel, dass er bei starkem Wind umknickt.

Auch Mais ist eine Getreideart. An den kräftigen Stängeln, die bis zu 3 Meter hoch werden können, wachsen die Maiskolben. Sie sind etwa 20 Zentimeter groß und werden von großen Blättern eingehüllt. In jedem Maiskolben reifen ungefähr 400 Körner heran. Mais hat von allen Getreidearten die größten Körner.

(1) Vergleiche die beiden Getreidepflanzen und unterstreiche die Unterschiede im Text.

(2) Beschrifte die Zeichnungen mithilfe der angegebenen Begriffe.

Mais

Wir unterscheiden Getreidepflanzen

Weizen

Roggen

Gerste

Hafer

Außer Weizen und Mais werden bei uns hauptsächlich Roggen, Gerste und Hafer angebaut. Die verschiedenen Getreidearten kann man am besten an den reifen Fruchtständen unterscheiden. Am leichtesten ist der Hafer zu erkennen. Bei ihm ist der Furchtstand verzweigt. Diesen Fruchtstand nennt man Rispe.

(1) Besorgt euch, wenn möglich, reife Ähren von den vier Getreidearten. Vergleicht sie und beschreibt die Unterschiede.

(2) Vergleicht die Getreidekörner und nennt die Unterschiede.

(3) Kreuzt in der Tabelle die richtigen Merkmale an.

Fruchtstand (Ähre oder Rispe)	Weizen	Roggen	Gerste	Hafer
... hat sehr kurze Grannen				
... hat Grannen, die halb so lang wie die Ähre sind				
... hat sehr lange Grannen				
Körner	Weizen	Roggen	Gerste	Hafer
... sind länglich				
... sind rundlich				
... haben eine Längsfurche				
... schimmern grau				

Zeichnen und skizzieren

(1) Vervollständige die Zeichnungen. Schreibe die Namen der Getreidearten dazu.

(2) Schreibe auf, woran du die einzelnen Getreidearten gut erkennen kannst.

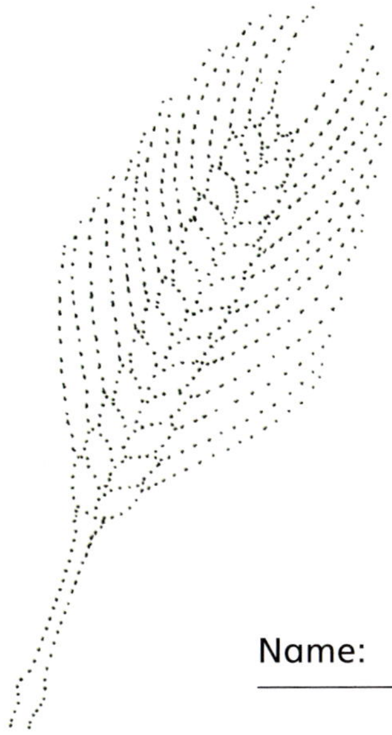

Name: ____________________

____

____

Name: ____________________

____

____

Name: ____________________

____

____

Name: ____________________

____

____

Rätsel: Getreide

(1) Löse das Kreuzworträtsel. Die Seiten 7 und 8 können dir dabei helfen.

1. Das Getreide hat sehr lange Grannen.
2. Roggen ist ein ...
3. Er ist lang und hohl.
4. Dieses Getreide kann bis zu 3 Meter hoch werden.
5. Dieses Getreide hat kurze Grannen oder gar keine.
6. Maiskörner wachsen in einem ...
7. Daran erkennt man den Hafer.
8. Ähren haben unterschiedlich lange ...
9. Sie wachsen in den Ähren.
10. Sie schützen die Körner.
11. So heißen die Fruchtstände von Weizen, Roggen und Gerste.
12. Dieses Getreide erkennt man gut an den Rispen.

Damit wird Getreide geerntet:

1	2	3	4	5	6	7	8	9	10	11
							C			

Die Keimung des Samens und die Entwicklung einer Pflanze könnt ihr gut bei der Feuerbohne beobachten.

1.

trocken

Gewicht von 10 Samen:

____

2.

gequollen in Wasser

Gewicht von 10 Samen:

____

3.

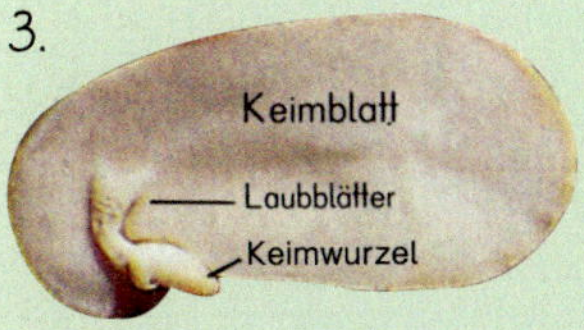

❶ Wiegt zehn Bohnensamen mit einer Briefwaage. Notiert das Gewicht. Zeichnet einen Bohnensamen.

❷ Legt die Samen über Nacht in Wasser. Beobachtet, was passiert. Wiegt erneut die Bohnensamen. Notiert das Gewicht. Zeichnet erneut einen Samen.

❸ Legt weitere Samen in Wasser. Öffnet am nächsten Tag die Samenschalen vorsichtig mit dem Fingernagel. Klappt den Bohnensamen vorsichtig auf. Findet die kleine Bohnenpflanze.

❹ Stecke Küchenpapier in Gläser. Feuchtet es gut an. Zwischen Papier und Glaswand steckt ihr jeweils eine Feuerbohne. Haltet das Papier immer gut feucht.

❺ Klebt mit dunkler Pappe und Klebefilm einen Ring um das Glas, damit die Entwicklung wie in der Erde im Dunkeln erfolgt. Der Ring wird nur zum Beobachten hochgeschoben.

❻ Beobachtet regelmäßig. Wann ein neuer Pflanzteil zu sehen ist, zeichnet ihr die Pflanze neu in eines der drei Gläser ein. Beschriftet und notiert das Datum. Die Abbildung unten rechts zeigt eine ausgekeimte Pflanze mit Beschriftung.

Datum:

①

Datum:

②

Datum:

③

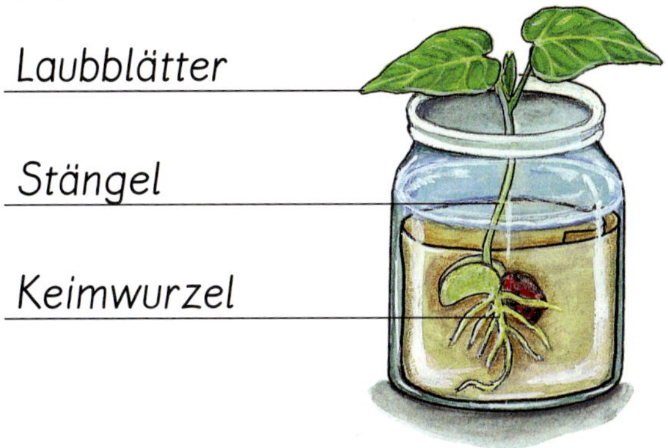

Entwicklung von Pflanzen

Die Bohnen von Seite 11 sollen jetzt weiter gepflegt werden und wachsen.
Die folgenden Versuche zeigen, was Bohnen zum Wachsen benötigen.

Für die Versuche brauchst du vier Blumentöpfe, kleine Bohnenpflanzen, einen Karton, Erde, Watte, eine Gießkanne mit Wasser, einen Platz am Fenster.

(1) Beobachte die Pflanzen der Versuche a, b, c und d über einen längeren Zeitraum.

a

Vorhanden:
Erde
Licht
Wasser

b

Vorhanden:
Erde
Licht

Fehlend:
Wasser

c

Vorhanden:
Erde
Wasser

Fehlend:
Licht

d

Vorhanden:
Licht
Wasser

Fehlend:
Erde

(2) Notiere, was eine Pflanze braucht, um zu wachsen und sich gut zu entwickeln.

Sie braucht: ______________________________

Nach dem Auskeimen entwickelt sich die Pflanze weiter, wenn bestimmte Bedingungen erfüllt sind. Mit einem Messprotokoll kannst du feststellen, wie die Pflanze weiter wächst.

(3) Miss jeweils nach genau einer Woche die in dem Bild dargestellten Maße.

	Datum:	Datum:	Datum:
① Von der Erde bis zum ersten Laubblatt	________ cm	________ cm	________ cm
② Gesamtlänge der Pflanze	________ cm	________ cm	________ cm

Pflanzen werden verbreitet (1)

Gekaufte Blumenerde enthält keine Pflanzen, Früchte oder Samen. Wenn man Blumenerde in einer Schale im Sommer nach draußen stellt, wachsen nach einigen Wochen in dieser Erde trotzdem Pflanzen. Aber wie sind sie dort hingelangt?

Die Früchte von Pflanzen werden durch Tiere und den Wind verbreitet. Manche Pflanzenarten können ihre Samen über eine kurze Distanz wegschleudern.

	**Verbreitung durch den Wind** Der Wind kann manche Früchte über sehr große Entfernungen transportieren.	
	**Verbreitung durch Tiere** Früchte werden von Tieren als Nahrung aufgenommen und die Samen an anderen Stellen mit dem Kot abgesetzt.	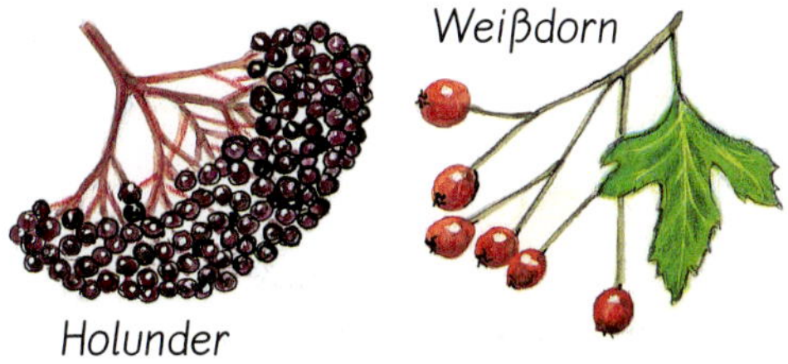
	Früchte werden von Tieren als Vorrat in ihrem Revier versteckt.	
	Früchte bleiben im Tierfell hängen und fallen an anderen Stellen ab.	
	**Selbstverbreitung** Samen werden von der Pflanze weggeschleudert.	

(1) Überlege, welche Eigenschaften eine Frucht haben muss, damit sie vom Wind verbreitet werden kann.

Pflanzen werden verbreitet (2)

Betrachte die abgebildeten Früchte und Samen.

1 Trage die fehlenden Namen ein.

2 Vermute, wie die Verbreitung dieser Pflanzenarten erfolgt. Trage unter jeder Abbildung ein: **Wind**, **Tiere** oder **selbst**.

Name: Eberesche

Verbreitung:

Name:

Verbreitung:

Name: Springkraut

Verbreitung:

Name: Spitzahorn

Verbreitung:

Name: Pfaffenhütchen

Verbreitung:

Name: Besenginster

Verbreitung:

Name:

Verbreitung:

Name:

Verbreitung:

Name: Nelkenwurz

Verbreitung:

(1) Trenne die Seiten aus dem Arbeitsbuch. Schneide die Doppelseiten aus. Falte sie entlang der Linien und lege sie zusammen.

(2) Hefte sie in der Mitte. Die Umschlagseiten liegen oben.

Hosentaschen-Bestimmungsbuch

Pflanzen in der Umgebung

Name: ____________ 1

16

Gänseblümchen

Fundort	
Pflasterritze	☐
Mauer/Steine	☐
Grünstreifen	☐
Blumenbeet	☐

Standort: ☐ Datum: ____________ 3

Wiesenrispengras

Fundort	
Pflasterritze	☐
Mauer/Steine	☐
Grünstreifen	☐
Blumenbeet	☐

14 Standort: ☐ Datum: ____________

Löwenzahn

Fundort	
Pflasterritze	☐
Mauer/Steine	☐
Grünstreifen	☐
Blumenbeet	☐

Standort: ☐ Datum: ____________ 7

Breitwegerich

Fundort	
Pflasterritze	☐
Mauer/Steine	☐
Grünstreifen	☐
Blumenbeet	☐

10 Standort: ☐ Datum: ____________

Weißklee

Fundort	
Pflasterritze	☐
Mauer/Steine	☐
Grünstreifen	☐
Blumenbeet	☐

Standort: ☐ Datum: ____________ 5

Ackerwinde

Fundort	
Pflasterritze	☐
Mauer/Steine	☐
Grünstreifen	☐
Blumenbeet	☐

12 Standort: ☐ Datum: ____________

- - - - mit der Schere ausschneiden/einschneiden; ——— diese Linie falten.

Pflanzen in unserer Umgebung

So arbeitest du mit diesem Buch:

1. Suche die Pflanzen in deiner Umgebung.
2. Kreuze den Fundort an.
3. Zeichne bei Standort:
   für Sonne
   für Halbschatten
   für Schatten
   ein.
4. Schreibe das Datum auf.

2

Knäuelgras

Fundort	
Pflasterritze	☐
Mauer/Steine	☐
Grünstreifen	☐
Blumenbeet	☐

Standort: ☐ Datum: ______ 15

Giersch

Fundort	
Pflasterritze	☐
Mauer/Steine	☐
Grünstreifen	☐
Blumenbeet	☐

4 Standort: ☐ Datum: ______

Brennnessel

Fundort	
Pflasterritze	☐
Mauer/Steine	☐
Grünstreifen	☐
Blumenbeet	☐

Standort: ☐ Datum: ______ 13

Ackersenf

Fundort	
Pflasterritze	☐
Mauer/Steine	☐
Grünstreifen	☐
Blumenbeet	☐

8 Standort: ☐ Datum: ______

Gemeines Greiskraut

Fundort	
Pflasterritze	☐
Mauer/Steine	☐
Grünstreifen	☐
Blumenbeet	☐

Standort: ☐ Datum: ______ 9

Hirtentäschelkraut

Fundort	
Pflasterritze	☐
Mauer/Steine	☐
Grünstreifen	☐
Blumenbeet	☐

6 Standort: ☐ Datum: ______

Ackerkratzdistel

Fundort	
Pflasterritze	☐
Mauer/Steine	☐
Grünstreifen	☐
Blumenbeet	☐

Standort: ☐ Datum: ______ 11

- - - mit der Schere ausschneiden/einschneiden; ——— diese Linie falten.

(1) Trenne die Seiten aus dem Arbeitsheft heraus. Schneide Doppelseiten aus. Falte sie entlang der Linien und lege sie zusammen.

(2) Hefte sie in der Mitte. Die Umschlagseiten liegen oben.

Hosentaschen-Bestimmungsbuch

Wirbellose Tiere in der Umgebung

Name: ______ 1

16

Wurm Beine: 0

Regenwurm

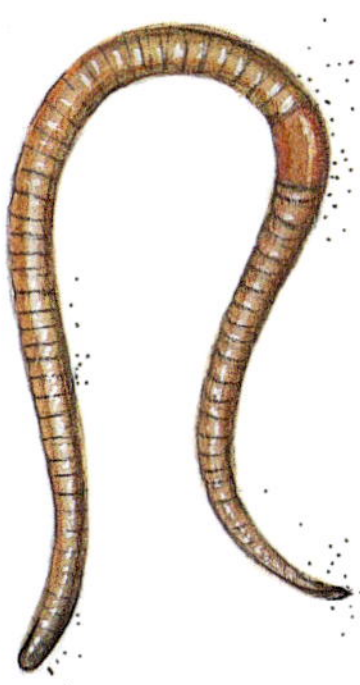

Fundort	
unter Steinen	☐
auf der Erde	☐
im Laub	☐
im Gras	☐
an Bäumen/Büschen	☐

Datum: ______ 3

Tausendfüßer Beine: viele

Schnurfüßer

Fundort	
unter Steinen	☐
auf der Erde	☐
im Laub	☐
im Gras	☐
an Bäumen/Büschen	☐

Datum:

14 ______

Insekt Beine: 6

Ohrwurm

Fundort	
unter Steinen	☐
auf der Erde	☐
im Laub	☐
im Gras	☐
an Bäumen/Büschen	☐

Datum: ______ 7

Spinnentier Beine: 8

Weberknecht

Fundort	
unter Steinen	☐
auf der Erde	☐
im Laub	☐
im Gras	☐
an Bäumen/Büschen	☐

Datum:

10 ______

Weichtier Beine: 0

Wegschnecke

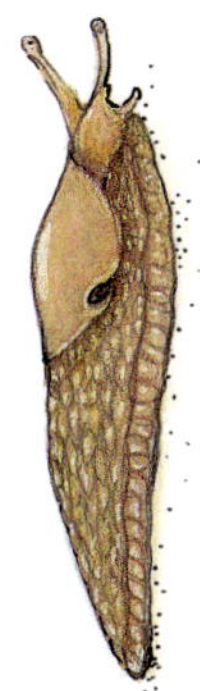

Fundort	
unter Steinen	☐
auf der Erde	☐
im Laub	☐
im Gras	☐
an Bäumen/Büschen	☐

Datum: ______ 5

Tausendfüßer Beine: viele

Steinläufer

Fundort	
unter Steinen	☐
auf der Erde	☐
im Laub	☐
im Gras	☐
an Bäumen/Büschen	☐

Datum:

12 ______

- - - - mit der Schere ausschneiden/einschneiden; ——— diese Linie falten.

Das brauchst du:
eine Becherlupe,
einen weichen Pinsel,
einen Holzspatel.

So arbeitest du:
Kleine Tiere „fegst“ du vorsichtig mit dem Pinsel in die Becherlupe.
Größere Tiere lässt du auf den Holzspatel krabbeln und gibst sie dann in die Becherlupe.
Zähle nun die Beine und suche das Tier in deinem Bestimmungsbuch.
Betrachte das Tier genauer.
Kreuze den Fundort an und schreibe das Datum dazu.
Setze das Tier wieder an dem Fundort aus.

2

Tausendfüßer Beine: viele

Saftkugler

Fundort	
unter Steinen	☐
auf der Erde	☐
im Laub	☐
im Gras	☐
an Bäumen/Büschen	☐

Datum: ____________ 15

Weichtier Beine: 0

Bänderschnecke

Fundort	
unter Steinen	☐
auf der Erde	☐
im Laub	☐
im Gras	☐
an Bäumen/Büschen	☐

Datum:
4 ____________

Krebstier Beine: viele

Kellerassel

Fundort	
unter Steinen	☐
auf der Erde	☐
im Laub	☐
im Gras	☐
an Bäumen/Büschen	☐

Datum: ____________ 13

Insekt Beine: 6

Ameise

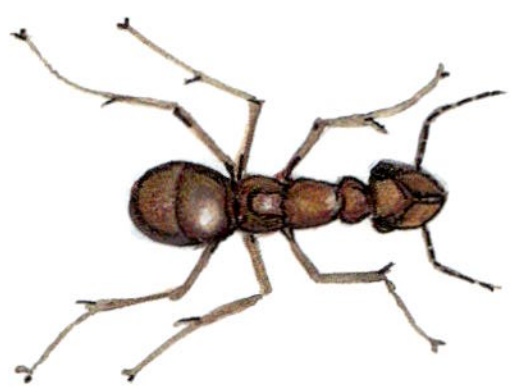

Fundort	
unter Steinen	☐
auf der Erde	☐
im Laub	☐
im Gras	☐
an Bäumen/Büschen	☐

Datum:
8 ____________

Insekt Beine: 6

Feuerwanze

Fundort	
unter Steinen	☐
auf der Erde	☐
im Laub	☐
im Gras	☐
an Bäumen/Büschen	☐

Datum: ____________ 9

Insekt Beine: 6

Siebenpunkt

Fundort	
unter Steinen	☐
auf der Erde	☐
im Laub	☐
im Gras	☐
an Bäumen/Büschen	☐

Datum:
6 ____________

Spinnentier Beine: 8

Kreuzspinne

Fundort	
unter Steinen	☐
auf der Erde	☐
im Laub	☐
im Gras	☐
an Bäumen/Büschen	☐

Datum: ____________ 11

--- mit der Schere ausschneiden/einschneiden; ——— diese Linie falten.

Die häufigsten Gartenvögel (1)

Seit dem Jahr 2005 führt der Naturschutzbund Deutschland (NABU) mithilfe der Bevölkerung die Aktion „Stunde der Gartenvögel" durch. Vogelliebhaber zählen einmal im Jahr für eine Stunde die Vögel in Gärten. Ziel ist es, eine möglichst genaue Übersicht von der einheimischen Vogelwelt zu erhalten.
Oben sind die zehn häufigsten Gartenvögel, die bei der Zählung im Jahr 2008 in Deutschland beobachtet wurden, dargestellt.

Bestimmung von Gartenvögeln mit Büchern und dem Internet
Um die vielen verschiedenen Vögel, die in Gärten und Parks leben, unterscheiden zu können, benötigt der Beobachter Kenntnisse über Namen und Aussehen der Vögel. Bestimmungsbücher oder das Internet helfen beim Einholen der Informationen.

(1) Stellt einen Lesetisch mit Büchern über Vögel zusammen.

(2) Sucht im Internet Seiten über Vögel.

Die häufigsten Gartenvögel (2)

Die Elster gehört zur Familie der Rabenvögel. Sie kommt in ganz Europa, Teilen Asiens sowie in Nordamerika und Nordafrika vor. Elstern leben und brüten an Waldrändern, in Parks und größeren Gärten. Sie bauen ihre kugelförmigen Nester aus Reisig. Die Weibchen legen 4 bis 7 Eier. Das Gefieder der Elster ist an der Oberseite schwarz, einzelne Federn glänzen auch bläulich und grünlich. Die Unterseite ist größtenteils weiß. Elstern wiegen zwischen 200 g (Weibchen) und 230 g (Männchen). Sie werden bis zu 51 cm lang, wobei der Schwanz etwa die Hälfte der Länge misst. Elstern sind bei einigen Menschen nicht beliebt, weil sie Vogelnester plündern. Sie ernähren sich von Jungvögeln, Eiern, Würmern, Spinnen, Insekten, Schnecken und kleinen Wirbeltieren. Elstern fressen auch Früchte, Pilze und Aas.

(1) Lies den Text über die Elster durch.

(2) Bearbeite den Steckbrief über die Elster.

(3) Informiere dich über andere Gartenvögel. Schreibe Steckbriefe über die Vögel.

(4) Gestalte einen Zählzettel. Notiere die Namen der Gartenvögel in einer Tabelle.

(5) Setze dich für eine Stunde in einen Park oder Garten. Notiere die erkannten Vogelarten auf dem Zählzettel. Übertrage die Ergebnisse. Vergleiche mit 2008.

(6) Informiere dich im Internet über die Aktion „Stunde der Gartenvögel". Notiere die Ergebnisse der Vogelzählung von diesem Jahr. Vergleiche mit 2008.

Name: *Elster*

Aussehen: ____________________

____

____

Größe: ____________________

Nahrung: ____________________

____

Lebensraum: ____________________

____

Gewicht: ____________________

Nest/Gelege: ____________________

____

Ergebnis der eigenen Vogelzählung

(Name, Anzahl) **Datum:** __________

1) ____________________
2) ____________________
3) ____________________
4) ____________________
5) ____________________
6) ____________________
7) ____________________
8) ____________________
9) ____________________
10) ____________________

Die häufigsten Gartenvögel

Jahr: __________

1) ____________________
2) ____________________
3) ____________________
4) ____________________
5) ____________________
6) ____________________
7) ____________________
8) ____________________
9) ____________________
10) ____________________

a ____________________

b ____________________

c ____________________

d ____________________

Vor vielen Tausend Jahren gab es in Europa noch keine Wiesen. Die Landschaft war fast ganz von Wäldern bedeckt.

Erst als die Menschen Teile der Wälder abholzten, um den Boden für sich zu nutzen, entstanden allmählich Wiesen.

Die Pflanzen einer Wiese enthalten viele Nährstoffe. Ein- oder zweimal im Jahr werden sie abgemäht und frisch oder getrocknet als Heu an das Vieh verfüttert. Das Mähen schadet den Pflanzen nicht. Sie wachsen immer wieder nach. Zu häufiges Mähen und Düngen vertragen viele Wiesenpflanzen allerdings nicht.

1. Beschrifte die Fotos:
   Frühlingswiese – Heuernte – Mähen einer Wiese – Sommerwiese.
2. Welche Eigenschaften haben Wiesenpflanzen? Lies im Text nach und unterstreiche.
3. Informiert euch, welche Tiere mit Heu gefüttert werden. Notiert einige Beispiele.

____

____

____

____

Pflanzen der Wiese

In Wiesen kann man viele Pflanzen entdecken: Gräser, Blumen und manchmal auch Moos.

(1) Beschrifte die Pflanzen der Wiese: **Gänseblümchen – Glockenblume – Hahnenfuß – Kamille – Löwenzahn – Margerite – Rotklee – Weißklee.**

Eine Wiese im Kübel

1. Vermische drei Teile Blumenerde und einen Teil Sand. Fülle die Mischung in einen Maurerkübel.
2. Stelle den Kübel an einen sonnigen Platz.
3. Säe eine Wiesenmischung aus und befeuchte die Erde vorsichtig. Beobachte regelmäßig.

Tiere der Wiese

Auf einer Wiese leben viele verschiedene Tiere. Sie finden hier Schutz und Nahrung. Man kann sich eine Wiese wie ein Haus mit verschiedenen Stockwerken vorstellen. In jedem Stockwerk leben bestimmte Tiere.

(2) Beschrifte die Tiere der Wiese:

Würmer:	**Regenwurm**
Insekten:	**Biene – Heuschrecke – Hummel – Zitronenfalter**
Spinnen:	**Kreuzspinne**
Weichtiere:	**Wegschnecke**
Säugetiere:	**Maulwurf**

Beobachte mit der Becherlupe
Mit der Becherlupe kannst du kleine Tiere genauer betrachten.

Tipp: Damit die Tiere eine Unterlage haben, an der sie sich festhalten können, legst du ein Blatt in die Lupe.

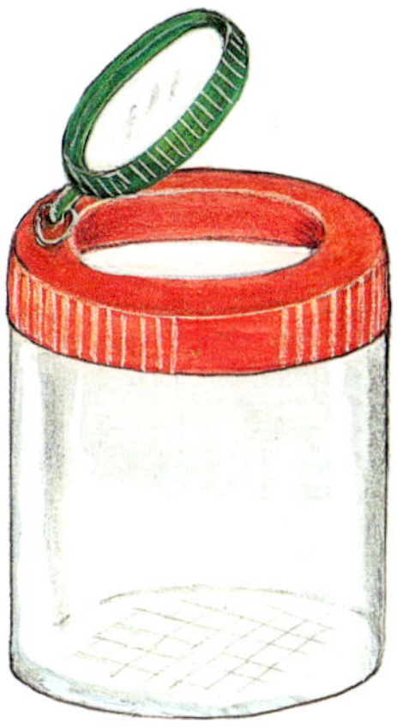

(3) Schau dir ein Tier gut an und versuche es genau abzuzeichnen.

Nahrungsbeziehungen in der Wiese

Auf einer Wiese wachsen Blumen und Gräser. Die Blumen sind eine wichtige Nahrungsquelle für Insekten.
Die Wilde Möhre ist eine Wiesenpflanze, die vielen Tieren Nahrung bietet. Du erkennst sie meistens an der winzigen dunklen Blüte in der Mitte des weißen Blütenstandes. Schwebfliegen (1) saugen den Nektar, den süßen Saft der Blüten. Raupen (2), Schnecken (3) und Heuschrecken (4) fressen die Blätter. Aus den Stängeln saugen Blattläuse (5) Pflanzensaft. In der Nähe der Blattläuse kannst du häufig Marienkäfer (6) und Ameisen (7) finden. Marienkäfer und Marienkäferlarven fressen die Blattläuse. Ameisen dagegen mögen den süßen Saft, den Blattläuse ausscheiden, besonders gern.

(1) Lies den Text durch. Betrachte die beiden dargestellten Nahrungsbeziehungen. Finde sie im Text und unterstreiche sie. Beschreibe jeweils mit einem Satz die beiden Nahrungsbeziehungen.

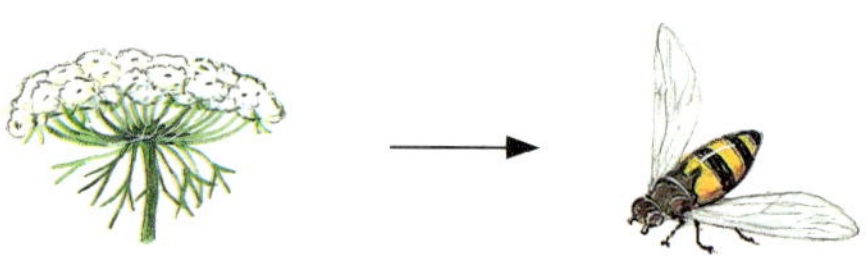

(2) Notiere eine weitere Nahrungsbeziehung, die im Text genannt wird.

(3) Wenn mehrere Nahrungsbeziehungen miteinander verbunden sind, nennt man das eine Nahrungskette:

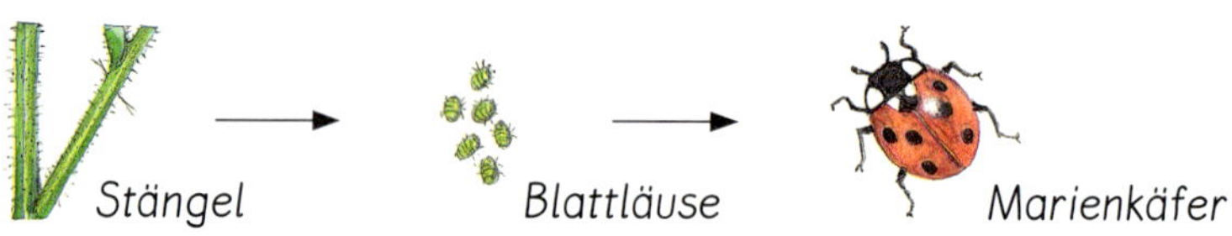

(4) Finde im Text ein weiteres Beispiel für eine Nahrungskette. Notiere sie.

Vom Ei zum Schmettling

Im Frühsommer

1 Das sind die Eier des Tagpfauenauges. Aus den Eiern schlüpfen …

2 … die Raupen. Sie fressen von den Brennnesseln und wachsen. Dabei …

3 … häuten sie sich mehrmals und wechseln ihre Farbe.

4 Nach fünf Wochen verpuppt sich die Raupe. In der Puppe verwandelt sich die Raupe.

5 Zwei Wochen später ist die Verwandlung beendet. Die Puppenhülle …

6 … reißt auf und der Schmetterling schiebt sich …

7 … ganz langsam aus der Hülle heraus.

8 Schmetterlinge ernähren sich von Blütennektar.

(1) Beschreibe das Aussehen des Tagpfauenauges.

(2) Beschreibe die Entwicklung vom Ei bis zum Schmetterling.

Schmetterlingsrätsel

(1) Löse das Kreuzworträtsel. Die Seite 25 hilft dir dabei.

1. So heißt der Schmetterling mit den gelbblauen „Augen“ auf den Flügeln.
2. Schlüpfen aus den Eiern.
3. Schlüpft aus der Puppe.
4. Aus der Raupe wird eine ...
5. Werden von den Raupen des Tagpfauenauges gefressen.
6. Wenn Raupen wachsen, bekommen sie mehrmals eine neue ...
7. Nahrung für Schmetterlinge.
8. Hier finden die Schmetterlinge ihre Nahrung.

Admiral

Schwalbenschwanz

Zitronenfalter

Kleiner Fuchs

Distelfalter

Ein anderer Name für „Schmetterling“:

1 2 3 4 5 6

Weinbergschnecken leben in Weinbergen, in Laubwäldern und auf Wiesen. Schnecken sind Weichtiere. Sie haben keine Knochen. Ihren Körper schützen sie durch ein Gehäuse.

Weinbergschnecken benötigen eine feuchte und warme Umgebung. Sie fressen Pflanzen und kalkhaltige Erde. Der Kalk ist wichtig für den Aufbau des Gehäuses.

Im Juli oder August legt die Weinbergschnecke 60 bis 70 Eier in ein Erdloch. Nach etwa 28 Tagen schlüpfen die sehr kleinen Weinbergschnecken.

Die Weinbergschnecke überwintert 3 bis 4 Monate in der Erde. Ihr Haus hat sie mit einem festen Kalkdeckel verschlossen. Das schützt sie vor dem Austrocknen. Im Frühjahr stößt sie den Deckel mit ihrem Fuß wieder ab.

(1) Beschreibe, wie eine ausgewachsene Weinbergschnecke aussieht.

(2) Schau in einem Bestimmungsbuch nach und suche weitere Schneckenarten, die bei uns heimisch sind.

(3) Trage ein: **Augen – Augenfühler – Fuß – Gehäuse – Mund – Tastfühler.**

Regenwürmer

Regenwürmer leben im Erdboden. Ihre feuchte Haut ist grau- bis rotbraun und in gleichmäßige Ringe aufgeteilt. Wenn Regenwürmer sich fortbewegen, werden dabei abwechselnd einige Ringe zusammengezogen oder gestreckt. Regenwürmer ernähren sich von Erde und abgestorbenen Pflanzenresten. Der Kot, den sie ausscheiden, ist nährstoffreiche Erde.

Bei der Nahrungsaufnahme durchwühlen Regenwürmer den Boden. Die Erde wird dadurch gelockert und belüftet. Regenwürmer verbessern den Boden.

(1) Beschrifte die Zeichnung. Setze ein: **After – Borsten – Gürtel – Mund.**

Vorderteil: Spitzes Ende

Hinterteil: rundes Ende

Beobachtungsaufgaben

Regenwürmer kannst du in einem großen Weckglas beobachten.

Du brauchst: Kies, Gartenerde, Sand, Laubstreu, 6 – 8 Regenwürmer, eine Röhre aus dunklem Tonkarton.

Achtung!

Halte die Erde immer feucht.

Verdunkle das Glas mit der Pappröhre.

Weitere Beobachtungen

1. Lass einen Regenwurm über ein Blatt Papier kriechen. Was hörst du?
2. Betrachte einen Regenwurm mit der Lupe. Beschreibe die Körperoberfläche.
3. Lege einen Regenwurm in deine Hand. Was fühlst du?
4. Lege einen Regenwurm auf eine Glasscheibe. Wie bewegt er sich fort?

Pflanzen im und am Teich

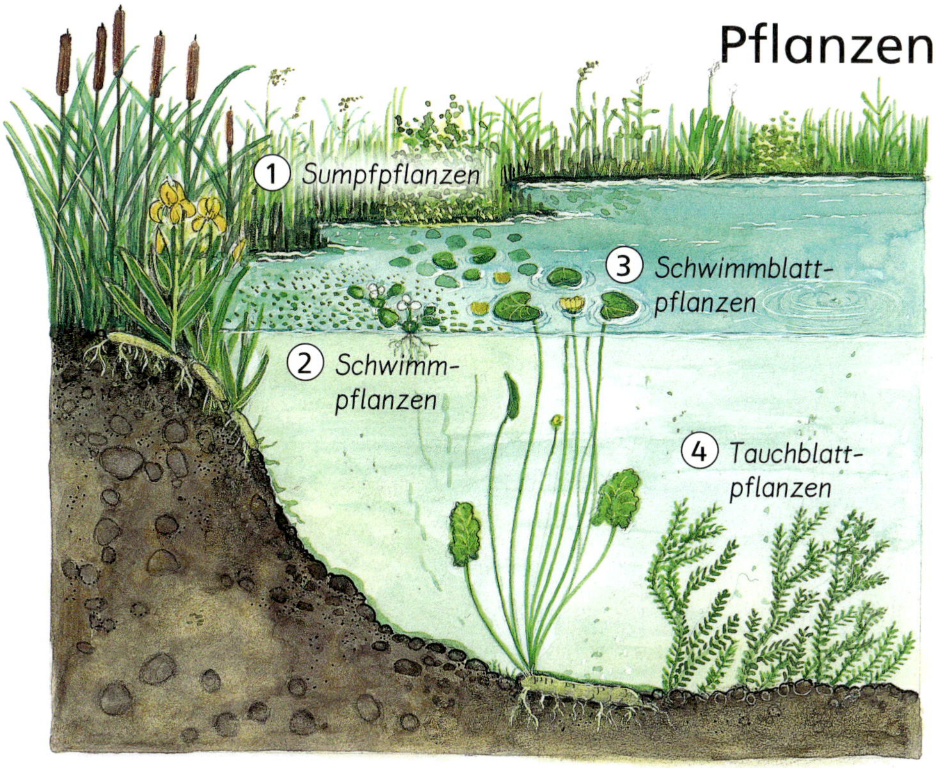

Teichrose ◯

Wasserlinsen ◯

Gelbe Schwertlilie ◯

Rohrkolben ◯

Wasserpest ◯

Am Ufer und im Wasser eines Teiches sind verschiedene Formen von Pflanzen zu beobachten: Sumpfpflanzen, Schwimmblattpflanzen, Schwimmpflanzen und Tauchblattpflanzen. Die Pflanzen sind gut an die verschiedenen Bereiche des Teiches angepasst.
Die Gelbe Schwertlilie ist eine **Sumpfpflanze**. Sumpfpflanzen wachsen am Rand von Gewässern, wo der Boden nass oder feucht ist. Sie vertragen die Nässe, aber auch zeitweise das Austrocknen des Bodens, zum Beispiel im Sommer. Auf dem Wasser schwimmen die Blätter und Blüten der Teichrose. Meterlange Stiele verbinden Blüten und Schwimmblätter mit der Wurzel im Bodengrund des Teiches. Die Teichrose ist eine **Schwimmblattpflanze**. Wasserlinsen sind **Schwimmpflanzen**. Sie schwimmen frei auf der Wasseroberfläche. **Tauchblattpflanzen** wie die Wasserpest sind im tieferen Wasser zu finden. Sie wachsen vollständig untergetaucht im Wasser.

1 Betrachte die Grafik und die Fotos. Ordne die abgebildeten Pflanzenarten den verschiedenen Pflanzenformen zu. Trage die richtigen Nummern ein.

2 Wähle eine Teichpflanze aus. Zeichne sie genau ab. Informiere dich über die ausgewählte Pflanzenart in Büchern oder im Internet. Schreibe einen Steckbrief.

Steckbrief

Name: ____________________

Aussehen: ____________________

Lebensraum: ____________________

Besonderheit: ____________________

Lebensraum Teich

In Deutschland gibt es viele verschiedene Binnengewässer: Gräben, Bäche, Flüsse, Kanäle, Teiche, Seen und Talsperren.
Alle Gewässer sind Lebensräume für bestimmte Pflanzen und Tiere, die an die Verhältnisse dort angepasst sind.
An einem Teich oder See kannst du zahlreiche Tierarten beobachten. Größere Tiere wie Stockenten oder Libellen sind leichter zu entdecken als kleinere Tiere, die sich zum Beispiel auf der Wasseroberfläche oder im Wasser aufhalten. Um einen Rückenschwimmer oder Gelbrandkäfer zu entdecken, muss man schon genauer hinsehen.

(1) Ordne den Tieren die Namen richtig zu. Trage hinter jedem Namen die richtige Nummer aus dem Bild ein.
Säugetiere: Wasserspitzmaus ◯
Fische: Moderlieschen (1), Stichling ◯
Vögel: Stockente ◯, Teichrohrsänger ◯
Lurche: Teichfrosch ◯, Kaulquappen ◯, Teichmolche ◯
Weichtiere: Posthornschnecke ◯, Schlammschnecke ◯
Insekten: Gelbrandkäfer ◯, Käferlarve ◯, Libelle ◯, Libellenlarve ◯, Mücken ◯, Mückenlarven ◯, Rückenschwimmer ◯, Wasserläufer ◯

Mini-Teich

Das Leben im Wasser könnt ihr auch auf dem Schulhof beobachten. Dazu müsst ihr an einer geeigneten Stelle einen Maurerkübel in den Boden eingraben und mit Wasser füllen. Legt an den Rand ein paar Steine und schon ist euer Mini-Teich fertig. Stellt noch ein Brett oder einen dickeren Ast hinein. Dann können sich Tiere, die versehentlich hineinfallen, aus dem Wasser retten. Beobachtet euren Mini-Teich in regelmäßigen Abständen.

Die Entwicklung des Grasfrosches

Grasfroschpaar

Eiablage

Grasfrösche leben häufig an Gewässerufern, auf Grünland, an Gebüschen und in Wäldern. Sie ernähren sich meistens von Insekten, aber auch von Spinnen, Würmern, Schnecken, mitunter auch von kleinen Lurchen. Grasfrösche überwintern im Schlamm von Gewässern. Schon früh im Jahr, etwa Mitte bis Ende März, ist die Paarungszeit. Während dieser Zeit halten sich die Männchen an Ufern von Gewässern auf und locken die Weibchen durch leises Knurren oder Brummen. Kommt ein paarungsbereites Weibchen in die Nähe eines Männchens, wird es von dem Männchen umklammert. Bei der Paarung legt das Weibchen einen Laichklumpen mit 1000 bis 2500 Eiern (Laich) ab.
Aus den Eiern entwickeln sich nach einigen Wochen die Kaulquappen, die Larven. Sie haben zunächst einen langen Schwanz, mit dem sie sich im Wasser fortbewegen können. Die Kaulquappen ernähren sich von Algenbewuchs auf Pflanzen oder Steinen. Nach einigen Wochen entwickeln sich zunächst die Hinterbeine, danach die Vorderbeine. Nun bildet sich der Schwanz zurück. Die Entwicklung des Grasfrosches ist abgeschlossen, wenn der Schwanz vollständig zurückgebildet ist. Die gesamte Entwicklung dauert etwa zwei bis drei Monate.

Kaulquappe

Kaulquappe mit Hinterbeinen

Kaulquappe mit Vorder- und Hinterbeinen

Junger Grasfrosch

(1) Lies den Text gründlich durch. Unterstreiche mit einem roten Stift, was der Grasfrosch und die Kaulquappe fressen.

(2) Unterstreiche im Text mit einem grünen Stift die wichtigsten Entwicklungsschritte des Grasfrosches. Notiere oder zeichne sie in der richtigen Reihenfolge.

Reiher

Libellenlarve

Stichling

Gelbrandkäferlarve

Schlammschnecke

Algen

Kaulquappe

Frosch

Wasserfloh

Hecht

Nahrungsbeziehungen im Teich

Ein Teich bietet bestimmten Pflanzen und Tieren die Lebensbedingungen, die sie brauchen, um sich dort entwickeln und vermehren zu können. Solch einen Lebensraum nennt man auch Ökosystem. Im Ökosystem Teich leben viele verschiedene Tiere und Pflanzen zusammen. Alle Lebewesen bilden eine Lebensgemeinschaft. Sie sind voneinander abhängig und dienen einander als Nahrung.
So werden Grünalgen von Wasserflöhen gefressen und Wasserflöhe von Fischen gefressen. Diese miteinander verknüpften Nahrungsbeziehungen nennt man eine Nahrungskette.
Fische, zum Beispiel der Stichling, fressen nicht nur Wasserflöhe, sondern auch kleine Schnecken oder Insektenlarven. So ergeben sich weitere Nahrungsketten, die mit anderen Nahrungsketten verknüpft sind. Es entsteht ein Nahrungsnetz.
Das Nahrungsnetz veranschaulicht die Nahrungsbeziehungen im Ökosystem Teich.

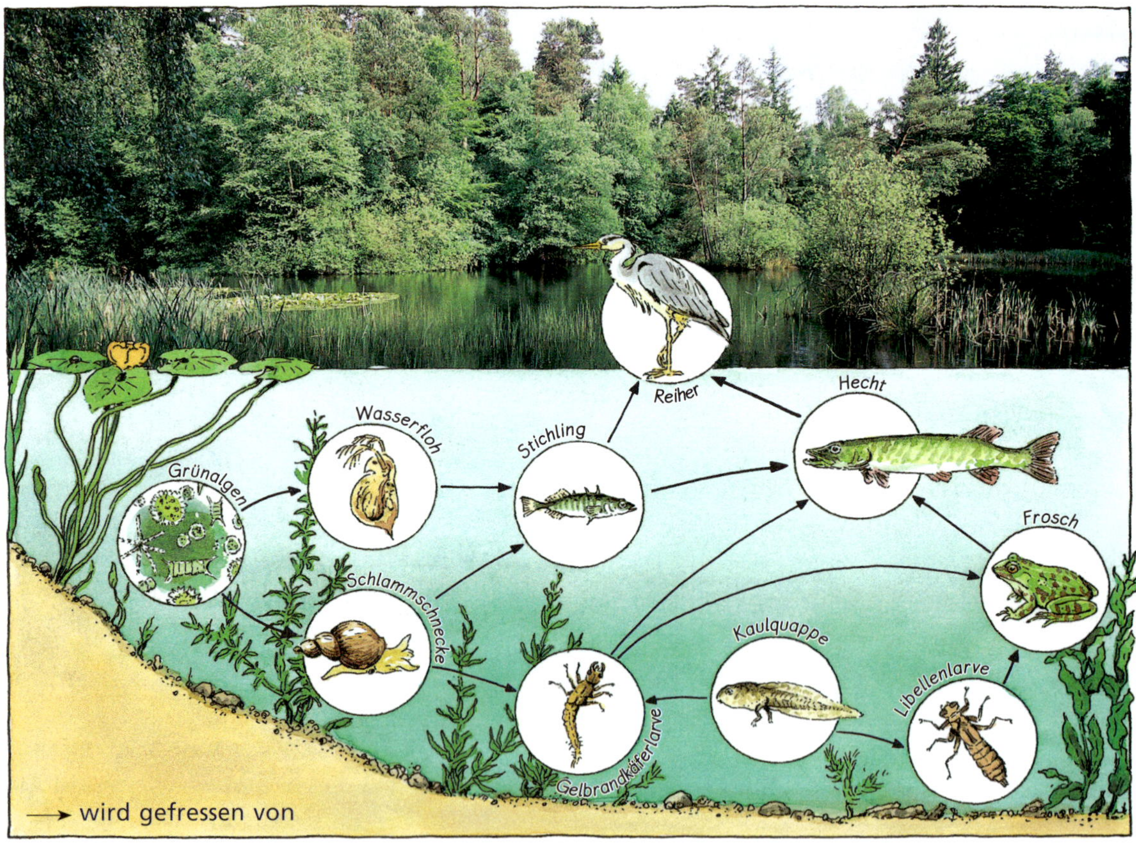

(1) Sieh dir das abgebildete Nahrungsnetz an und nenne die Namen der Tiere.

(2) Finde verschiedene Nahrungsketten im Nahrungsnetz und beschreibe sie.

(3) Schneide die Bilder am linken Seitenrand aus und lege Nahrungsketten. Stellt eure Nahrungsketten vor und vergleicht sie.

(4) Klebe deine Nahrungsketten auf.

Lebensraum Wald

Wälder schützen Dörfer vor Wind und Lärm.

Auf den Blättern und Nadeln sammelt sich Schmutz aus der Luft.

Bäume geben lebenswichtigen Sauerstoff an die Luft ab, den wir atmen.

Viele Tiere und Pflanzen finden im Wald Nahrung und Schutz.

Die Wurzeln der Bäume, Sträucher und des Unterwuchses halten den Waldboden fest. So können Regen und Wind ihn nicht forttragen.

Wasserversorger
Bäume entziehen dem Erdreich Wasser und geben es als Wasserdampf wieder an die Luft ab.

Die freie Natur und die gute Luft machen den Wald wertvoll für Erholung und Entspannung.

Förster, Waldarbeiter, Arbeiter in Sägewerken, Möbelfabriken und im Handwerk verdanken dem Wald ihren Arbeitsplatz.

Die Stämme der Bäume sind Rohstoffe für die Holz- und Papierindustrie.

Deutschland ist ein waldreiches Land. Etwa ein Drittel des Landes ist von Wäldern bedeckt. Dieser Waldanteil ist in den letzten 50 Jahren durch Aufforstungen angestiegen.
In den Wäldern bilden die Bäume zusammen mit anderen Pflanzen, den Pilzen und den Tieren eine Lebensgemeinschaft. Alle sind aufeinander angewiesen. Auch für den Menschen ist der Wald lebensnotwendig und wertvoll.
Bis vor etwa 200 Jahren wurden in Deutschland Wälder leichtfertig abgeholzt. Heute werden bei uns die Wälder gepflegt. In Deutschland wird nur so viel Holz gefällt, wie gleichzeitig wieder nachwächst.

1. Die Texte in den Bildern beschreiben unterschiedliche Bedeutungen des Waldes. Lies die folgenden Begriffe. Ordne sie den Texten zu und trage sie als Überschriften richtig ein:
Arbeitsplatz – Bodenschützer – Freizeitort – Holzlieferant – Lebensraum – Sauerstoffspender – Staubfänger – Wind- und Lärmschutz.

Pflanzen und Tiere des Waldes (1)

Hirsch

Waldmaus im Moos

Ein Wald besteht nicht nur aus Bäumen. Er bietet auch vielen anderen Pflanzen, z. B. Sträuchern, Kräutern, Farnen und Moosen sowie zahlreichen Pilzen, Tieren und Kleinstlebewesen gute Lebensbedingungen.
In den verschiedenen Waldtypen, z. B. Kiefernwald, wachsen unterschiedliche Pflanzenarten. Welche, das hängt von den Böden, ihren Nährstoffen und Wasservorräten ab. Ebenso spielt die Lichtmenge, die die Baumkronen durchlassen eine Rolle. Auch die Zahl der Waldtiere, die manche Pflanzen besonders gerne fressen, beeinflusst das Wachstum und die Vermehrung der Pflanzen.
Mehr als 2 000 Tierarten können im Wald leben, die meisten davon im Waldboden und in der Laubschicht. Einige Tiere bevorzugen sonnige Waldlichtungen, andere die schattigen Bereiche unter den Bäumen. Manche Tierarten leben im Holz der Bäume.

(1) Unterstreiche im Text, wodurch das Vorkommen von Waldpflanzen bestimmt wird.

Eiche

Die Eiche ist ein Laubbaum mit einem kräftigen Stamm und dicken, knorrigen Ästen. Junge Eichen haben zuerst eine hellgraue, glänzende Rinde, ältere Eichen haben eine dicke, rissige Borke.

Die Ränder der Eichenblätter bilden 4 – 5 Lappen auf jeder Seite.
Die hellgrünen oder hellbraunen Früchte der Eiche heißen Eicheln und werden von einem grünbraunen Fruchtbecher an einem Ende umhüllt.

Viele Vögel, zum Beispiel Spechte, ernähren sich von den über 350 Insektenarten, die in und auf der Eiche leben können.

Pflanzen und Tiere des Waldes (2)

Eichenwickler sind Schmetterlinge. Die Weibchen legen etwa 50 bis 60 Eier an Zweigen oder Blättern der Eiche ab. Im Frühjahr schlüpfen die Raupen. Sie ernähren sich von Eichenblättern. Später spinnen sich die Raupen in den Blätter ein und verpuppen sich. Aus den Puppen schlüpfen die Falter.

Eichenwicklerraupe

Blaumeisen leben in Laub- und Mischwäldern. Ihr geringes Gewicht ermöglicht ihnen, sich an Zweige und sogar Blätter zu hängen. Deshalb finden sie auch gut versteckte Insekteneier, Raupen und anderen Insektenlarven.

Blaumeise

Eichhörnchen ernähren sich hauptsächlich von Nüssen, Eicheln, Bucheckern, Kastanien und Samen der Fichten- und Tannenzapfen. In ihren Nestern, den Kobeln, verstecken sie sich und ihre Jungen vor ihren Feinden, vor allem vor dem Habicht und dem Baummarder.

Eichhörnchen

Baummarder sind Waldbewohner. Sie können sehr gut klettern und bis zu 4 Meter weit springen. Den Tag verbringen sie in Nestern, Baumhöhlen oder verlassenen Kobeln, nachts gehen sie auf Nahrungssuche. Ihre Hauptnahrung sind Eichhörnchen, sie nehmen aber auch pflanzliche Nahrung auf.

Baummarder

Spechte haben einen kräftigen Schnabel. Mit ihm zimmern sie ihre Bruthöhlen in Baumstämme. Durch Trommeln auf Baumstämme locken die Männchen die Weibchen an. Spechte ernähren sich von holzbewohnenden Insekten. Dazu klopfen sie Löcher in die Borke und ziehen mit ihrer langen, mit Widerhaken besetzten Zunge, die Beutetiere aus ihrem Versteck und verzehren sie.

Buntspecht

(1) Notiere die Namen der Tiere und ihre Nahrung.

Eichenblatt

Eichel

Raupe des Eichenwickler

Blaumeise

Eichhörnchen

Baummarder

Specht

Habicht

Nahrungsbeziehungen im Wald

In schnellem, wendigem Flug jagen Habichte ihre Beute. Dabei nutzen sie im Anflug oft Bäume, Sträucher und Hecken als Deckung. Ihre Hauptnahrung sind Vögel und kleinere Säugetiere, die sie mit den Füßen (Fängen) greifen und töten.
Im Wald ist jede Tier- und jede Pflanzenart für die ganze Lebensgemeinschaft wichtig. Denn jedes Lebewesen bekommt seine Nahrung aus dem Wald und dient gleichzeitig selbst als Nahrung für andere Lebewesen.

Ein Beispiel: Das Eichenblatt wird von der Raupe des Eichenwicklers gefressen. Diese Raupe dient der Blaumeise als Futter. Die Blaumeise dient …
Solche Nahrungsbeziehungen bezeichnet man als Nahrungskette. Werden Nahrungsketten miteinander verbunden, entsteht ein Nahrungsnetz.

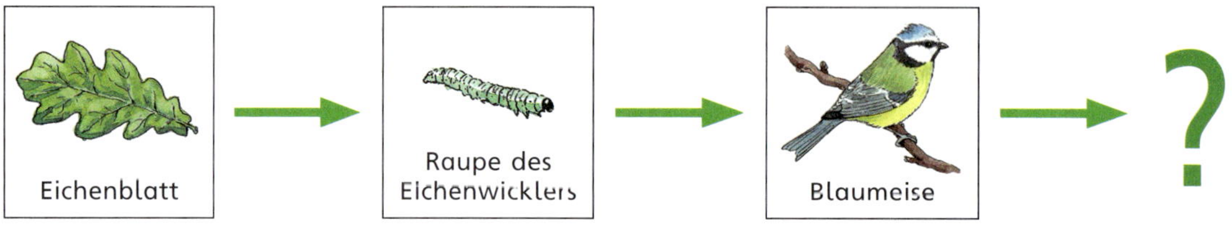

Das Zeichen ⟶ bedeutet: „wird gefressen von".

(1) Die Abbildung zeigt ein Nahrungsnetz. Nenne Nahrungsketten, die miteinander verbunden sind.

(2) Schneide die Bilder am Seitenrand aus. Bilde eigene Nahrungsketten. Vergleicht eure Nahrungsketten und klebt sie auf.

Wasser kann sich verwandeln

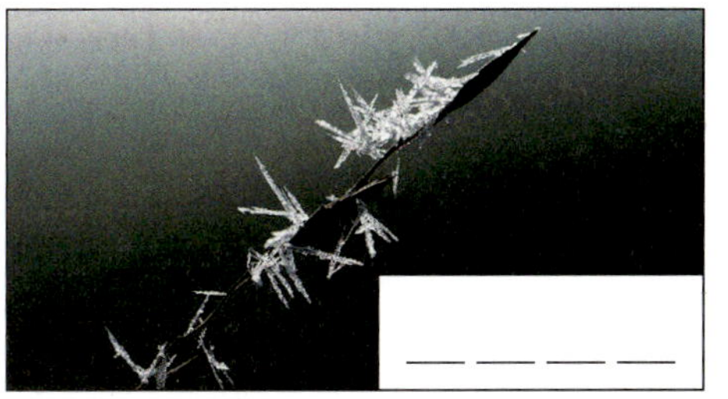

In der Natur kannst du Wasser in verschiedenen Zustandsformen wahrnehmen. Im Winter, wenn es sehr kalt ist, frieren Seen und Teiche zu. Sobald es wärmer wird, wird die zu Eis erstarrte Wasseroberfläche wieder flüssig.
Wenn es im Sommer mehrere Tage sehr heiß war, kannst du bemerken, dass das Wasser in den Seen und Teichen weniger geworden ist. Durch die Wärme ist das Wasser unsichtbar in die Luft verdunstet.

Wasser kann in **drei Zustandsformen** vorkommen. Es kann **flüssig, fest oder gasförmig** sein. Wenn Wasser einen gasförmigen Zustand annimmt, ist das für uns nicht sichtbar.

(1) Beschreibe die Abbildungen. In welchen Zustandsformenformen kannst du Wasser erkennen? Schreibe die richtige Zustandsform unter jedes Bild:
fest – flüssig – gasförmig.

(2) Beschreibe, wie sich das Wasser im Teich im Laufe des Jahres verändert hat.

____

____

____

Zustandsformen des Wassers – eine Versuchsreihe

Wasser in gasförmigem Zustand ist unsichtbar in deiner Atemluft enthalten. Durch den Kontakt mit einer kalten Oberfläche, hier ist es ein Spiegel, wird das gasförmige Wasser wieder flüssig und sichtbar. Den Übergang des Wassers von der gasförmigen in die flüssige Zustandsform wird kondensieren genannt.

Versuch 1

1. Nimm einen Handspiegel und hauche ihn an. Beobachte die Oberfläche des Spiegels. Wiederhole dieses mehrmals.
2. Erkläre, was mit dem Wasser auf dem Spiegel passiert.

Versuch 2

Du brauchst: zwei Schalen, die gleiche Menge Wasser, eine Plastiktüte mit Verschluss.

1. Fülle zwei Schalen mit der gleichen Menge Wasser. Stelle eine Schale in einen Plastikbeutel und verschließe ihn. Stelle beide Schalen in die Sonne oder in die Nähe einer Heizung. Lass die Schalen drei Tage lang stehen.
2. Vermute, was mit dem Wasser in den Schalen passieren wird.
3. Beobachte den Versuch über einen Zeitraum von drei Tagen. Notiere deine Beobachtungen und skizziere sie.

Versuch 3

Du brauchst: einen Teller, ein Glas Wasser, einen wasserfesten Stift.

1. Fülle in beide Gefäße die gleiche Menge Wasser und stelle sie in die Sonne oder in die Nähe einer Heizung. Markiere mit einem wasserfesten Stift den Wasserstand.
2. Vermute, wie lange es dauert, bis das Wasser im Teller und im Glas verdunsten wird.
3. Beobachte den Versuch täglich. Schreibe jede Veränderung auf und skizziere deine Beobachtung.

Wasser geht nicht verloren

Überall auf der Erde verdunstet ständig Wasser, das meiste über die riesigen Meeresoberflächen. Aber nicht nur aus den Meeren steigt Wasserdampf auf, sondern auch von Seen, Flüssen und allen feuchten Flächen. Einige trocknen dabei aus, wie zum Beispiel die Pfützen auf der Straße.

In großer Höhe ist es viel kälter als dicht über der von der Sonne erwärmten Erdoberfläche. Deshalb kondensiert das gasförmige Wasser in großer Höhe. Aus dem Wasserdampf werden wieder kleine Wassertropfen. Sie bilden Wolken. Aus den Wolken gelangt das Wasser als Niederschlag wieder auf die Erde.

Das Regenwasser sammelt sich in Bächen, Flüssen und Seen oder es versickert im Boden. In Quellen tritt Wasser wieder aus dem Boden aus. Über die Flüsse fließt das Wasser zurück ins Meer. Vom gesamten Wasser der Erde geht kein einziger Tropfen verloren. Es befindet sich immer in dem dargestellten Kreislauf.

(1) Beschreibe den Weg des Wassers vom Meer bis zu den Bergen.

(2) Beschreibe den Weg des Wassers von der Quelle bis zum Meer.

(3) Schau auf der Abbildung nach, wo überall Wasser verdunsten kann und schreibe es auf.

____

____

____

____

(4) Überlege, warum die Wassermenge in den Meeren nicht weniger wird. Notiere deine Antwort.

(5) Beschreibe mit deinen Worten den Kreislauf des Wassers. Beginne mit der Verdunstung des Wassers an der Meeresoberfläche.

Der Wasserkreislauf

1 Vergleiche die hier abgebildete Zeichnung des Wasserkreislaufs mit der Darstellung auf Seite 39.

2 Beschrifte die Abbildung mit folgenden Bezeichnungen:
Bach – Fluss – Grundwasser – Meer – Quelle – Regen – Schnee – Verdunstung – Verdunstung – Wolken.

Trinkwasser ist kostbar

Unsere Erde ist größtenteils mit Wasser bedeckt. Deshalb sieht die Erde im Weltall wie eine blaue Kugel aus und wird „blauer Planet“ genannt. Die Verteilung des Wassers auf der Erde kann man sich gut mit einem Modell, nämlich 100 Wassereimern, verdeutlichen. Dann enthielten 97 Eimer das Salzwasser der Meere und Ozeane. Zwei Eimer enthielten Eis, gefrorenes Süßwasser. Eis ist auf der Erde besonders an den Polen zu finden. Nur ein Eimer wäre mit Süßwasser gefüllt, das wir als Trinkwasser nutzen können.

(1) Male die Eimer aus: Eis – hellblau, Trinkwasser – blau.

Wenn wir den Wasserhahn aufdrehen, fließt sofort Trinkwasser, dass wir für viele Zwecke gebrauchen. Es steht uns in bester Qualität und so viel, wie wir wollen, zur Verfügung.

In anderen Ländern gibt es nur sehr wenig Trinkwasser. Es muss mühsam über weite Wege herangeschafft werden. Das ist häufig die Aufgabe von Mädchen.

Wassergewinnung

Wasserwerke erhalten ihr Rohwasser zum Beispiel aus:
- einer Talsperre,
- einem Uferfiltratbrunnen,
- einer Quelle oder
- einem Grundwasserbrunnen.

In Wasserwerken wird das Rohwasser so lange gesäubert und von Keimen befreit, bis es Trinkwasserqualität hat.

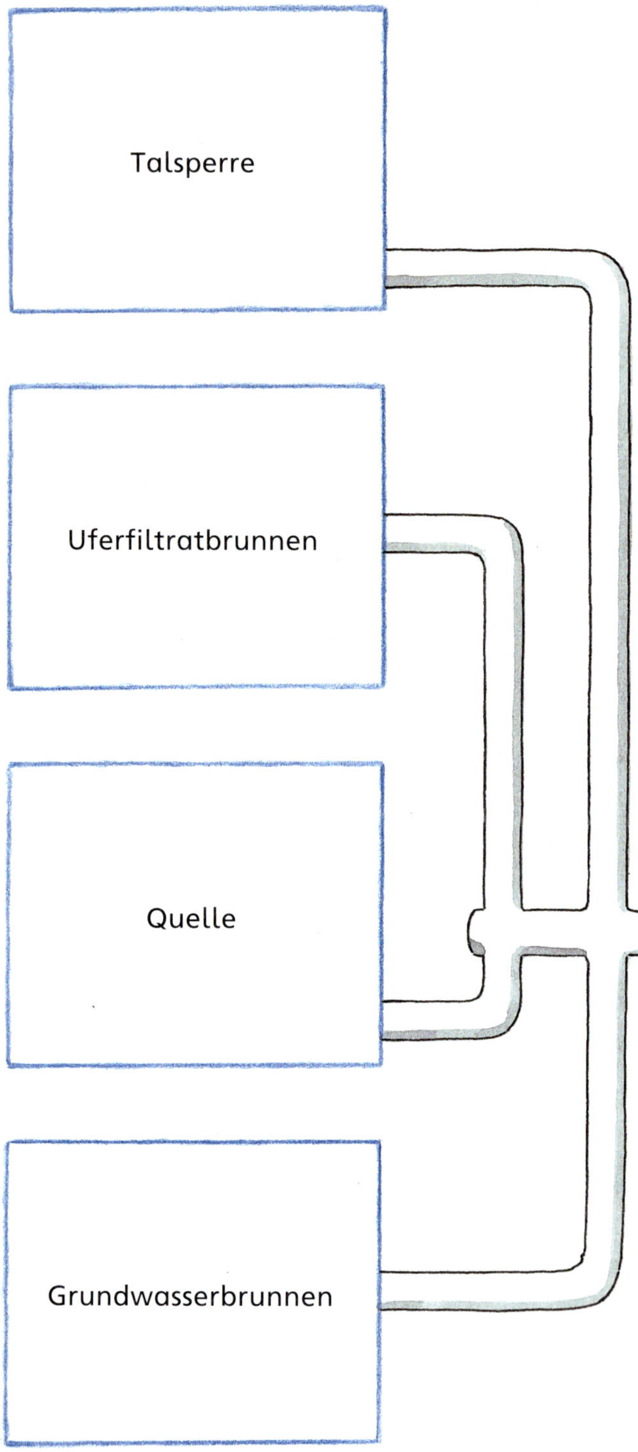

(1) Male die Wasserleitungen aus:
Rohwasserleitungen: Grün
Trinkwasserleitungen: Blau

(2) Erkundigt euch, woher euer Wasserwerk das Rohwasser bekommt.

(3) Schneide die Bilder am unteren Blattrand auf Seite 41 aus. Lege sie auf die richtigen Kästchen auf Seite 42 und klebe sie mit Klebefilm am oberen Rand fest. Wenn du die Bilder jetzt hochklappst, kannst du lesen, woher das Rohwasser jeweils kommt.

In der Talsperre wird ein Wasservorrat gespeichert. Das Wasser wird in das Wasserwerk geleitet.

Das aus einer Quelle sprudelnde Wasser wird in das Wasserwerk geleitet.

Das in den Uferzonen durchgesickerte Flusswasser wird abgepumpt und in das Wasserwerk geleitet.

Das zuvor durch Erdschichten gesickerte Grundwasser wird hochgepumpt und in das Wasserwerk geleitet.

Wassernutzung und Abwässer

Im Haushalt wird Wasser für verschiedene Zwecke genutzt: Als Reinigungsmittel, als Transportmittel und als Lebensmittel. Bei jedem Gebrauch wird es verschmutzt. Das verschmutzte Wasser gelangt über Abwasserleitungen in Klärwerke. Die Bilder zeigen dir drei Beispiele, wie Wasser im Haushalt gebraucht wird.

(1) Schreibe jedes der drei folgenden Wörter unter das richtige Bild: **Lebensmittel – Reinigungsmittel – Transportmittel**.

Das Abwasser ist mit Schmutz, Krankheitserregern und zum Teil Giften belastet. Es gefährdet die Gewässer und die Natur. Deshalb wird Abwasser in Kläranlagen gründlich gereinigt. Danach wird es in Bäche und Flüsse wieder abgegeben.

(2) Male die Wasserleitungen richtig an:
Trinkwasserleitungen: Blau
Abwasserleitungen: Braun

Die Kläranlage

Der Rechen hält die groben und großen Schmutzteile zurück. Leider auch vieles, was nicht in die Toilette gehört hätte, zum Beispiel: Wattestäbchen, Papierstücke oder Windeln.

(1) Überlege, welche der folgenden Teile im Rechen zurückgehalten werden. Unterstreiche die richtigen Wörter: Stöcke, Zahnpasta, Plastiktüten, Sand.

Rechen ①

Im Vorklärbecken werden kleine Schmutzteile entfernt. Sie setzen sich entweder am Boden ob oder schwimmen an der Oberfläche. Beispiele: Sand, Holzstückchen, Steinchen, Styroporkügelchen, kleine Blätter, Metallteilchen, Fette und Öle.

(2) Unterstreiche die Teile, die sich am Boden absetzen, mit Blau, die Teile, die an der Oberfläche schwimmen, mit Rot.

Vorklärbecken ②

Die im Wasser fein verteilten Essensreste und Fäkalien (Kot) setzen sich nicht am Boden ab oder treiben an der Oberfläche. Sie schweben im Wasser. Im Belebungsbecken werden diese Teilchen von Bakterien gefressen. Dabei entstehen große Schmutzflocken.

Belebungsbecken ③

Die Schmutzflocken aus dem Belebungsbecken setzen sich am Boden ab. Dort werden sie entfernt und zusammen mit dem anderen Schmutz aus der Kläranlage verbrannt oder auf die Deponie gebracht.

Nachklärbecken ④

Das geklärte Wasser aus der Kläranlage wird in einen Fluss geleitet. Es enthält nur noch wenig Verunreinigungen. Der Fluss wird dadurch nicht belastet. In der Natur wird das Wasser noch weiter gereinigt, zum Beispiel durch die Filterwirkung des Bodens. Das Wasser kann dann wieder als Rohwasser im Wasserwerk verwendet werden.

⑤

(3) Schneide die Bilder am unteren Blattrand auf Seite 43 aus. Lege sie auf die richtigen Kästchen auf Seite 44 und klebe sie mit Klebefilm am oberen Rand fest. Wenn du die Bilder jetzt hochklappst, kannst du lesen, welche Aufgaben die Stationen der Kläranlage haben.

Hier bleiben die groben Schmutzteile hängen.

In diesem Becken werden kleine schwere und leichte schwimmende Schmutzteile entfernt.

Unter Luftzufuhr fressen Bakterien Schmutzteile und bilden Flocken.

Im letzten Becken setzen sich die Schmutzflocken ab und werden regelmäßig entfernt.

So bildet sich Grundwasser

Ein großer Teil des Regenwassers versickert im Boden. Dort wird das Wasser von Pflanzen aufgenommen oder dringt in immer tiefer liegende Bodenschichten ein.
Die Zeichnung rechts zeigt einen Schnitt durch folgende Bodenschichten.

Humus

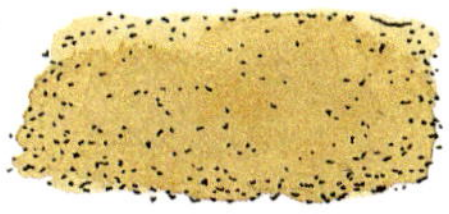
Sand

Kies

Ton

(1) Trage die Namen der Bodenschichten in die Zeichnung ein.

(2) Welche Bodenschicht lässt das Wasser nicht hindurch. Notiere sie.

____

(3) Schreibe auf, wie Regenwasser im Boden versickert und sich als Grundwasser sammelt.

____

____

____

____

Nicht alle Verunreinigungen des Regenwassers können durch die Bodenschichten herausgefiltert werden. Sie gelangen in das Grundwasser und damit in unser Trinkwasser. Ein Liter Öl macht eine Million Liter Wasser ungenießbar! Deshalb werden Wasserschutzgebiete im Bereich der Trinkwasserbrunnen festgelegt.

(4) Erkundigt euch, was in Wasserschutzgebieten nicht erlaubt ist.

Wasserstand und Wasserdruck

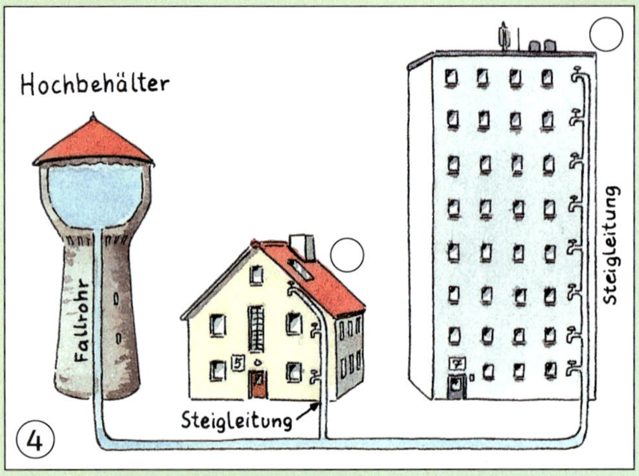

Versuche zum Wasserstand

Mit diesem Versuch könnt ihr ausprobieren, wodurch der Wasserstand beeinflusst wird.

Du brauchst: einen durchsichtigen Wasserschlauch, verschieden lange Schlauchstücke, ein Verbindungsstück, ein Gefäß mit Wasser und einen Trichter.

1. Nehmt einen durchsichtigen Schlauch und gießt Wasser über einen Trichter hinein. Bewegt jetzt abwechselnd die beiden Schlauchenden nach oben. Beschreibt den Wasserstand.
2. Nehmt Schlauchstücke mit verschiedenem Durchmesser und steckt sie mithilfe des Verbindungsstückes zusammen. Gießt Wasser hinein. Beobachtet den Wasserstand und notiert die Ergebnisse.

Versuche zum Wasserdruck

1. Bohrt Löcher im Abstand von 10 cm in ein Schlauchende. Füllt Wasser mithilfe des Trichters in den Schlauch und bewegt das Schlauchende mit dem Trichter auf und ab. Schreibt eure Beobachtungen auf.

Wasserdruck im Wasserleitungsnetz

Bis das Wasser bei uns im Wasserhahn ankommt, hat es einen langen Weg zurückgelegt. Vom Hochbehälter fließt das Wasser über ein Fallrohr nach unten. Über Steigleitungen in den Wohnhäusern gelangt es nach oben in die einzelnen Wohnungen.
Für alle Wasserhähne, die sich oberhalb des Hochbehälters befinden, reicht der Wasserdruck nicht aus. Pumpen müssen dort das Wasser nach oben transportieren.
Heute gibt es nur noch wenige Hochbehälter. Pumpstationen sorgen für den notwendigen Wasserdruck.

1. Zeichne mit Blau den Wasserstand in die Steigleitungen der Häuser ein.
2. Kreuze an, welches Haus eine Pumpe benötigt.

Dieser Versuch hilft euch, einzelne Arbeitsschritte bei der Reinigung von Schmutzwasser in der Kläranlage besser zu verstehen.

Ihr braucht: ein grobes und ein feines Sieb, drei Glasbecher, einen Krug, Schmutzwasser (etwas Erde, Sand, Kaffeesatz, ein paar Haare, einige Spritzer Spülmittel), einen Kaffeefilter mit Filtertüte und einen Trinkhalm.

1. Stellt im Krug Schmutzwasser her.
2. Gießt das Schmutzwasser zuerst durch das grobe Sieb in ein Glas.
3. Gießt danach das aufgefangene Wasser durch das feine Sieb in das zweite Glas.
4. Lasst das so gereinigte Wasser mindestens 30 Minuten ruhig stehen, sodass sich alle noch vorhandenen Schmutzreste auf dem Glasboden absetzen können.
5. Gießt das Wasser vorsichtig durch den Filter in das dritte Glas. Der Bodensatz darf dabei nicht aufwirbeln.
6. Pustet zum Schluss mit dem Trinkhalm in das filtrierte Wasser. Schreibt auf, was ihr beobachtet. Versucht das Ergebnis zu erklären.
7. Notiert, welche Stoffe bei welchem Arbeitsschritt aus dem Schmutzwasser entfernt wurden und welche nicht.
8. Vergleicht eure Arbeitsschritte mit den Reinigungsvorgängen in der Kläranlage (Seite 44).
Notiert eure Ergebnisse in Stichworten in einer Tabelle.

Unser Versuch	Kläranlage
grobes Sieb	
feines Sieb	

Ich teste mein Wissen: Natur (1)

(1) Kreuze die richtige Antwort an.

a) Die Ackerwinde …
- ist ein Erntegerät ◯
- sind starke Stürme ◯
- ist eine Wildpflanze ◯
- ist eine Getreideart ◯

b) Eine Kellerassel gehört zu den …

- Weichtieren ◯
- Tausendfüßern ◯
- Insekten ◯
- Krebstieren ◯

c) Wasser wird in der Natur gereinigt durch …
- Sand ◯
- Papierfilter ◯
- Ton ◯
- Gras ◯

(Jede richtige Antwort = 1 Punkt) *Mögliche Punktzahl: 3 / Erreichte Punktzahl:*

(2) In jedem Kasten steht ein Begriff, der nicht zu den anderen passt. Streiche ihn durch.

a)
- Hafer
- Mais
- Kamille
- Weizen

b)
- Haussperling
- Habicht
- Blaumeise
- Grünfink

c)
- Hummel
- Biene
- Zitronenfalter
- Kreuzspinne

(Jeder gestrichene Begriff, der nicht dazugehört = 1 Punkt) *Mögliche Punktzahl: 3 / Erreichte Punktzahl:*

(3) Notiere Namen von Pflanzen und Tieren der Lebensräume: a) Wiese b) Teich c) Wald.

a) ____________ Wiesenpflanze ____________ Insekt auf Wiesen ____________ Säugetier der Wiese

b) ____________ Fisch in Teichen ____________ Insekt in Teichen ____________ Lurch in Teichen

c) ____________ Baum in Wäldern ____________ Vogel in Wäldern ____________ Säugetier in Wäldern

(Für jeden richtigen Namen = 1 Punkt) *Mögliche Punktzahl: 9 / Erreichte Punktzahl:*

(4) a) Nenne die drei Zustandsformen von Wasser.

____________ ____________ ____________

b) Das gesamte Wasser befindet sich in einem ____________

(Für jeden richtigen Begriff = 1 Punkt) *Mögliche Punktzahl: 4 / Erreichte Punktzahl:*

(5) Prüfe die Richtigkeit der Sätze. Kreuze richtige Aussagen an, streiche falsche durch.

❑ Weinbergschnecken haben kleine Knochen.
❑ Wasserschnecken fressen Käferlarven.
❑ Tiere helfen beim Verbreiten von Pflanzen.
❑ Der Regenwurm atmet über die Haut.

❑ Im Klärwerk gibt es ein Belebungsbecken.
❑ Ameisen fressen besonders gern Blattläuse.
❑ Bäume verbrauchen viel Sauerstoff.
❑ Weltweit geht kein Tropfen Wasser verloren.

(Für jeden richtig bewerteten Satz = 1 Punkt) *Mögliche Punktzahl: 8 / Erreichte Punktzahl:*

Auswertung: *Mögliche Gesamtpunktzahl: 27 / Erreichte Gesamtpunktzahl:*

27 Punkte bis 23 Punkte = Mein Wissen zum Themenbereich „Natur (1)“ ist … richtig gut.

22 Punkte bis 14 Punkte = Mein Wissen zum Themenbereich „Natur (1)“ ist … gut.

13 Punkte bis 0 Punkte = Mein Wissen zum Themenbereich „Natur (1)“ ist … noch nicht so gut.

 Name:

Natur (2)

Ein Feuer kann nur dann brennen, wenn drei Voraussetzungen erfüllt sind. Kennst du diese?

Die heutigen Heißluftballons haben einen Brenner zum Erwärmen der Luft. Wie wurde die Luft bei den ersten Ballons erwärmt?

Die Windkraft liefert Strom. Sie gehört zu den erneuerbaren Energiequellen. Kennst du weitere?

Diese Wetterstation liefert keine verlässlichen Ergebnisse. Mit welchen Geräten wird wirklich der Wetterbericht erstellt?

Eine gesunde Ernährung ist wichtig für den Körper. Wovon darfst du viel essen, wovon besser weniger?

Mein Lerntagebuch: **Natur (2)**

Thema	begonnen am	beendet am
Was mir am Thema gefallen / nicht gefallen hat.		
Was ich gelernt habe. Was ich nicht verstanden habe.		

Fülle die Zeilen gemäß der Überschriften im oberen Kasten aus.
Wenn der Platz nicht reicht, kannst du auch ein Extrablatt (die Kopiervorlage) für die einzelnen Themen benutzen.

Welche Stoffe lösen sich im Wasser?

Ihr braucht: Schokolade, Gummibärchen, Brausetabletten, Marmelade, Öl, Zahnpasta, Senf, sieben Gläser mit Schraubverschluss, einen Löffel zum Umrühren, einen Krug mit warmem Wasser und einen Krug mit kaltem Wasser.

1. Schau dir die Stoffe genau an. Vermute, welche Stoffe sich in Verbindung mit Wasser lösen.
2. Trage deine Vermutungen in die Tabelle ein.
3. Versuche nun, jeden Stoff einzeln in jeweils einem Glas Wasser aufzulösen. Nimm immer nur eine kleine Menge des Stoffes.

   Tipp: Manche Stoffe lösen sich leichter in warmem Wasser. Auch Schütteln und Rühren hilft.
4. Trage deine Ergebnisse in die Tabelle ein. Überprüfe, ob deine Vermutung richtig war.
5. Trage noch zwei weitere Stoffe in die Tabelle ein und untersuche sie.

Stoff	**Vermutung**		**Ergebnis**	
	löst sich	löst sich nicht	löst sich	löst sich nicht
Marmelade				
Schokolade				
Gummibärchen				
Öl				
Brausetabletten				
Zahnpasta				
Senf				

Gelöstes Salz zurückgewinnen

Mit den folgenden Versuchen kannst du ein Verfahren kennenlernen, wie man in Wasser gelöstes Salz wieder zurückgewinnen kann.

Du brauchst: Salz, einen Teelöffel, einen Esslöffel, ein Glas mit lauwarmem Wasser, einen Teller.

1. Löse einen Teelöffel Salz in einem Glas mit lauwarmem Wasser.

2. Gieße einen Esslöffel des Salzwassers auf einen Teller. Stelle ihn bis zum nächsten Tag auf die warme Heizung oder in die Sonne. Vermute, was mit dem Salzwasser passiert.

3. Schau am nächsten Tag nach, was passiert ist. Schreibe deine Beobachtung auf.

Salzgewinnung aus dem Meer

Das Gewinnen von Salz aus dem Meer gehört zu den ältesten Verfahren der Salzgewinnung.
Meerwasser wird in flache Becken, auch Salzgärten genannt, geleitet. Unter der Sonneneinstrahlung verdunstet das Wasser. Auf dem Grund der Becken kristallisiert das Salz aus und kann „geerntet" werden.

Schwimmen, sinken und schweben (1)

Tim wundert sich, dass ein Schiff aus Metall schwimmen kann und ein Metallstück im Wasser versinkt. Daraufhin überprüft er mit Fiona, welche Gegenstände und Stoffe im Wasser schwimmen und welche sinken.

Ulrike liest aus dem Lexikon vor: „Alle Stoffe, die leichter sind als die gleiche Menge Wasser, schwimmen. Stoffe, die schwerer sind als die gleiche Menge Wasser, versinken."

Überprüfe deine Vermutung mit dem Ergebnis

1. Lege verschiedene Gegenstände bereit.
Was schwimmt und was sinkt? Trage deine Vermutungen in die Tabelle ein.

Gegenstand	**Vermutung**		**Ergebnis**	
	sinkt	schwimmt	sinkt	schwimmt
Korken				

2. Überprüfe. Trage deine Ergebnisse ebenfalls ein. Vergleiche sie mit deinen Vermutungen.

Beobachten und experimentieren

Schwimmen, sinken und schweben (2)

Überprüfe durch Wiegen, welche Stoffe schwimmen und welche sinken werden.

1. Fülle eine Filmdose randvoll mit Wasser, eine andere mit Styroporbröseln. Verschließe beide Dosen mit dem Deckel. Wiege die Dosen. Welche Dose ist schwerer?

2. Fülle eine Dose mit Sand und vergleiche mit der mit Wasser gefüllten Dose. Wiege zuerst und mache dann die Probe im Wasser.
Notiere, welche Dosen schwimmen und welche Dosen sinken. Erkläre.

Überprüfe selbst verschiedene Materialien

1. Fülle Filmdosen randvoll mit verschiedenen Materialien. Vergleiche durch Wiegen mit der mit Wasser gefüllten Dose. Was findest du heraus?

2. Lege eine Tabelle an. Trage ein.

leichter als Wasser **wird schwimmen**	schwerer als Wasser **wird versinken**
Styropor	

Überprüfe, ob Knetgummi schwimmen kann

1. Vermute, welche der abgebildeten Knetgummifiguren schwimmen können. Forme die Figuren aus Knete und setze sie ins Wasser. Beobachte.
Versuche, die Ergebnisse zu erklären.

2. Zeichne eine Skizze von einem schwimmfähigen Modell.

Das älteste Luftfahrzeug, der Heißluftballon, wurde von den Brüdern Montgolfier erfunden. Die erste Ballonfahrt mit der Montgolfiere fand im Jahr 1783 statt. Dazu wurde ein großes Feuer entfacht und die aufsteigende Luft in der Ballonhülle gesammelt. Als genügend heiße Luft in der Hülle war, stieg der Ballon nach oben. Die Luft in der Hülle kühlte mehr und mehr ab und der Ballon sank langsam zur Erde zurück.
Der Auftrieb eines Heißluftballons beruht darauf, dass warme Luft sich ausdehnt, leichter als kühlere Luft wird und nach oben steigt. Wenn die warme Luft dann abkühlt, zieht sie sich zusammen. Das Gewicht des Ballons wird größer als die Auftriebskraft, der Ballon sinkt.
Moderne Heißluftballons erzeugen warme Luft durch Brenner unterhalb des Ballons. So können sie auch während der Fahrt die Luft erhitzen und so viel länger in der Luft bleiben.

1 Richtig oder falsch? Lies die folgenden Sätze. Kreuze die richtigen Aussagen an. Streiche die falschen Aussagen durch. Der Sachtext oben hilft dir dabei.

- ◯ Kalte Luft dehnt sich aus.
- ◯ Warme Luft dehnt sich aus.
- ◯ Warme Luft steigt auf.
- ◯ Kalte Luft steigt auf.
- ◯ Wenn die Luft im Ballon abkühlt, wird die Auftriebskraft kleiner und der Ballon steigt.
- ◯ Wenn die Luft im Ballon erhitzt wird, wird die Auftriebskraft größer und der Ballon steigt.

Flasche und Ballon

Du brauchst: zwei Glasflaschen, zwei Luftballons, eine Schale mit warmem Wasser.

1. Ziehe die beiden Luftballons über die beiden Flaschenöffnungen.
2. Vermute, was passiert, wenn du eine Flasche stehen lässt und die zweite Flasche in warmes Wasser stellst. Notiere deine Vermutungen.
3. Führe den Versuch durch und beobachte. Notiere die Ergebnisse.
4. Vergleiche die Ergebnisse mit deinen Vermutungen. Erkläre die Versuchsergebnisse.

Luftströmungen (2)

Alle Versuche dürfen nur gemeinsam mit einem Erwachsenen durchgeführt werden!

Hinweis: Vor beiden Versuchen müssen vorher Türen und Fenster mindestens 20 Minuten lang geschlossen sein. Am besten gelingen die Versuche im Winter, wenn geheizt wird.

Decke und Boden

Ihr braucht: zwei Thermometer.

1. Die Lufttemperaturen im Klassenraum sollen kurz über dem Boden und dicht unter der Decke gemessen werden. Vermutet, an welcher der beiden Messorte höhere oder niedrigere Temperaturen zu erwarten sind. Notiert eure Vermutungen.
2. Messt die Temperaturen im Klassenraum kurz über dem Boden und dicht unter der Decke und notiert sie.
3. Vergleicht Vermutungen und Ergebnisse. Erklärt die Versuchsergebnisse.

Türspalt

Mit zwei brennenden Kerzen könnt ihr feststellen, was passiert, wenn die Tür zwischen geheiztem Klassenraum und ungeheiztem Flur geöffnet wird. Eine Kerze wird am Boden, die andere unter die Zimmerdecke gehalten.

Ihr braucht: zwei Kerzen, Streichhölzer.

1. Vermutet, wie die Kerzenflammen reagieren werden.
2. Führt den Versuch durch, beobachtet und notiert die Ergebnisse.
3. Vergleicht die Vermutungen mit den Ergebnissen. Erklärt die Versuchsergebnisse.

So entsteht Wind

Die Strahlen der Sonne spenden Wärme. Die Sonnenstrahlen erwärmen die Luft über dem Land stärker als die Luft über dem Meer.

Warme Luft ist leichter als kalte Luft. Deshalb steigt die warme Luft nach oben. In den so entstandenen Freiraum strömt nun die kalte, schwerere Luft nach. Diese Luftströmungen zwischen warmen und kalten Gebieten nennt man Wind.

krank

beschädigt

Immer mehr Menschen leben auf der Erde und verbrauchen Energie. Es entstehen immer mehr Abgase und Schadstoffe, die die Luft verschmutzen. Verursacher sind zum Beispiel Autos, Flugzeuge, Fabriken und Heizungsanlagen. Die Gesundheit der Menschen und Tiere leidet darunter. Auch Pflanzen, besonders Bäume, sind betroffen.
Deshalb wurden Gesetze erlassen, die zur Verringerung der Luftverschmutzung führten: Fabriken und Kraftwerke erhielten große Filteranlagen, die Staub und Abgase zurückhalten. Autos haben Katalysatoren, die den Schadstoffausstoß verringern. Auch Heizungsanlagen wurden verbessert, sodass die Abgasmengen geringer wurden.
Beim Verbrennen von Kohle, Öl und Gas gelangen Schadstoffe in die Luft und vermischen sich mit den Regenwolken. Diese Schadstoffe machen den Regen sauer wie Essig. Wenn es regnet, gelangt dieser saure Regen auf die Erde und wird von Pflanzen aufgenommen. Die Blätter der Bäume werden früher braun und fallen ab. Die Bäume werden krank. Sogar Steine werden durch diese Schadstoffe geschädigt. Das Gesicht der oben abgebildeten Figur ist so im Laufe der Zeit zerstört worden.
Alle Bemühungen die Luft zu verbessern, reichen noch nicht aus. Jeder kann dazu beitragen, die Luftverschmutzung zu verringern.

(1) Untersteiche im Text mit unterschiedlichen Farben
a) Verursacher und
b) Folgen der Luftverschmutzung.

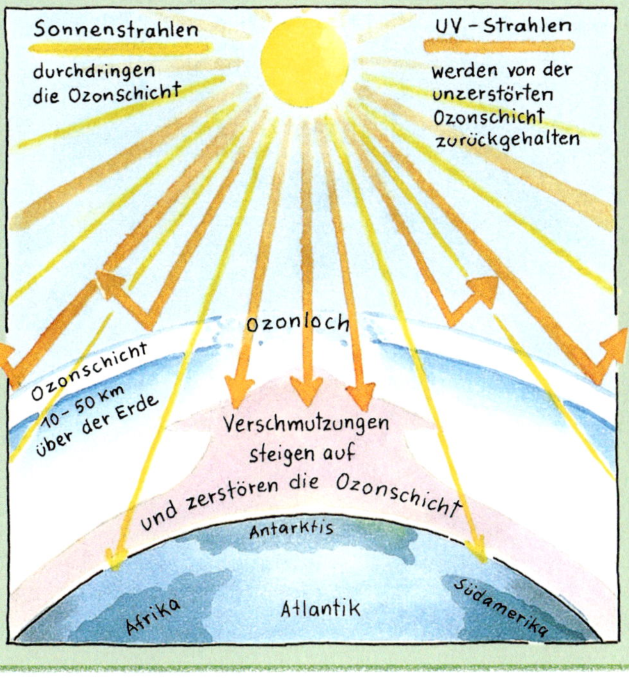

Ozon

In einer Höhe von 10 bis 50 Kilometern ist die Erde von einer Gasschicht umhüllt, die Ozon enthält. Sie verhindert, dass die gefährlichen UV-Strahlen aus dem Weltall ungehindert auf die Erde treffen. Abgase haben diese Schutzhülle an vielen Stellen zerstört. So ist über der Antarktis bereits ein Ozonloch entstanden.
An heißen Sommertagen tritt ein weiteres Problem auf. Die Sonnenstrahlen wirken auf Autoabgase ein. Dadurch entsteht Ozon in der Luftschicht über dem Boden. Dort ist es schädlich für alle Lebewesen. Weil sich das bodennahe Ozon im Sommer bildet, spricht man von Sommersmog. Im Radio werden dann Ozonwarnungen gegeben.

Luft wird verschmutzt (2)

(1) Trage folgende Begriffe in das Bild ein: **Abgase – saurer Regen – Waldschäden.**

(2) Beschreibe die obere Abbildung.

(3) Notiere mithilfe der Bilder, wie Energie eingespart und die Luft weniger verschmutzt wird.

(A)

(B)

(C)

Wetter (1)

Das Wetter kann sehr unterschiedlich sein. Täglich werden wir durch Radio, Zeitungen und Fernsehen über das Wetter informiert. Wärme, Kälte, Sonne, Wolken, Wind, Nebel, Regen oder Schnee sind Erscheinungen des Wetters und wirken zusammen.

Im Laufe eines Jahres kann der Wind unterschiedlich stark sein. Im Sommer ist es an manchen Tagen windstill oder es weht nur eine leichte Brise. Im Frühjahr oder im Herbst kann es dagegen häufiger windig oder sogar stürmisch sein.

Zum Wetter gehören auch die Niederschläge. Als Niederschläge bezeichnen die Wetterfachleute (Meteorologen) alle Formen von Wasser, die aus Wolken auf die Erde fallen. Die häufigste Form ist der Regen. Bei niedrigen Temperaturen gefrieren die Regentropfen zu Schneekristallen, manchmal auch zu kleinen Graupelkörnchen. In Gewitterwolken können unter bestimmten Bedingungen große Hagelkörner aus Eis entstehen.

(1) Trage folgende Begriffe in die richtigen Abbildungen ein:
Gewitter – Hagel – Regenwetter – Regentropfen – Sonnenwetter – Schnee – Sturm.

Wetter (2)

Federwolken

Haufenwolken

Wetterstation

Überall auf der Erde verdunstet Wasser. Der unsichtbare Wasserdampf steigt mit der warmen Luft in höhere Luftschichten. In größerer Höhe ist es kälter. Der Wasserdampf verwandelt sich wieder in winzige Wassertröpfchen oder winzige Eiskristalle. Diese werden als Wolken sichtbar. Luftfeuchtigkeit, Temperatur und Wind verändern Aussehen und Form der Wolken. Durch Beobachten von Wolken, zum Beispiel Form, Höhe und Veränderungen, können Aussagen zu Veränderungen des Wetters gemacht werden.

Windmesser

Regenmesser

Die Meteorologen beobachten und messen täglich mit modernen Geräten die Erscheinungen des Wetters. Dabei werden zahlreiche Messungen, zum Beispiel der Temperaturen, Niederschlagsmengen und Windgeschwindigkeit, vorgenommen.
Aus dem Weltraum beobachten Satelliten das Wetter und senden Bilder und Wetterdaten zur Erde. Alle Messwerte und Daten werden in Computern gespeichert. Dort werden dann mithilfe der Wetterdaten die Wettervorhersagen erstellt und die Wetterkarten gezeichnet. Auf einer Wetterkarte werden alle Bestandteile des Wetters als Symbole dargestellt.

Satellitenbild

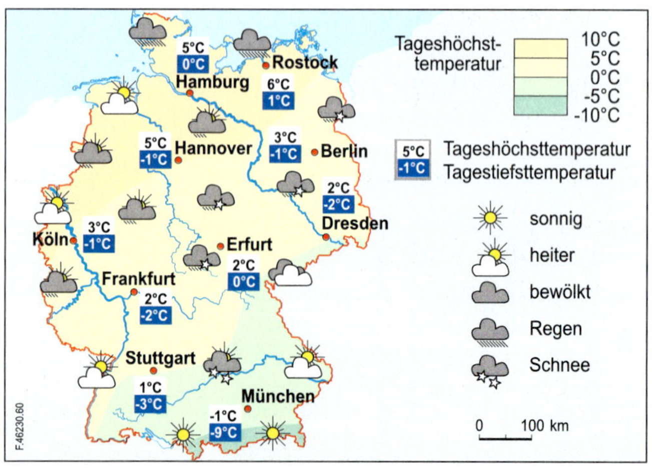

Ⓐ Gutwetterzeichen

Ⓑ Schlechtwetterzeichen

Durch Beobachten der Natur kannst du erkennen, wie sich das Wetter entwickeln wird. Es gibt Anzeichen für gutes Wetter und Anzeichen für schlechtes Wetter.

1 Notiere die Wetterzeichen in einer Tabelle.

Gutwetterzeichen	Schlechtwetterzeichen
Abendrot	

2 Beobachte einige Tage das Wetter. Trage deine Ergebnisse in die Tabelle ein.

Datum						
Bewölkung						
Wind						
Niederschlag						
Temperatur						

Legende:

windstill · *leichter Wind* · *starker Wind/Sturm* · *Regen* · *Schnee*

wolkenlos · *heiter* · *wolkig* · *bedeckt* · *Hagel*

Das Wetterrätsel

(1) Löse das Wetterrätsel. Trage die richtigen Begriffe in die Kästchen ein.
Die eingekreisten Buchstaben ergeben ein Lösungswort.

Waagerecht:

1. Es ist ein weißer, weicher Niederschlag.
2. Wenn sie eine bestimmte Größe erreicht haben, fallen sie zur Erde.
3. Er ist eine Gefahr für die Schifffahrt, den Flugverkehr und die Küste.
4. Er macht die Erde nass.
5. Dieser Niederschlag ist körnig.
6. Am Himmel sind verschiedene Formen davon zu beobachten.

Senkrecht:

1. Du liest sie vom Thermometer ab.
2. Regen, Schnee, Graupel und Hagel werden in der Wetterkunde so genannt.
3. Ihre Strahlen spenden Wärme.
4. Fachmann für die Wetterforschung.
5. Gerät zum Messen der Temperatur.
6. Wolken am Boden, die zu schlechter Sicht führen.

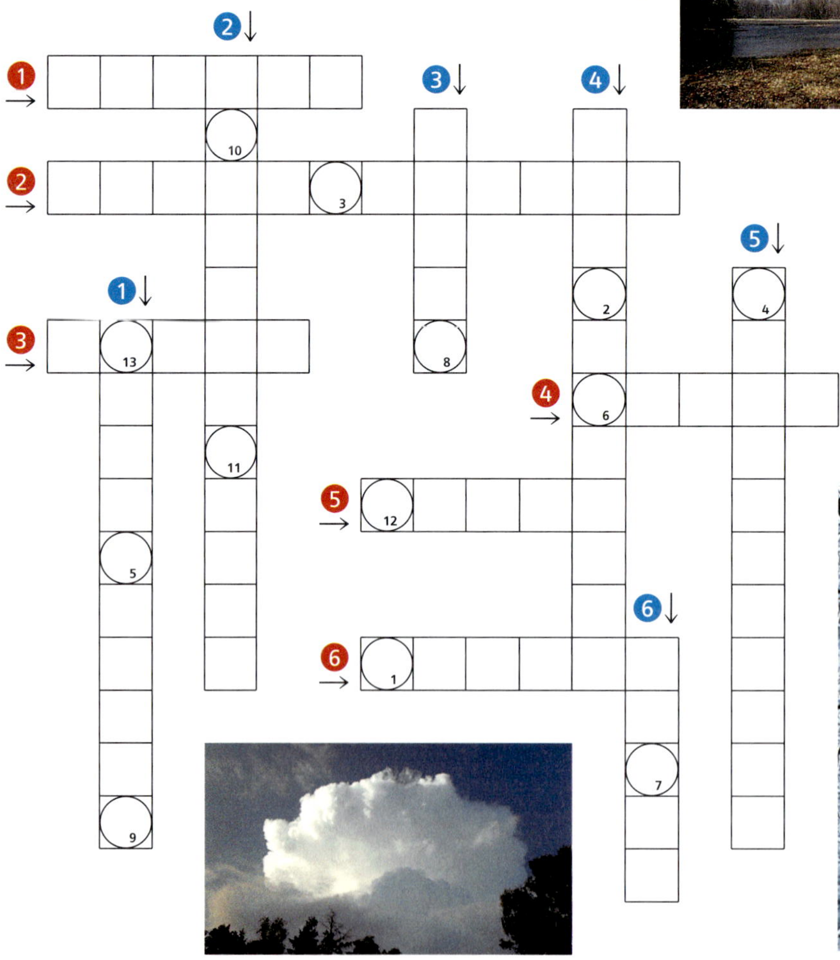

Lösungswort:

Julia hat Geburtstag. In der Klasse wird für sie eine Kerze angezündet. Im Klassenraum steht auch ein Eimer Wasser mit einem feuchten Tuch.

(1) Nenne zwei Gelegenheiten, bei denen ihr Kerzen anzündet.

____

____

(2) Welche Gefahren können von brennenden Kerzen ausgehen? Zählt auf.

Wir lernen den Umgang mit dem Feuer

Regeln im Umgang mit Feuer

1. *Wenn du Feuer machen willst, hole unbedingt einen Erwachsenen dazu.*
2. *Bei Versuchen mit Feuer müssen eine feuerfeste Unterlage, ein Eimer mit Wasser und Löschlappen vorhanden sein.*

(3) Schreibt die Sicherheitsregeln ab und findet weitere dazu.

Führt diese Übung nur gemeinsam mit einem Erwachsenen durch!

So wird ein Streichholz entzündet:

1. *Schließe die Schachtel, bevor du das Streichholz entzündest.*

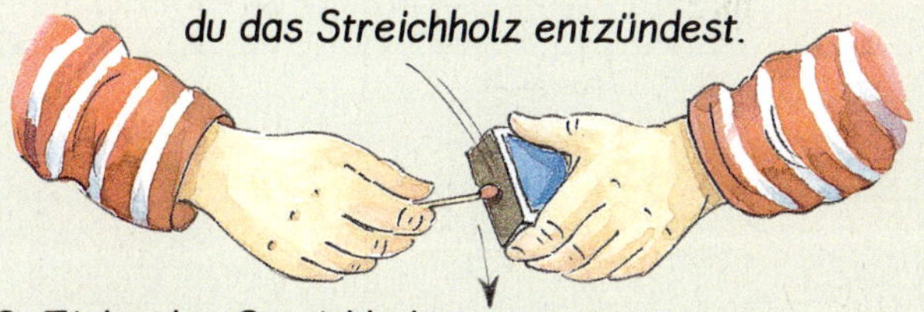

2. *Ziehe das Streichholz vom Körper weg über die Reibefläche.*
3. *Halte die Flamme über die Kerze.*
4. *Puste das Streichholz aus und lege es auf einen Porzellanteller.*

Die Bedeutung der Temperatur

Ein Stück festes Wachs kannst du mit einem Streichholz nicht anzünden, aber eine Kerze aus Wachs mit einem Docht brennt. Wie kommt das?
Durch die Wärme der Streichholzflamme schmilzt das feste Wachs im Docht und wird flüssig. Es verdampft und wird gasförmig. Gasförmiges Wachs hat eine so niedrige Entzündungstemperatur, dass es sofort brennt. Die Wärme der Flamme lässt nun weiteres Wachs flüssig werden. Es steigt im Docht hoch und wird gasförmig. So kann die Wachskerze brennen.

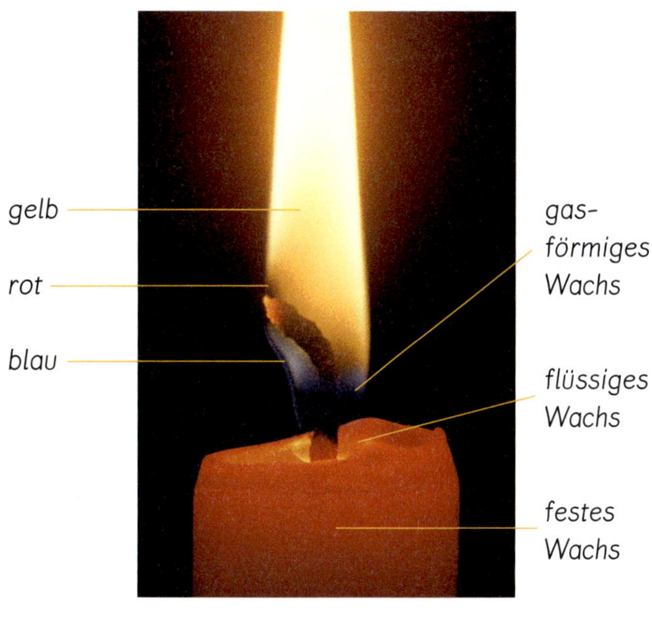

Versuche mit Feuer

Versuche mit Feuer darfst du nur gemeinsam mit einem Erwachsenen durchführen!

Brennbares Material

Es gibt Materialien, die gut brennen. Andere brennen schlecht oder gar nicht.

Versuch 1

1. Untersucht gemeinsam mit der Lehrkraft, welche Stoffe brennen und welche nicht. Tragt die Ergebnisse in die Tabelle ein.

Material	brennt gut	brennt schlecht	brennt nicht
Holz			
Papier			
Stein			
Metall			
Glas			

Versuch 2

Gleiches Material kommt in unterschiedlicher Zerteilung vor, zum Beispiel als Holzstück oder als Holzwolle. Welche Bedeutung hat das für die Brennbarkeit des Materials?

2. Führt einen Versuch mit einem Holzstück und mit Holzwolle durch:
   - Vermutet, was sich leichter entzündet.
   - Versucht nun beide zu entzünden.
   - Vergleicht Vermutung und Ergebnis.
   - Schreibt auf, was ihr herausgefunden habt.

____

____

____

____

Feuer und Luft

Kann das Feuer ohne Luft brennen? Für diesen Versuch braucht ihr: drei Teelichter, Streichhölzer, ein kleines Glas, ein großes Glas, ein Backblech, ein nasses Tuch.

1. Zündet alle Teelichter an.
2. Vermutet, was passieren wird, wenn das große und das kleine Glas gleichzeitig über je ein Teelicht gestülpt werden.
3. Stülpt die Gläser über die Teelichter. Beobachtet. Vergleicht Vermutung und Ergebnis.
4. Zeichnet den Versuch und die Versuchsergebnisse in mehreren Skizzen auf.
5. Versucht das Ergebnis zu erklären.
6. 🗎 Begründet die Versuchsergebnisse in einem kurzen Text.

Feuer löschen

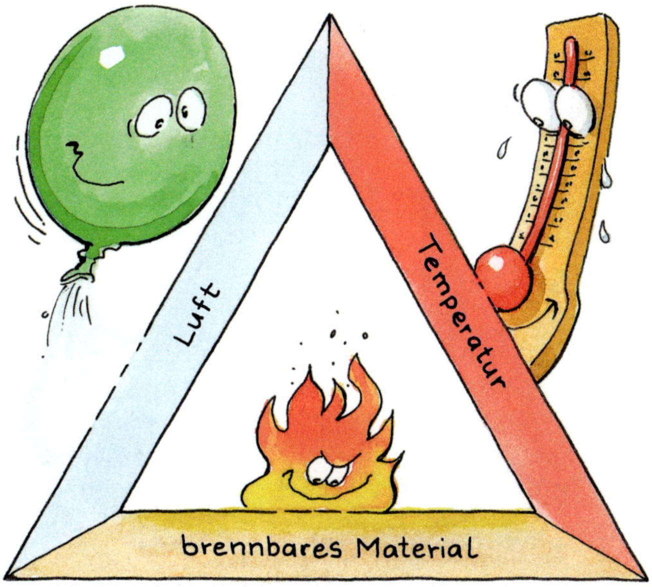

Ein Feuer kann brennen, wenn drei Voraussetzungen erfüllt sind:

- Es muss **brennbares Material** vorhanden sein.
- Die **Temperatur** muss so hoch sein, dass das Material entzündet wird.
- Das Feuer braucht **Luft**.

(1) Betrachte das Dreieck. Erkläre für jedes Stichwort, was du dazu durch Versuche und Beobachtungen gelernt hast.

(2) Sieh dir an, wie die Feuerwehr das Feuer löscht. Kreuze an, was verändert wird, um das Feuer zu löschen.

❏ Material entfernen
❏ Temperatur senken
❏ die Luft entziehen

❏ Material entfernen
❏ Temperatur senken
❏ die Luft entziehen

❏ Material entfernen
❏ Temperatur senken
❏ die Luft entziehen

❏ Material entfernen
❏ Temperatur senken
❏ die Luft entziehen

Die Feuerwehr

Die bekannteste Aufgabe der Feuerwehr ist es Feuer zu löschen. Beim Alarm rückt die Feuerwehr mit Tanklöschfahrzeugen aus, in denen ein gefüllter Wassertank ist. Dadurch können einige Feuerwehrleute sofort anfangen den Brand zu löschen. Andere legen Schläuche zum Hydranten, an die Wasserleitung oder eine Schlauchleitung zu einem Gewässer.

(1) Nenne die drei Möglichkeiten, wie die Feuerwehrleute Löschwasser bekommen.

____

____

____

Die Feuerwehr hat noch mehr Aufgaben:

Bei Unfällen rettet sie Menschen und Tiere aus gefährlichen Situationen. Dabei wird manchmal auch die hohe Drehleiter eingesetzt.

Oft muss die Feuerwehr bei Verkehrsunfällen Fahrzeuge bergen und mit starken Seilwinden auf die Straße ziehen. Eingeklemmte Personen werden aus den Fahrzeugen befreit.

Bei Hochwasser werden Dämme mit Sandsäcken aufgebaut. So schützt die Feuerwehr Häuser vor Schäden. Mit ihren starken Pumpen kann die Feuerwehr Wasser aus überfluteten Kellern pumpen.

(2) Welche Geräte, die die Feuerwehrleute bei ihren Einsätzen oft brauchen, sind hier dargestellt? Ordne der Abbildung die richtige Zahl zu.

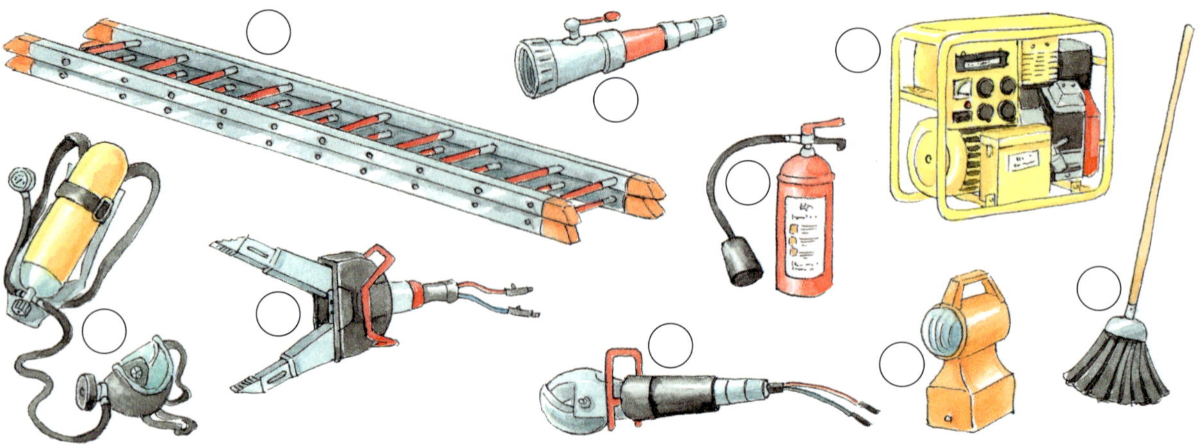

(1) Atemschutzgerät (2) Brandpatsche (3) Feuerlöscher (4) Handscheinwerfer (5) Leiter

(6) Rettungsschere (7) Rettungsspreizer (8) Strahlrohr (9) Stromerzeuger

Strom aus der Steckdose ist gefährlich!
Daher dürfen bei Versuchen nur Batterien als Stromquellen verwendet werden!

Eine Glühlampe soll leuchten.

Ihr braucht:
eine Glühlampe, eine Flachbatterie als Stromquelle, zwei Leitungen aus Klingeldraht.

Die Batterie hat zwei Laschen, diese nennt man Pole. Von den Enden der Klingeldrähte wurde die Kunststoffhülle entfernt. Die Kinder schauen sich die Glühlampe genau an.

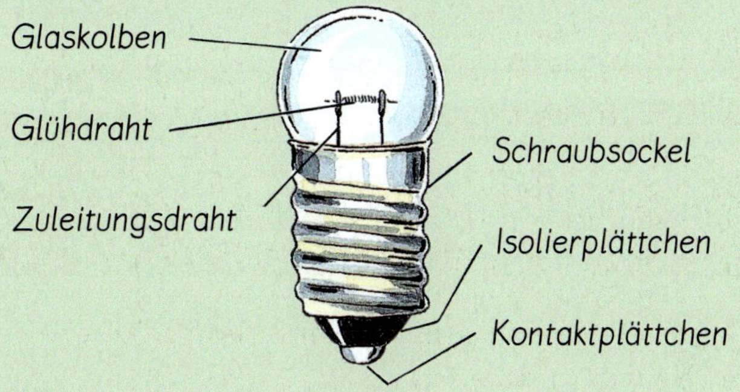

1. Unterstreiche die Namen der Teile der Glühlampe, an die die Enden des Klingeldrahtes gehalten werden können.

Elektrischer Stromkreis

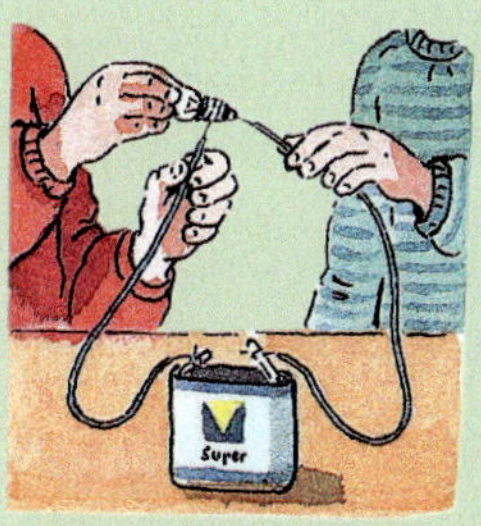

Die Kinder befestigen je eine Leitung aus Klingeldraht an einem Pol. Sie halten die beiden Enden der Leitungen an verschiedene Stellen der Glühlampe. Endlich leuchtet die Glühlampe, der dünne Glühdraht im Glaskolben glüht. Die Kinder haben einen geschlossenen elektrischen Stromkreis aufgebaut. Der Strom wird von der Stromquelle mit einem Draht zur Glühlampe geleitet. Von dort wird er mit dem anderen Draht wieder zur Batterie zurückgeleitet.

1. Beschreibe den elektrischen Stromkreis.

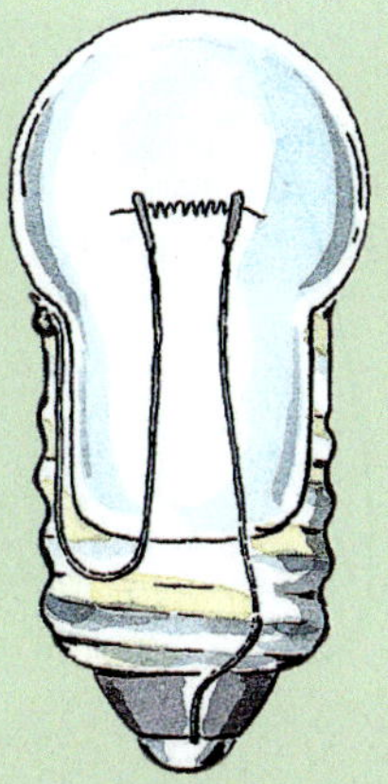

Auch in der Glühlampe wird der elektrische Strom geleitet. In der Schnittzeichnung kann man den Weg des elektrischen Stroms in der Glühlampe verfolgen.

2. Zeige und benenne alle Teile der Glühlampe.
3. Beschreibe den Weg des elektrischen Stroms in der Glühlampe.
4. Überlege, ob der elektrische Stromkreis geschlossen ist. Male nur die Glühlampen gelb an, die leuchten können.

Schalter im Stromkreis

Einen einfachen elektrischen Stromkreis stabil aufbauen

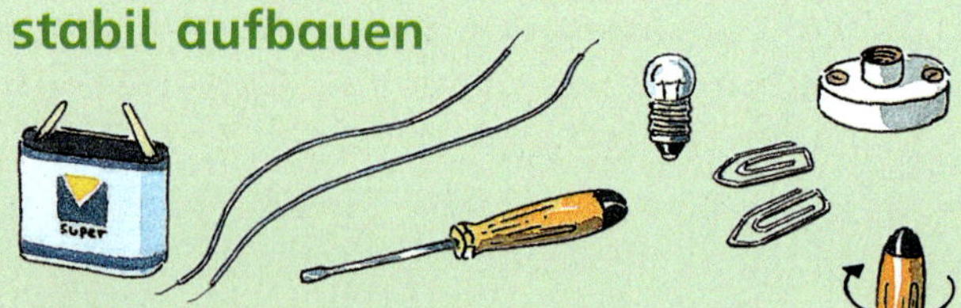

Ihr braucht: eine Flachbatterie, eine Fassung, eine Glühlampe, zwei Leitungen aus Klingeldraht, zwei Büroklammern, einen Schraubendreher.

1. Befestigt die beiden Büroklammern jeweils am Ende einer Leitung.
2. Schraubt die beiden anderen Enden der Leitungen jeweils an einer Schraube der Fassung fest.
3. Steckt jeweils eine der Büroklammern an einen Pol der Flachbatterie.

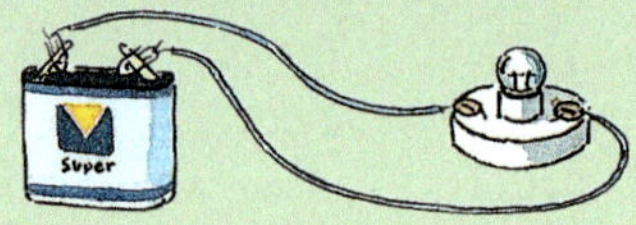

Einen Schalter bauen

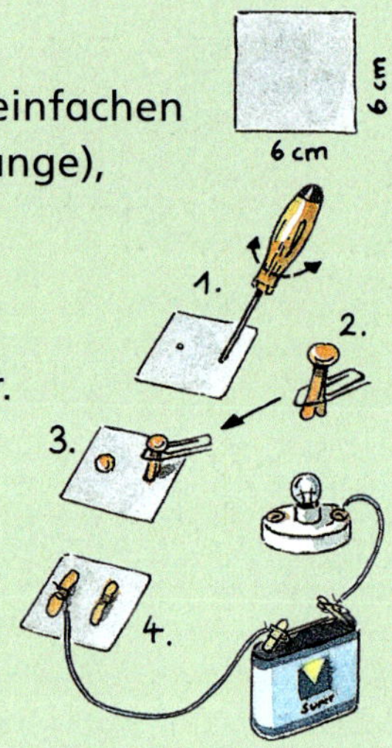

Zum Ein- und Ausschalten der Glühlampe könnt ihr einen Schalter in den einfachen elektrischen Stromkreis einbauen. Ihr braucht: festen Karton (6 cm Seitenlänge), zwei Musterbeutelklammern, ein Stück Klingeldraht, eine Büroklammer, einen Schraubendreher.

1. Stecht zwei Löcher (Abstand 2 cm) in die Mitte des Kartons.
2. Steckt eine Musterbeutelklammer durch die Rundung der Büroklammer.
3. Steckt die Musterbeutelklammern durch die Löcher in der Pappe und spreizt die Klammern auf der Rückseite auseinander.
4. Löst eine Leitung von der Fassung und befestigt sie auf der Rückseite des Kartons an einer Musterbeutelklammer.
5. Verbindet mit der neuen Leitung die andere Musterbeutelklammer und die Fassung.

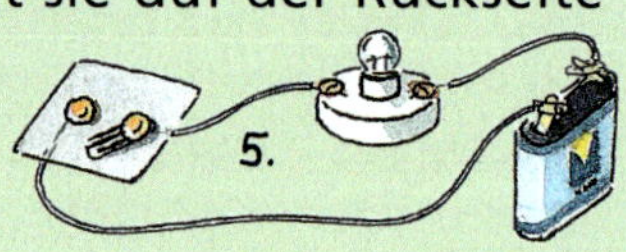

Schalter im elektrischen Stromkreis

1. Überprüfe in der Zeichnung bei A–D, ob der elektrische Stromkreis geschlossen ist. Male nur Glühlampen gelb an, die leuchten.
2. Ergänze bei E–H fehlende Teile. Malt die Glühlampen gelb an, die leuchten.

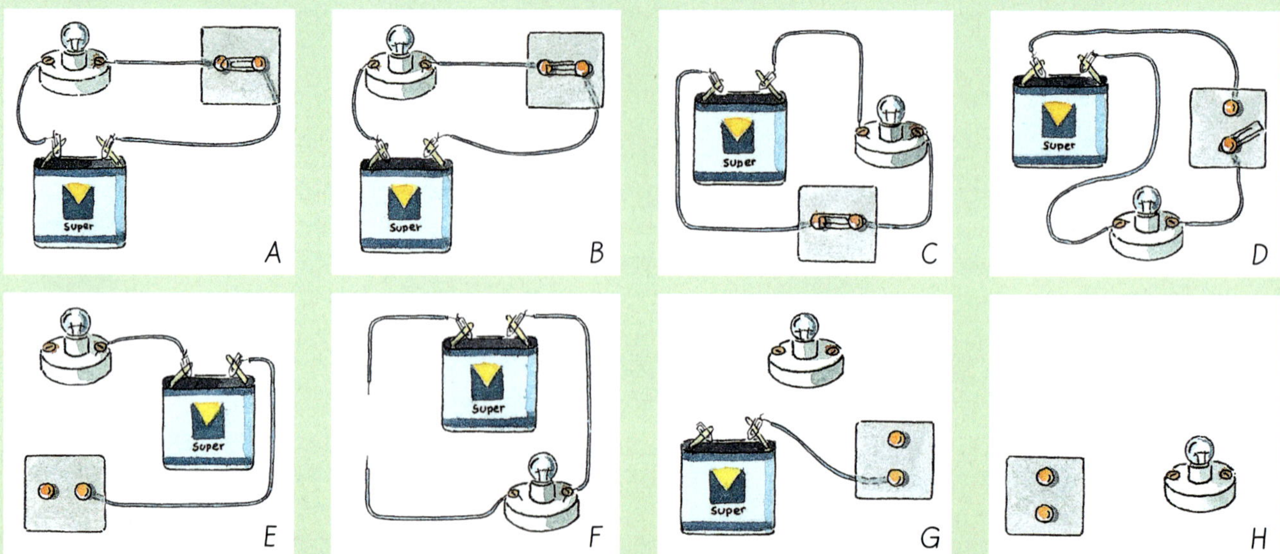

Was leitet elektrischen Strom?

Am Schalter lässt sich der elektrische Stromkreis mit der Büroklammer öffnen und schließen. Die Büroklammer ist aus einem Material, das den elektrischen Strom leitet. In einem einfachen Versuch könnt ihr feststellen, welche Materialien elektrischen Strom leiten.

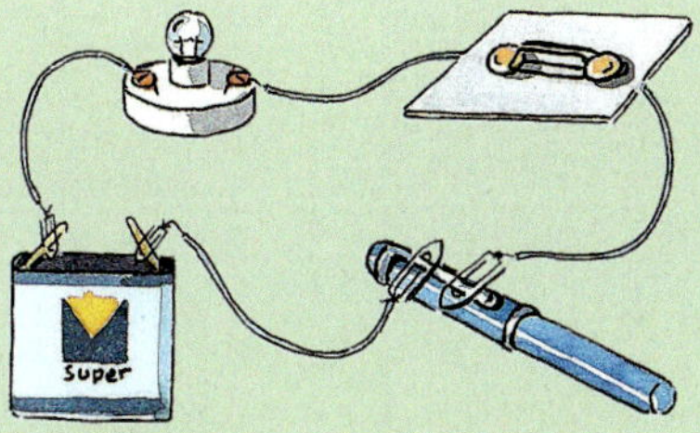

1. Baut den abgebildeten Versuch auf.
2. Legt Gegenstände bereit, deren Material ihr überprüfen wollt.
3. Probiert an der Prüfstelle aus, welche Materialien den elektrischen Strom leiten und welche ihn nicht leiten. Notiert Gegenstand, Material, Vermutung und Ergebnis in der Tabelle.

Gegenstand	Material	Vermutung		Ergebnis	
		leitet	leitet nicht	leitet	leitet nicht
Schere (Griff)	Kunststoff		X		
Schere (Schneide)	Metall				
Radiergummi					

4. Male die Glühlampe gelb an, wenn der elektrische Stromkreis geschlossen ist. Du kannst deine Einschätzung an einem Modell überprüfen.

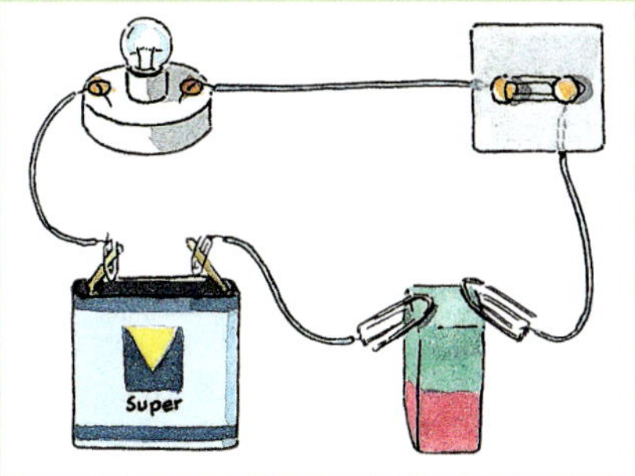

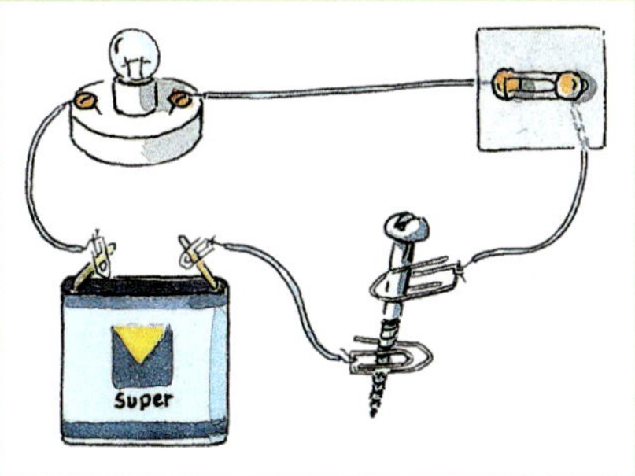

Schaltpläne und Reihenschaltung

Elektriker benötigen Schaltpläne für ihre Arbeit. Ein Schaltplan zeigt, wo Leitungen verlegt werden, wo elektrische Geräte oder Lampen angeschlossen werden und wo Schalter nötig sind. Ein Schaltplan wird mit Bleistift und Lineal oder dem Computer gezeichnet. Man verwendet Schaltzeichen:

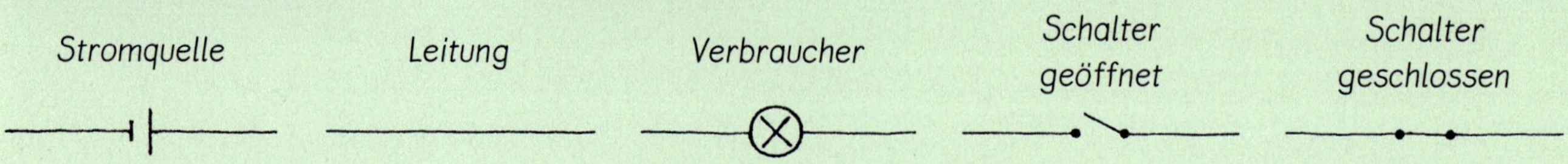

Ein Schaltplan

Hier ist ein einfacher elektrischer Stromkreis aufgebaut.

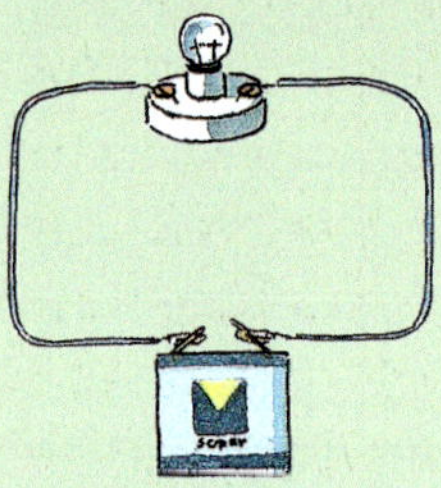

Verbraucher (Glühlampe)

Leitungen

Stromquelle (Batterie)

So sieht der Schaltplan zu diesem einfachen elektrischen Stromkreis aus.

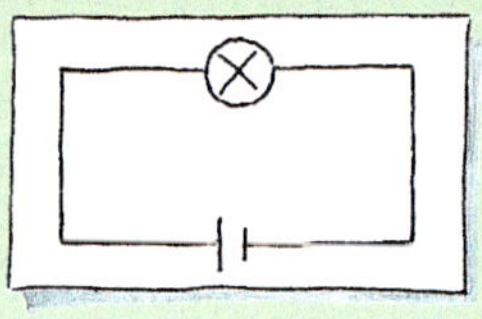

Zeichne den Schaltplan eines elektrischen Stromkreises mit einem Schalter.

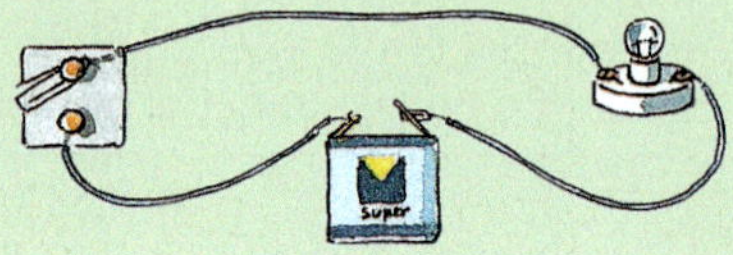

Elektrischer Stromkreis mit mehreren Glühlampen

Du brauchst: eine Flachbatterie, drei Fassungen, drei Glühlampen, zwei Büroklammern, einen Schalter, fünf Leitungen.

In einem elektrischen Stromkreis sind drei Glühlampen in einer Reihe angeordnet. Das ist eine Reihenschaltung.

1. Baue den elektrischen Stromkreis auf.
2. Schau die Schaltpläne a und b an. Kreuze an, welcher Schaltplan zu diesem Versuchsaufbau passt.

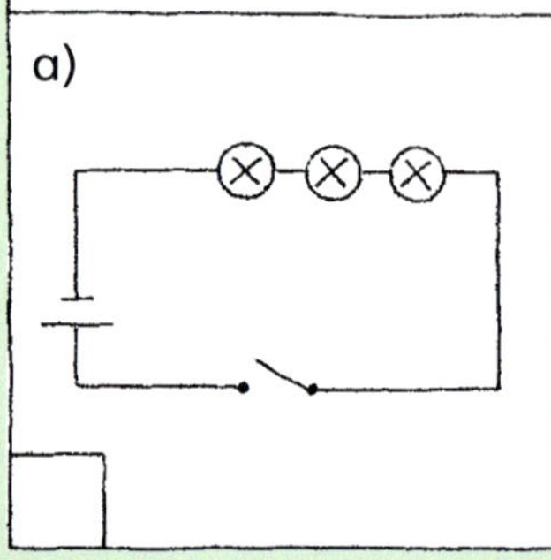

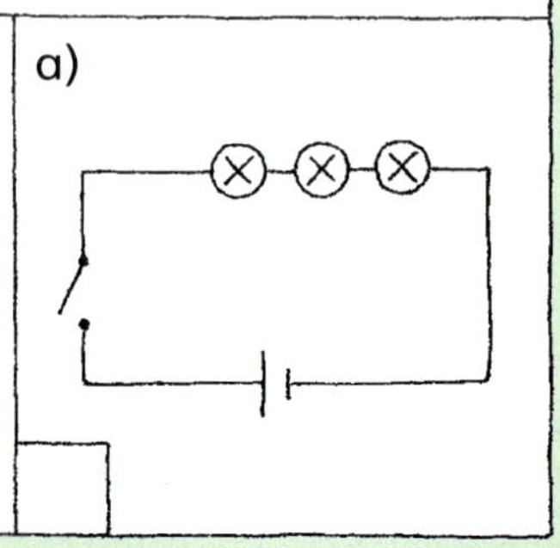

Strom im Haushalt (1)

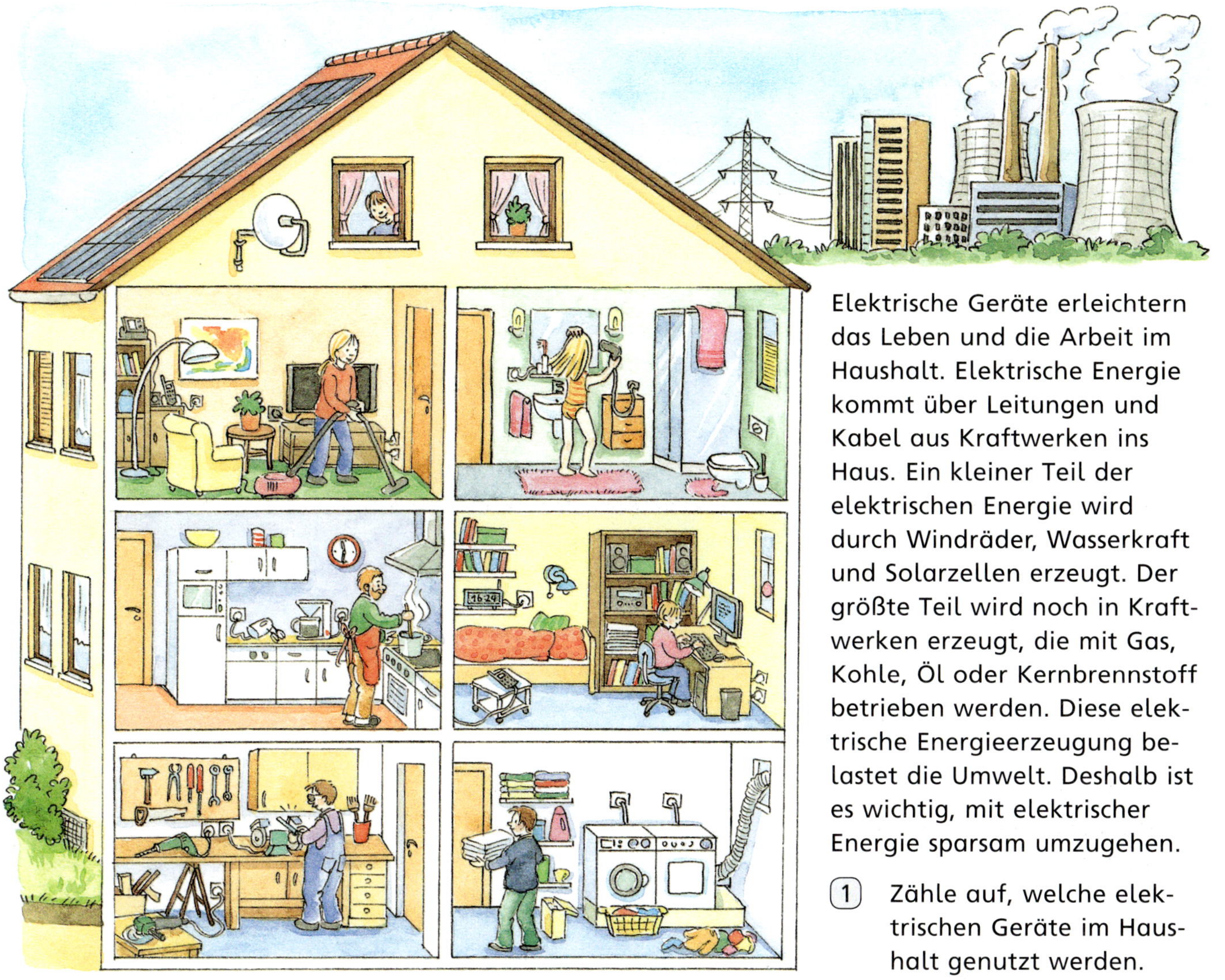

Elektrische Geräte erleichtern das Leben und die Arbeit im Haushalt. Elektrische Energie kommt über Leitungen und Kabel aus Kraftwerken ins Haus. Ein kleiner Teil der elektrischen Energie wird durch Windräder, Wasserkraft und Solarzellen erzeugt. Der größte Teil wird noch in Kraftwerken erzeugt, die mit Gas, Kohle, Öl oder Kernbrennstoff betrieben werden. Diese elektrische Energieerzeugung belastet die Umwelt. Deshalb ist es wichtig, mit elektrischer Energie sparsam umzugehen.

(1) Zähle auf, welche elektrischen Geräte im Haushalt genutzt werden.

Es ist lebensgefährlich, wenn man mit Elektrizität aus der Steckdose in Berührung kommt und Strom durch den menschlichen Körper fließt.
Wasser leitet elektrischen Strom. Deshalb muss man im Badezimmer und in feuchten Räumen besonders vorsichtig mit Elektrogeräten umgehen.

Wenn elektrische Geräte, Leitungen oder Stecker beschädigt sind, besteht Gefahr. Sie dürfen nicht benutzt werden. Nur ein Fachmann darf sie reparieren.

Strom im Haushalt (2)

Zur Erzeugung elektrischer Energie braucht man Kohle, Öl, Gas, Kernbrennstoff, Sonne, Wasser oder Wind. Nur ein kleiner Teil der aufgewendeten Energie kommt im Haushalt als elektrische Energie an. Der größere Teil geht bei der Erzeugung in den Kraftwerken verloren. Man nennt das **Energieverluste**. Trotz der großen Verluste erzeugt und nutzt man elektrische Energie, weil sie viele Vorteile hat:

- Man kann sie über große Entfernungen transportieren.
- Sie steht im Haushalt überall und jederzeit zur Verfügung.
- Man kann sie in Licht, Wärme, Schall oder Bewegung umwandeln.

(1) Kreuze in jedem Bild an, in welche Energie die elektrische Energie umgewandelt wird.

(2) Male in das freie Feld ein weiteres elektrisches Gerät und kreuze entsprechend an.

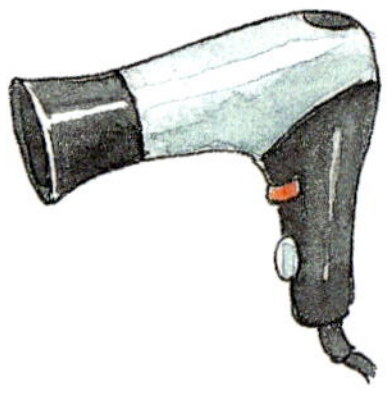 ❑ Licht ❑ Wärme ❑ Schall ❑ Bewegung	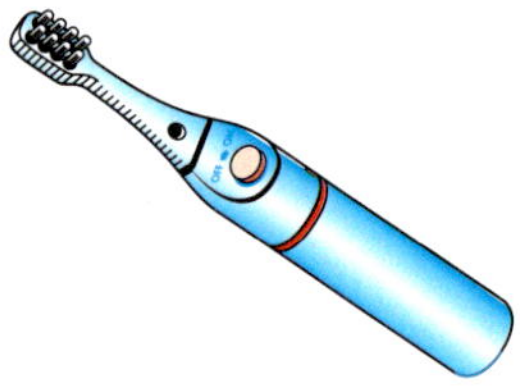 ❑ Licht ❑ Wärme ❑ Schall ❑ Bewegung	 ❑ Licht ❑ Wärme ❑ Schall ❑ Bewegung	 ❑ Licht ❑ Wärme ❑ Schall ❑ Bewegung
 ❑ Licht ❑ Wärme ❑ Schall ❑ Bewegung	 ❑ Licht ❑ Wärme ❑ Schall ❑ Bewegung	❑ Licht ❑ Wärme ❑ Schall ❑ Bewegung	

(3) Vergleicht die Kosten einer Energiesparlampe und einer herkömmlichen Glühlampe. Beide Lampen leuchten gleich hell. Achtet auf den Kaufpreis, die Lebensdauer und den Energieverbrauch. Findet heraus, welche Lampe Kosten und Energie spart.

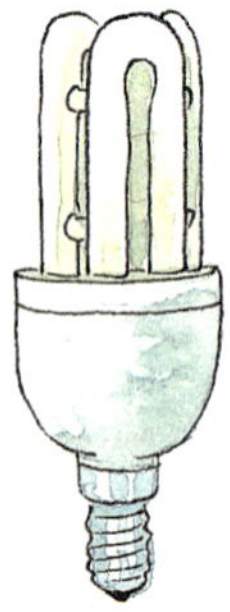 **Energiesparlampe (11 W)** Kaufpreis: **8 €** Lebensdauer: **12000 Stunden** Energiekosten für 12000 Stunden Licht: **20 €**	 **Glühlampe (60 W)** Kaufpreis: **1 €** Lebensdauer: **1000 Stunden** Energiekosten für 12000 Stunden Licht: **90 €**

Die ________________________________ spart Kosten und Energie.

Dunkle Gegenstände erwärmen sich im Sonnenlicht stärker als helle. Daher können die schwarzen Flächen eines Kollektors auf dem Hausdach die Sonnenstrahlen gut aufnehmen und zum Beispiel Wasser aufheizen.
Mit Sonnenlicht kann auch elektrische Energie erzeugt werden. Dafür werden Solarmodule benutzt, die sich aus mehreren Solarzellen zusammensetzen. Solarmodule werden zur Stromerzeugung im Haushalt, zum Betreiben kleiner Geräte oder auch im Weltall zur Stromversorgung von Raumstationen, Satelliten usw. verwendet.

Nicht nur das Sonnenlicht kann zur Energiegewinnung eingesetzt werden. Schon seit Jahrhunderten nutzen Menschen die Kraft des Windes und des Wassers.
Heute wird mit modernen Windkraftanlagen elektrische Energie erzeugt. Der Wind dreht die Rotoren der Windräder. Diese treiben Generatoren an, die wie Dynamos Strom erzeugen.
In sehr windreichen Gegenden werden viele solcher Windräder in mehreren Reihen aufgestellt. Solch eine Anlage wird Windenergie-Park genannt.

In Wasserkraftwerken strömt das Wasser über Turbinen, die Generatoren antreiben. In den Generatoren wird die Bewegungsenergie der Turbinen in elektrische Energie umgewandelt.

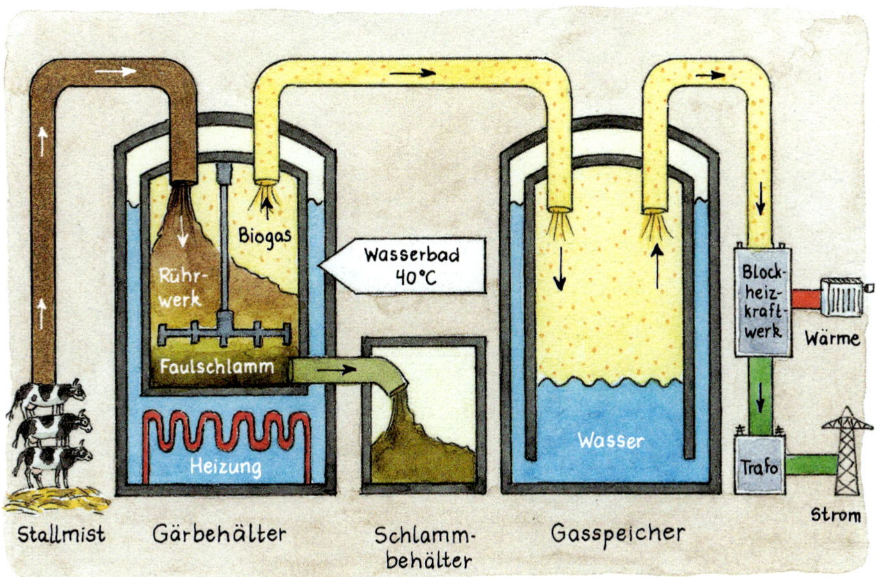

In Biogasanlagen werden organische Abfälle (z. B. Mist oder Gülle) gesammelt. Durch das Faulen entstehen Biogas und Faulschlamm. Das Gas wird in Speicherbehältern gespeichert und kann zum Heizen, zum Antreiben von Generatoren oder Motoren genutzt werden.

Erneuerbare Energien (2)

(1) Trage in die Kästchen 1–9 folgende Begriffe ein: **Abfälle – Biogas – Braunkohle – Erdgas – Erdöl – Sonne – Steinkohle – Uran – Wasser – Wind.**
Male oder schreibe in die Kästchen (a) – (b), wie elektrische Energie genutzt wird.

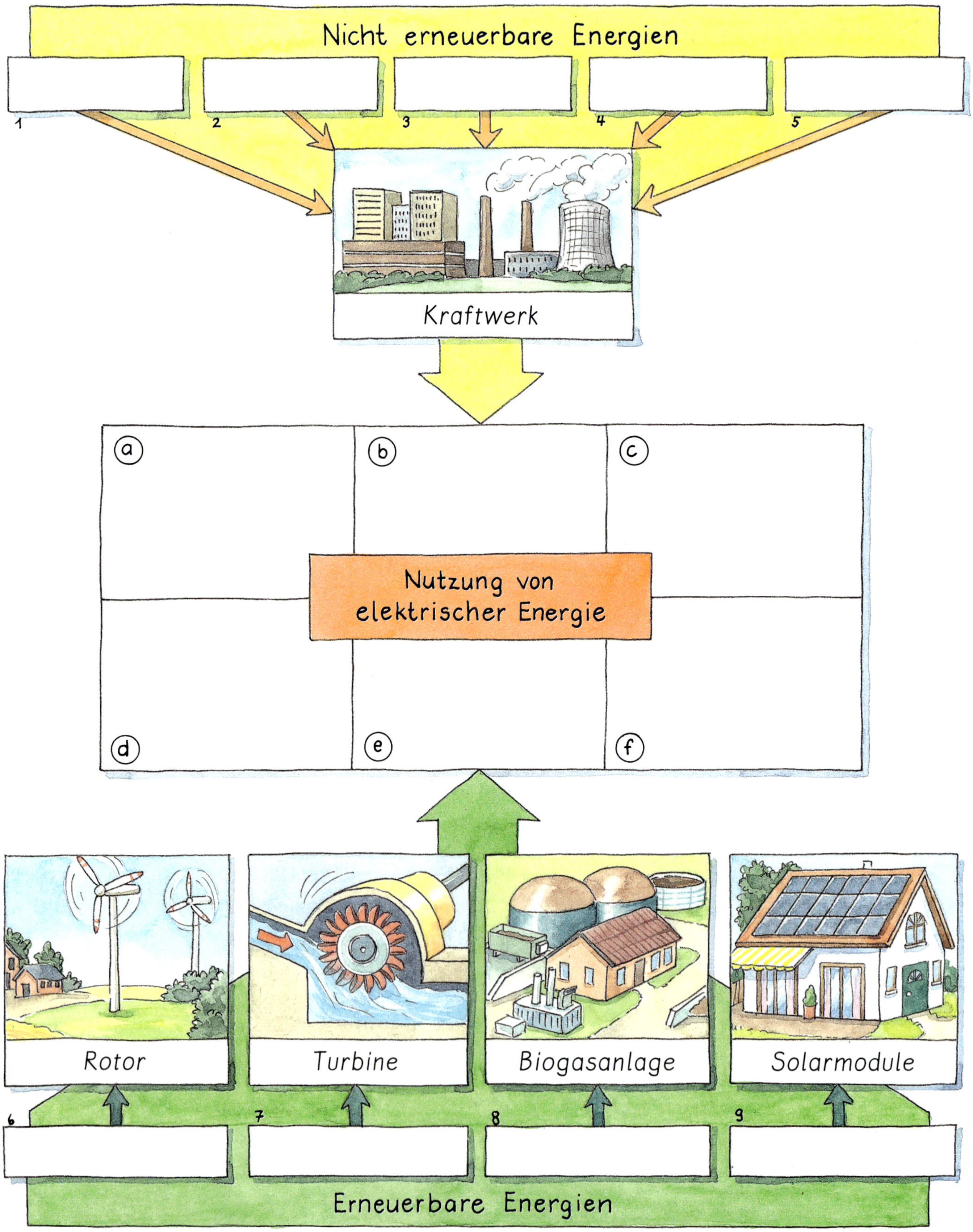

Gesunde Ernährung

Wir müssen täglich etwas trinken und essen, um gesund und fit zu bleiben. Wir können zwischen vielen Getränken und Lebensmitteln auswählen. Sie enthalten die Nährstoffe, die unser Körper braucht. Eine gesunde Ernährung gibt uns Energie, damit wir wachsen, Kraft haben und konzentriert bleiben.

In diesem Dreieck sind Lebensmittel in Gruppen angeordnet. Aus jeder Gruppe sollten wir täglich etwas essen.

Doch nicht nur das Essen ist wichtig, sondern auch **wie viel**.

Die Farben im Dreieck helfen, die richtige Menge auszuwählen. Lebensmittel aus dem grünen Feld kann man reichlich essen. Gelb bedeutet, dass man maßvoll genießen soll. Aus den roten Gruppen soll man nur sparsam essen. Wer seine Nahrung auf diese Weise zusammenstellt, ernährt sich ausgewogen und gesund.

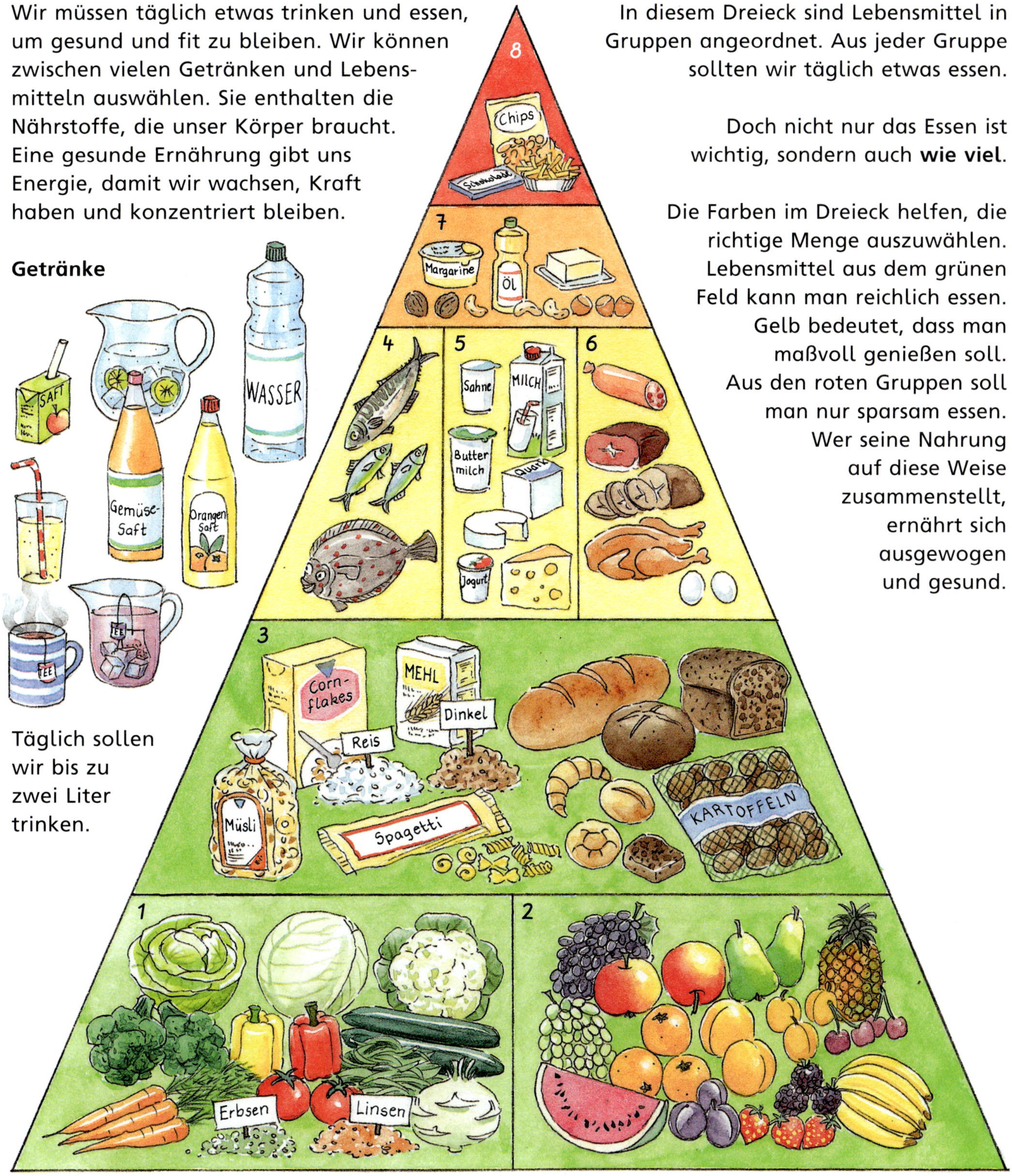

Getränke

Täglich sollen wir bis zu zwei Liter trinken.

(1) Nenne die acht Gruppen der Lebensmittel, die in dem Dreieck dargestellt sind.

(2) 🗎 Schreibe die acht Gruppen auf und notiere jeweils mindestens drei Lebensmittel.

(3) 🗎 Schreibe für einen Tag auf, was und wie viel du essen und trinken kannst. Halte dich dabei an die Empfehlungen, die in der Abbildung gegeben werden.

Lebensmittel enthalten Nährstoffe

Lebensmittel enthalten verschiedene Nährstoffe. Wir unterscheiden Kohlenhydrate (das sind zum Beispiel Stärke, Zucker und Ballaststoffe), Fett, Eiweiß, Vitamine, Mineralstoffe und Wasser.
Nährstoffe liefern unserem Körper Energie, um Kraft und Wärme zu erzeugen. Sie lassen uns wachsen und sie erhalten uns leistungsfähig. Sie schützen uns und regeln die Vorgänge in unserem Körper.
Nicht von allen Nährstoffen brauchen wir gleich viel. Es kommt bei einer gesunden Ernährung darauf an, dass wir uns nicht einseitig mit Nährstoffen versorgen.

(1) Schreibe für einen Tag auf, was du essen und trinken möchtest.

morgens: ______________________________

vormittags: ______________________________

mittags: ______________________________

nachmittags: ______________________________

abends: ______________________________

zwischendurch: ______________________________

Eine gesunde Ernährung enthält nicht zu viel Fett und Zucker. Mit einfachen Tests kann man nachweisen, ob in einem Nahrungsmittel Fett oder Zucker enthalten sind.

Fettnachweis
Eine kleine Menge des Nahrungsmittels wird zwischen zwei Papierblätter gelegt und fest zusammengedrückt. Ist Fett enthalten, entsteht ein Fettfleck.

Zuckernachweis
Für den Nachweis von Zucker braucht man einen Teststreifen für Glucose aus der Apotheke. Eine Probe des Nahrungsmittels wird zerkleinert und mit etwas Wasser zu Brei gerührt. Der Teststreifen wird hineingetaucht. Nach zwei Minuten zeigt die Färbung auf dem Streifen, ob und wie viel Zucker enthalten ist. Der Test funktioniert auch bei Getränken.

Wenn du süße Sachen magst, dann wähle dir etwas Besonderes aus und genieße es ganz bewusst!

Essen ist keine Lösung für Kummer, Langeweile oder Unzufriedenheit!

Wichtige Inhaltsstoffe

Diese Abbildungen zeigen Lebensmittel, die besonders reich sind an Ballaststoffen, Vitaminen oder Mineralien.

(1) Sieh dir die Abbildungen an. Schreibe auf, welche Lebensmittel reich an diesen Bestandteilen sind.

In pflanzlichen Lebensmitteln sind **Ballaststoffe**. Obwohl sie keine Nährstoffe enthalten, haben sie eine wichtige Aufgabe. Sie füllen den Darm und sorgen für eine gute Verdauung ohne Durchfall und Verstopfung.

Ballaststoffe sind in:

____

____

____

____

____

____

Mit vielen Lebensmitteln nehmen wir **Vitamine** zu uns. Fehlen Vitamine, fühlen wir uns müde und schwach. Die Abwehrkräfte lassen nach und wir können schneller krank werden. Nach längerem Vitaminmangel erkrankt der gesamte Körper.

Vitamine sind in:

____

____

____

____

____

____

Mineralstoffe brauchen wir nur in winzigen Mengen. Sie sind sehr wichtig als Baustoffe für unsere Knochen und das Funktionieren der Muskeln und Nerven.

Mineralstoffe sind in:

____

____

____

____

____

____

Gesund und lecker

Was uns gut schmeckt, essen wir gern. Wir erinnern uns an den Geschmack von Lebensmitteln, die wir kennen. Neues probieren wir vorsichtig.

Ein schön angerichtetes Essen gefällt uns. Wir freuen uns auf diese Mahlzeit. Unsere Nahrung soll nicht nur gesund sein, sondern auch beim Servieren appetitlich aussehen.

Bunte Spieße – sich gesund und lecker ernähren

(1) Welche Nahrungsmittel sind an diesem Spieß?

(2) Stelle dir selbst verschiedene Spieße zusammen.

25 Brotkakteen

Zutaten für einen Hefeteig:
300 g Roggenmehl (Type 1150)
200 g Weizenmehl (Type 405)
40 g Hefe
100 g Margarine
300 ml Buttermilch
1 Teelöffel Salz
je nach Geschmack: geröstete Zwiebeln oder Kräuter
25 Röschen aus Radieschen
25 neue kleine Tontöpfe (Durchmesser 9 cm)
25 Zahnstocher
eingefettetes Backpapier

Zubereitung:
Es wird ein Hefeteig hergestellt.
Die Tontöpfe müssen eine Stunde gewässert, abgetrocknet und mit gefettetem Backpapier ausgelegt werden.
Der Hefeteig wird randhoch in die Töpfe gefüllt. Bei 220 °C backen die Brote etwa 20 Minuten.
Nach dem Auskühlen wird mit einem Zahnstocher ein Radieschenröschen auf dem Brot befestigt.
Das Brot schmeckt gut mit Kräuterquark.

Haltung und Beweglichkeit des Körpers

Ein erwachsener Mensch hat ungefähr 206 Knochen. Sie sind besonders geformt und angeordnet. Gemeinsam bilden sie das Skelett oder Knochengerüst. Das Skelett stützt den Körper und trägt sein Gewicht. Jeder einzelne Knochen des Skeletts ist hart und unbeweglich. Durch Gelenkverbindungen am Ende der Knochen erhalten wir unsere Beweglichkeit. Mithilfe von Muskeln und Gelenken können wir Teile unseres Körpers strecken, beugen oder drehen.

(1) Schau dir das Knochengerüst des Tennisspielers genau an.
Trage die fehlenden Gelenkverbindungen richtig ein: **Fußgelenk – Handgelenk – Hüftgelenk – Kniegelenk – Schultergelenk – Zehengelenke.**

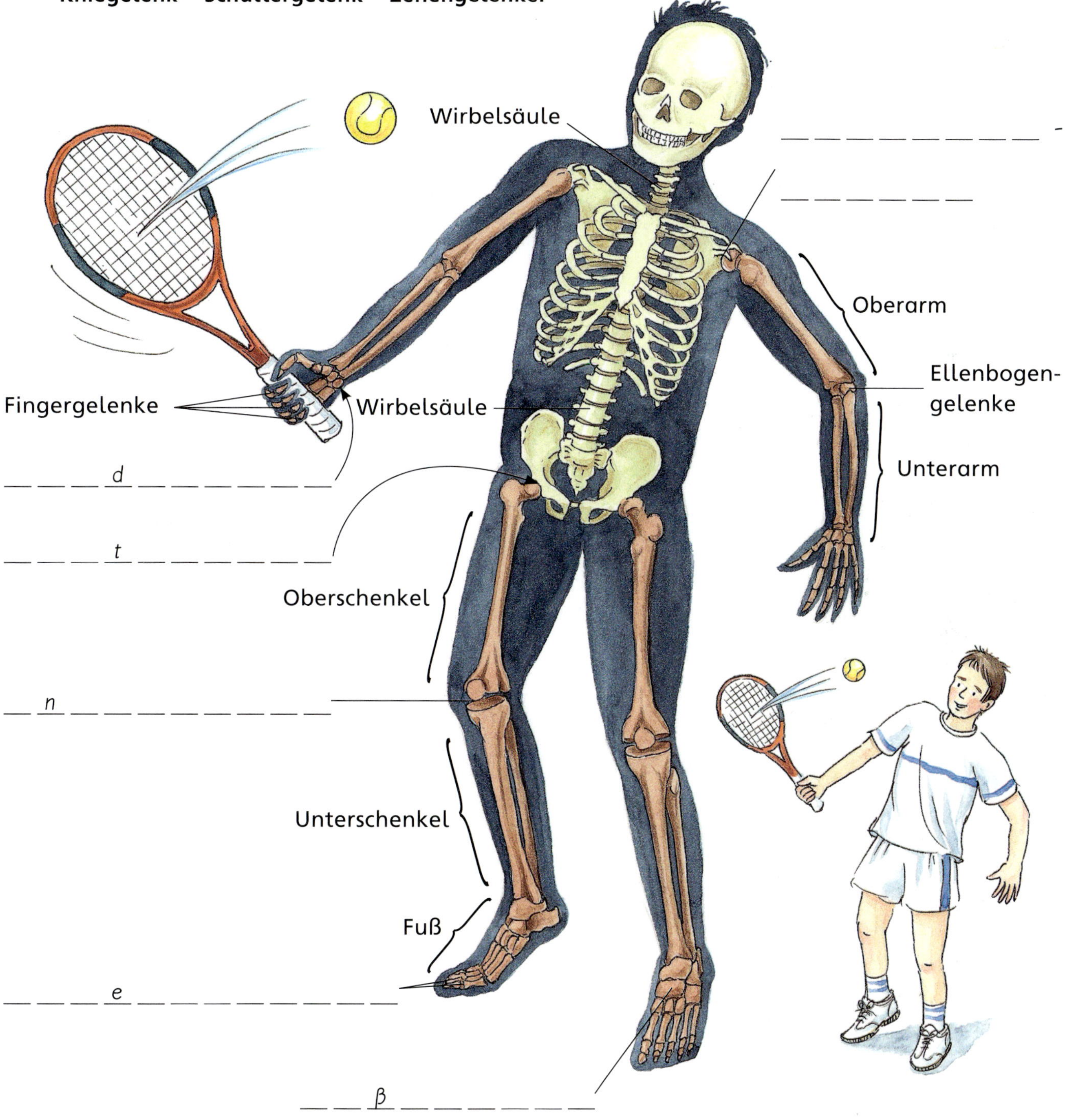

Gelenke

So könnt ihr durch Tasten herausfinden, wo sich im Körper Gelenke befinden.
Ihr braucht: Kreppband und einen Partner.

(1) Arbeitet mit einem Partner. Findet durch Tasten und Bewegen heraus, wo sich die Gelenke befinden.

(2) Markiert die Gelenke mit einem Stück Kreppband und benennt sie. Beschriftet die Abbildung mit den richtigen Gelenknamen.

Die Wirbelsäule

Die Hauptstütze des Körpers ist die Wirbelsäule. Sie ist empfindlich gegen Stöße und einseitige Belastung.

1. Ertastet gegenseitig eure Rückenwirbel. Beschreibt, wie sich die Wirbel anfühlen.
2. Trage deine Schultasche erst auf dem Rücken und dann in der Hand. Beschreibe, wie sich deine Körperhaltung verändert.
3. Schneide beide Abbildungen aus. Überlege, welche Haltung die Wirbelsäule darstellt. Klebe sie mit einem Klebestreifen als Klappbild an den linken Rand des passenden Bildes.

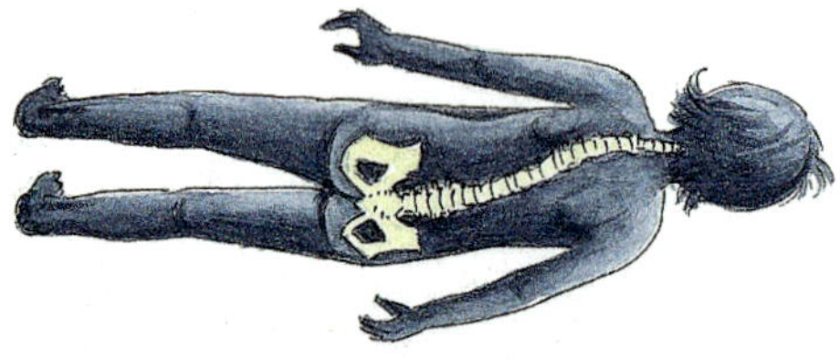

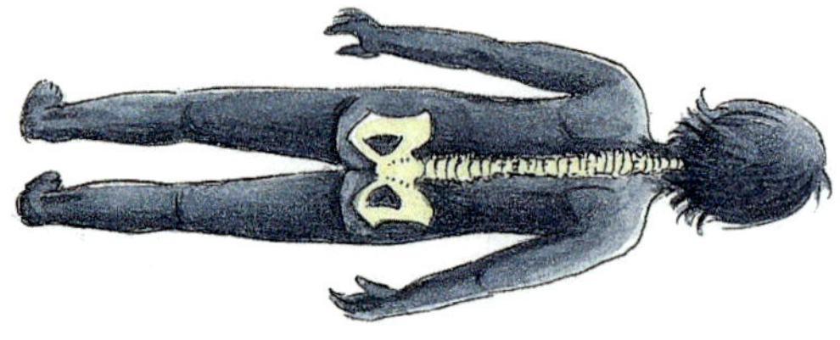

Bei einer sportlichen Anstrengung muss das Herz besonders viele Nährstoffe und Sauerstoff mit dem Blut in alle Körperteile pumpen. Deshalb klopft es dann sehr schnell. Wie schnell das Herz schlägt, das zeigt der Puls an.
Emily und Anika untersuchen genauer, wie sich ihre Pulsschläge verändern, wenn sie 20 Kniebeugen machen. Sie messen insgesamt fünf Mal: vor den Kniebeugen, direkt danach, dann jeweils nach einer Minute, nach zwei Minuten und nach drei Minuten Ruhepause. Ihre Ergebnisse tragen sie in eine Tabelle ein.

Nach einem Wettlauf stöhnt Emily erschöpft: „Fühl mal, wie mein Herz rast!" „Meins auch!", japst Anika.

Doch schon ein paar Minuten später fühlen sie sich wieder erholt und spielen mit dem Ball.

Pulsmessen

Zahl der Pulsschläge in einer Minute

	vor 20 Kniebeugen	nach 20 Kniebeugen	1 Minute später	2 Minuten später	3 Minuten später
Emily	77	97	86	83	81
Anika	84	116	109	100	97

(1) Führe mit einem Partner den gleichen Versuch durch. Tragt eure Ergebnisse in die Tabelle ein.

Säulendiagramm

(2) In diesem Säulendiagramm seht ihr auf einen Blick, wie unterschiedlich hoch der Puls vor den 20 Kniebeugen ist.
Trage den gleichen Wert für dich und deinen Versuchspartner ein.

(3) Über jeden Namen zieht ihr einen Strich: so lang, bis die Angabe der Pulsschläge an der senkrechten Linie erreicht ist.

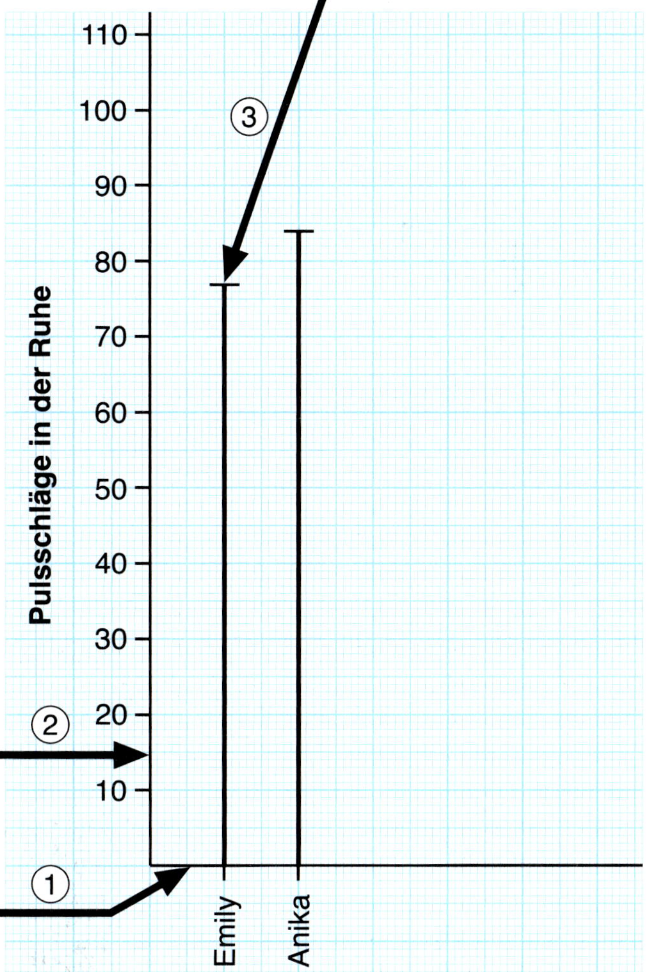

(2) An den Anfang der waagerechten Linie zeichnet ihr eine senkrechte Linie und tragt in gleichmäßigen Abständen die Anzahl der Pulsschläge in einer Minute von 0 bis 100 ein.

(1) Zeichnet eine waagerechte Linie und schreibt in gleichmäßigen Abständen eure Namen auf.

Der Puls (2)

Kurvendiagramm

In einem Kurvendiagramm könnt ihr wie auf einem Bild sehen, wie schnell euer Puls ansteigt und abfällt, wenn ihr Kniebeugen macht.

(1) Vergleicht die Eintragungen für Jonas und Felix in der Tabelle mit den Angaben im Kurvendiagramm.

(2) So wird ein Kurvendiagramm erstellt: Wie beim Säulendiagramm wird zuerst eine waagerechte und anschließend eine senkrechte Linie gezeichnet. Auf der senkrechten Linie wird in gleichmäßigen Abständen die Anzahl der Pulsschläge eingetragen, diesmal aber nur von 60 – 160.

Zahl der Pulsschläge in einer Minute

	vor 20 Kniebeugen	nach 20 Kniebeugen	1 Minute später	2 Minuten später	3 Minuten später
Jonas	76	127	97	86	81
Felix	82	152	116	103	97

Dann wird auf der waagerechten Linie eingetragen, wann jeweils der Puls gemessen wurde. Anschließend werden die Linien mit „Messzeit“ und „Zahl der Pulsschläge“ beschriftet. Nun wird das Kurvendiagramm gezeichnet:

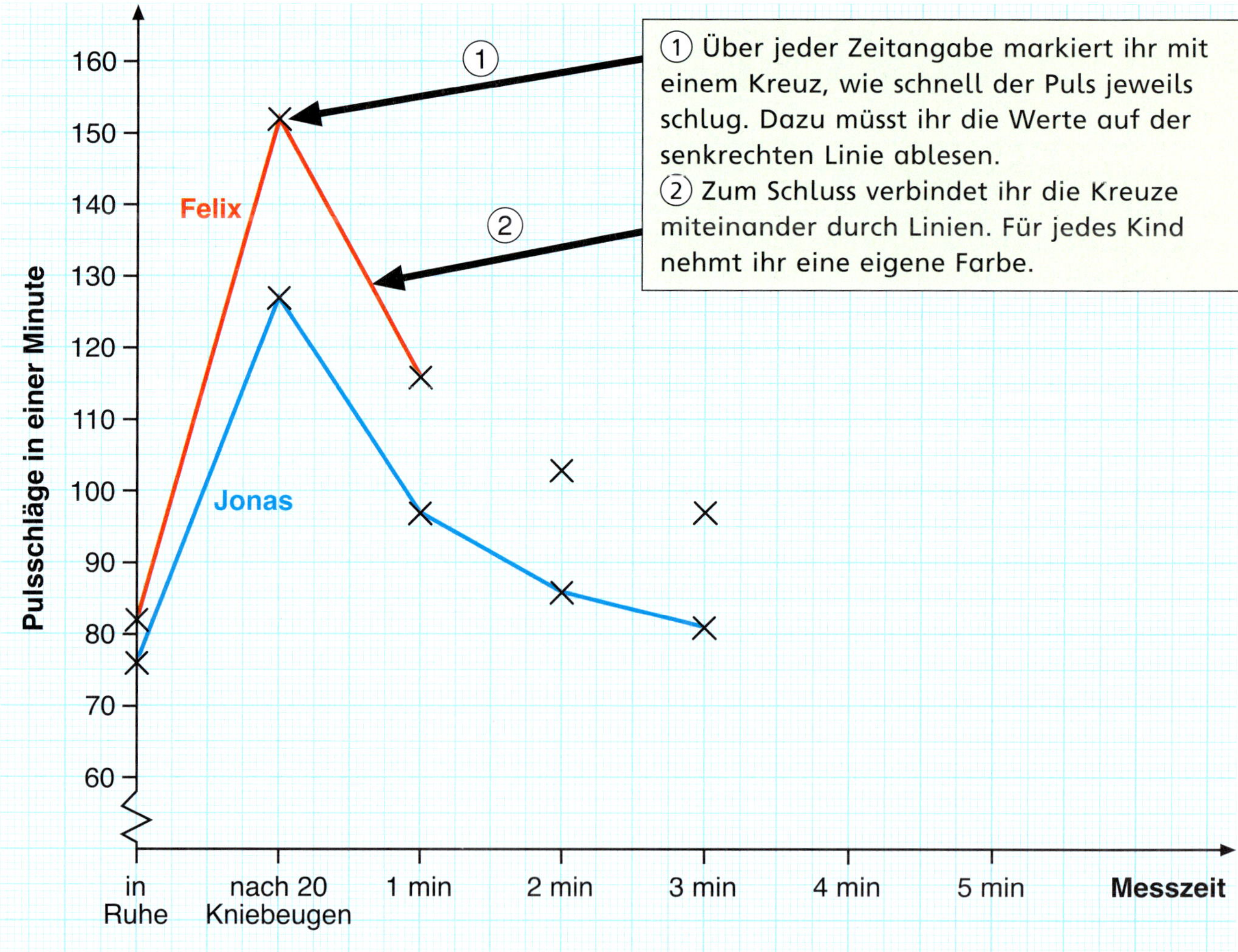

(1) Über jeder Zeitangabe markiert ihr mit einem Kreuz, wie schnell der Puls jeweils schlug. Dazu müsst ihr die Werte auf der senkrechten Linie ablesen.
(2) Zum Schluss verbindet ihr die Kreuze miteinander durch Linien. Für jedes Kind nehmt ihr eine eigene Farbe.

(3) Trage das letzte Ergebnis von Felix ein. Zeichne die Kurve mit einem roten Stift weiter.

(4) Notiere deine eigenen Ergebnisse und die eines Mitschülers zunächst in der Tabelle und zeichne sie dann als Kurve. Nimm für jedes Kind eine eigene Farbe.

(1) Bearbeite zuerst die Aufgaben 3 auf dieser Seite und die Aufgabe 4 auf Seite 84.

(2) Schneide dann aus und falte nach den Anweisungen auf Seite 84.

(8)

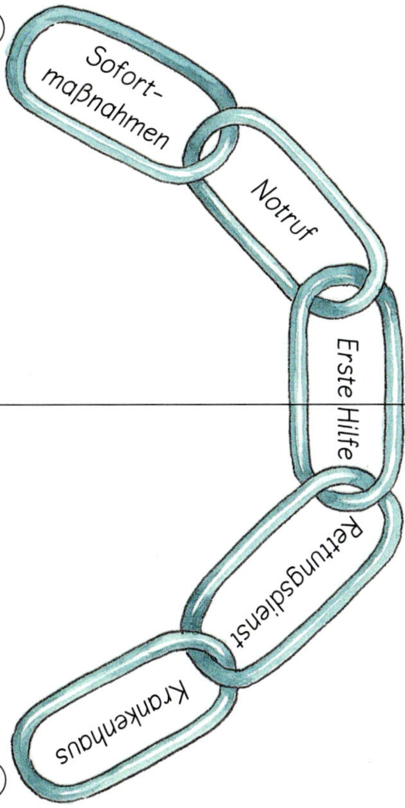

(1)

Regeln für Erste Hilfe

(2)

S ______ - ______

Lebensrettende Sofortmaßnahmen sind alle Maßnahmen, die am Unfallort sofort eingeleitet werden: sich um den Verletzten kümmern, Hilfe holen.

(3)

Notrufnummern

Die wichtigsten Notrufnummern:
Polizei: **110**
Feuerwehr: **112**
Rettungsleitstelle: **19222**

(4)

N ______

Gib an:
Wo ist der Unfall passiert?
Was ist passiert?
Wie viele Personen sind verletzt?

Warte auf die Antwort der Rettungsstelle!

4 x W

(5)

E ______ H ______

Sich weiter um den Verletzten kümmern, bis der Rettungsdienst kommt. Ihr könnt die Wunden versorgen oder den Verletzten richtig lagern.

(6)

R ______

Die Fachleute vom Rettungsdienst kümmern sich um den Verletzten und transportieren ihn auf dem schnellsten Wege ins Krankenhaus.

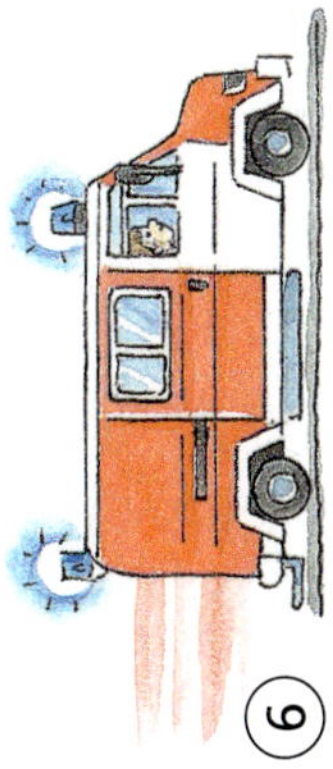

(7)

K ______

Im Krankenhaus wird der Verletzte von Ärzten untersucht und behandelt.

(3) Trage die Überschriften ein: **Erste Hilfe – Krankenhaus – Notruf – Rettungsdienst – Sofortmaßnahmen.**

- - - - - - mit der Schere ausschneiden/einschneiden; ——— diese Linie falten.

Erste Hilfe

(4) Ergänze die Überschriften:
Insektenstiche – Nasenbluten – Prellungen – Verbrennungen – Wunden – Zecken.

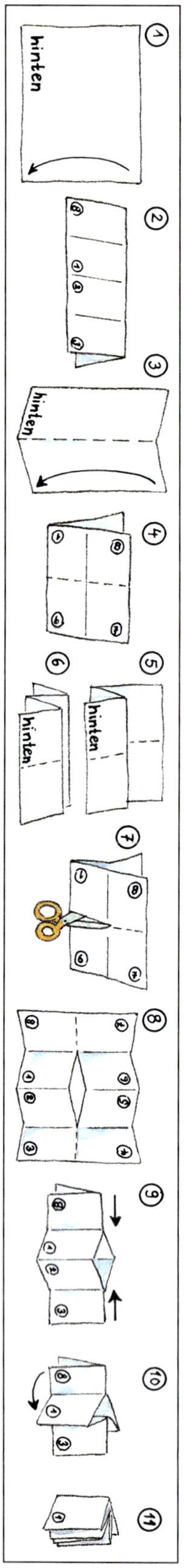

Unfälle, bei denen du Erste Hilfe leisten kannst

(1)

Bei Verbrennungen muss die verletzte Stelle mit Wasser gekühlt werden. Fließendes, aber nicht zu kaltes Wasser ist am besten. Große Wunden solltest du von einem Arzt behandeln lassen.

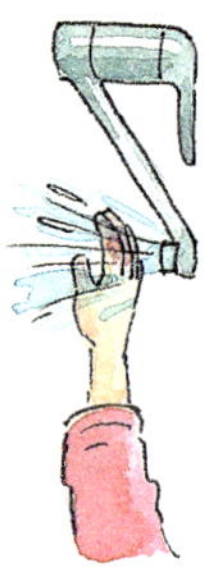

(2)

Zecken können gefährliche Krankheiten auf Menschen übertragen. Sie beißen sich fest und saugen Blut. Deshalb brauchst du zu ihrer Entfernung ärztliche Hilfe.

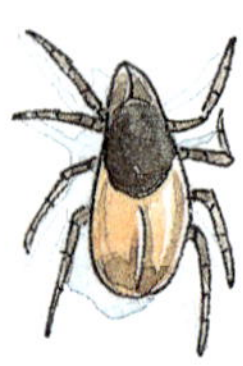

(3)

Bei Schürfwunden, Platz- oder Risswunden muss sich der Verletzte hinsetzen oder hinlegen. Der verletzte Körperteil muss hochgehalten werden, damit die Blutung schneller nachlässt. Bei kleineren Wunden darfst du ein Pflaster aufkleben.

(4)

Die Wundauflage eines Pflasters darfst du nicht mit den Fingern berühren, da diese keimfrei ist. Das heißt, sie ist sauber und frei von Bakterien.

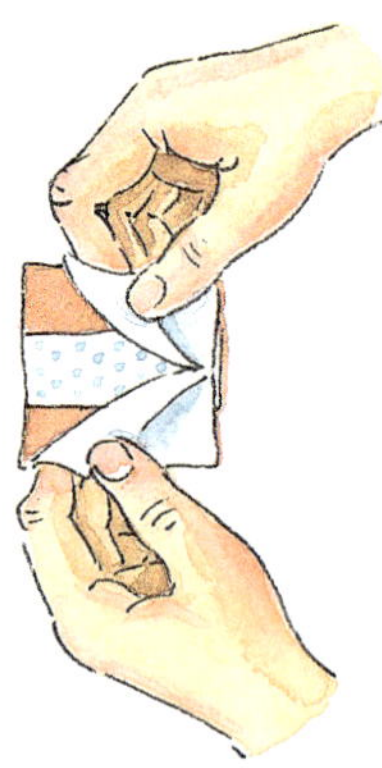

(5)

Bei Nasenbluten soll der Kopf nach vorn gebeugt werden. So wird die Durchblutung der Nasenschleimhaut verringert. Du kannst auch noch mit einem feuchten Tuch im Nacken kühlen. Hört das Nasenbluten nach 15 Minuten nicht auf, musst du einen Arzt aufsuchen.

(6)

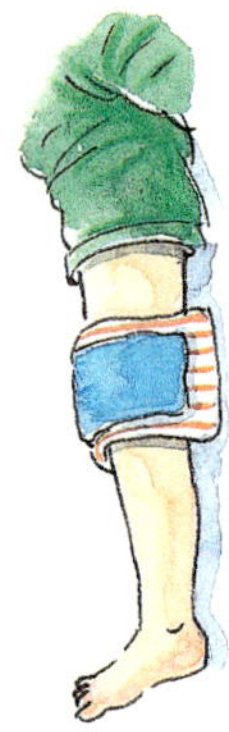

Prellungen müssen sofort gekühlt werden. Besorge ein Kühlkissen und kühle die verletzte Stelle. Zur Sicherheit ist es bei schweren Prellungen notwendig, dass das Kind einen Arzt aufsucht.

(7)

Insektenstiche, zum Beispiel Wespenstiche im Mund oder im Hals, können gefährlich werden. Daher die Flasche nach jedem Trinken gut verschließen! Besondere Gefahr droht, wenn jemand allergisch auf Insektengift reagiert.

(8)

So bleibe ich gesund

Schlaf

Die Kinder haben ausgeschlafen und gehen sofort ins Bad.

Ernährung

Sie frühstücken in Ruhe und ernähren sich gesund.

Bewegung

Sie gehen rechtzeitig zur Schule.

Spielen

In ihrer Freizeit spielen sie mit Freunden.

Ausruhen

Wenn sie sich ausruhen, hören sie Musik, malen, lesen oder spielen.

1. Wie lange schläfst du?

   ____

   ____

2. Was geschieht, wenn du zu spät aufstehst?

   ____

3. Was trinkst du zum Frühstück?

   ____

4. Was isst du zum Frühstück?

   ____

   ____

   ____

5. Wie kommst du zur Schule?

   ____

   ____

6. Wie schwer ist deine Schultasche?

   ____

7. Was machst du gern in deiner Freizeit?

   ____

   ____

   ____

8. Bei welchem Sport fühlst du dich wohl?

   ____

   ____

   ____

9. Wie ruhst du dich aus?

   ____

   ____

Ich teste mein Wissen: **Natur (2)**

(1) Kreuze die richtige Antwort an.

a) Das Wort Skelett ist ein anderes Wort für …
- Gelenk ◯
- Knochengerüst ◯
- Muskel ◯
- Körper ◯

b) Die Katalysatoren in Autos verringern den …
- Benzinverbrauch ◯
- Schadstoffausstoß ◯
- Wiederverkaufswert ◯
- Lärm des Motors ◯

c) Meteorologen sind Fachleute für …
- Knochenbrüche ◯
- Energiegewinnung ◯
- Erste Hilfe ◯
- Wettervorhersagen ◯

(Jede richtige Antwort = 1 Punkt) *Mögliche Punktzahl: 3 / Erreichte Punktzahl:*

(2) In jedem Kasten steht ein Begriff, der nicht zu den anderen passt. Streiche ihn durch.

a)
- Wind
- Wasser
- Erdöl
- Sonne

b)
- Hagel
- Regen
- Graupel
- Schnee

c)
- Werkstoffe
- Vitamine
- Mineralstoffe
- Ballaststoffe

(Jeder gestrichene Begriff, der nicht dazugehört = 1 Punkt) *Mögliche Punktzahl: 3 / Erreichte Punktzahl:*

(3) Kreuze an, welche Glühlampe an der Batterie leuchtet und welche nicht.

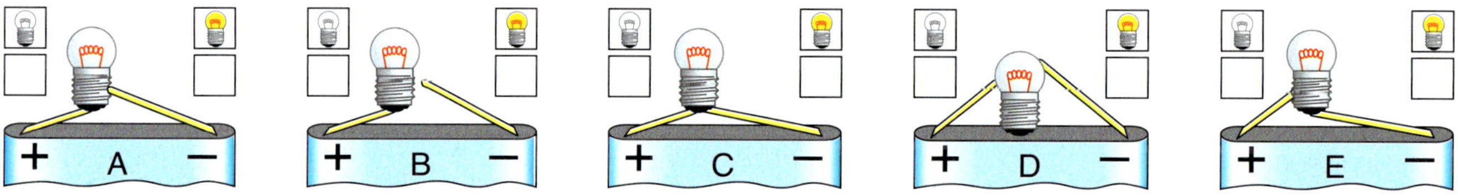

(Für jede richtige Antwort = 1 Punkt) *Mögliche Punktzahl: 5 / Erreichte Punktzahl:*

(4) a) Ordne die Lebensmittelgruppen durch Verbinden mit Linien zu.

Getreide und Kartoffeln

Fette und Öle

Milch und Milchprodukte

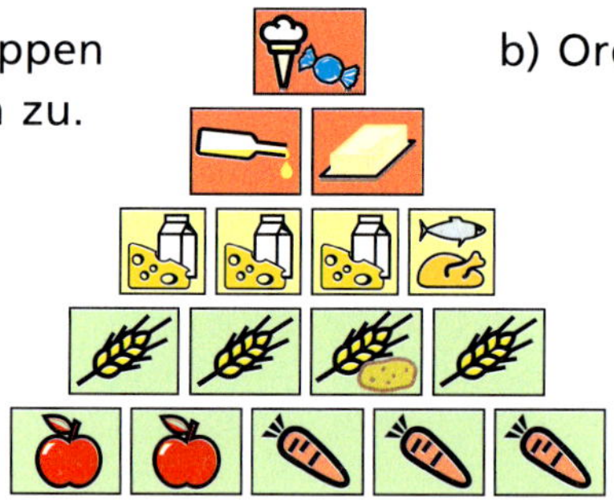

b) Ordne die Lebensmittel den Gruppen durch Verbinden mit Linien zu.

Nüsse

Brot

Nudeln

Wurst

Rohkost

(Für jeden richtigen Begriff = 1 Punkt) *Mögliche Punktzahl: 8 / Erreichte Punktzahl:*

(5) Prüfe die Richtigkeit der Sätze. Kreuze richtige Aussagen an, streiche falsche durch.

- ❑ Speiseöl löst sich im Wasser auf.
- ❑ Warme Luft dehnt sich aus.
- ❑ Feuer kann auch ohne Luft brennen.
- ❑ Wasser kann Turbinen antreiben.

- ❑ Beuge bei Nasenbluten den Kopf nach vorn.
- ❑ Die Wirbelsäule ist unempfindlich gegen Stöße.
- ❑ In der Kerzenflamme ist das Wachs flüssig.
- ❑ Das Blut verteilt Nährstoffe im Körper.

(Für jeden richtig bewerteten Satz = 1 Punkt) *Mögliche Punktzahl: 8 / Erreichte Punktzahl:*

Auswertung: *Mögliche Gesamtpunktzahl: 27 / Erreichte Gesamtpunktzahl:*

27 Punkte bis 23 Punkte = Mein Wissen zum Themenbereich „Natur (2)" ist … richtig gut.

22 Punkte bis 14 Punkte = Mein Wissen zum Themenbereich „Natur (2)" ist … gut.

13 Punkte bis 0 Punkte = Mein Wissen zum Themenbereich „Natur (2)" ist … noch nicht so gut.

 Name:

Technik

Morsezeichen werden entweder als Ton oder als Lichtzeichen übermittelt. Was bedeuteten die Zeichen _ / . /_ _ _ _/ _ . / . . / _ . _ ?

Technische Geräte, die für uns heute noch nützlich sind, wurden vor langer Zeit erfunden. Finde heraus, wann das Fernrohr erfunden wurde.

Auf dieser Waage wurden früher die mit Getreide gefüllten Säcke gewogen. Welche Waagen kennst du?

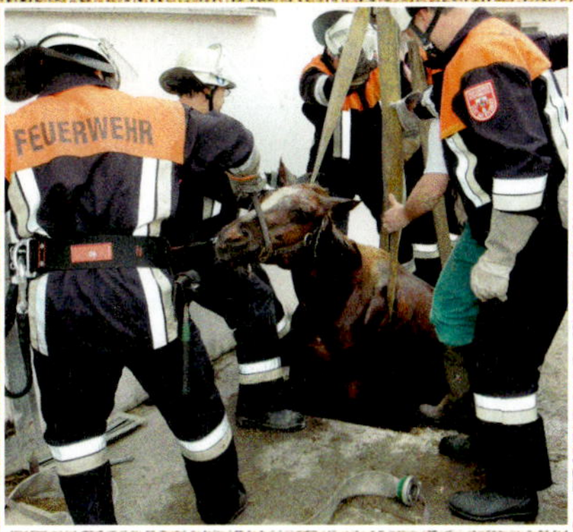

Feuerwehrmänner arbeiten hauptberuflich oder ehrenamtlich. Finde heraus, was das bedeutet.

Mein Lerntagebuch: Technik

Thema	begonnen am	beendet am
Was mir am Thema gefallen / nicht gefallen hat.		
Was ich gelernt habe. Was ich nicht verstanden habe.		

Fülle die Zeilen gemäß der Überschriften im oberen Kasten aus.
Wenn der Platz nicht reicht, kannst du auch ein Extrablatt (die Kopiervorlage) für die einzelnen Themen benutzen.

(1) Trenne die Seiten aus dem Heft. Schneide die Doppelseiten aus.
Falte sie entlang der Linie und lege sie zusammen. Hefte sie in der Mitte.

(2) Vervollständige die Räder und schreibe die passenden Begriffe dazu:
haltbarer – Holz – Metall – luftgefüllte Reifen – Reifen aus Eisen – Scheibenrad – einfaches Speichenrad – Speichenrad.

(1)

Die Geschichte des Rades

Am Anfang stand der runde Baumstamm. Schwere Lasten wurden über Baumstämme gezogen. Man nimmt daher an, dass das erste Rad eine abgesägte Baumscheibe war.

(3)

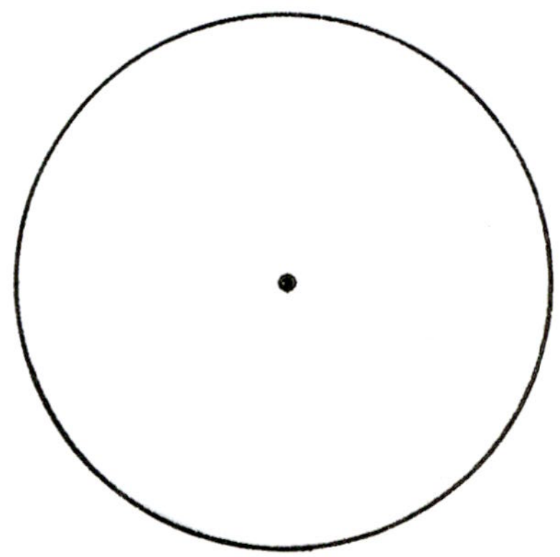

Name: ______

Material: ______

Besonderheit: ______

(8)

Heute benutzt man weitere Werkstoffe zum Bau von Rädern. Autoräder haben keine Speichen mehr, sondern gelochte Scheiben. Manche Räder sind aus Aluminium, einem besonders leichtem Metall. Die modernen Räder rollen leichter. Radrennfahrer können damit hohe Geschwindigkeiten erreichen.

(6)

1885 bauten die beiden Ingenieure Karl Friedrich Benz und Gottlieb Daimler unabhängig voneinander die beiden ersten Automobile. Die großen **Speichenräder** waren aus **Metall** und rollten auf **luftgefüllten Reifen**.

- - - mit der Schere ausschneiden/einschneiden; ——— diese Linie falten.

(2)

Vor 5000 Jahren erfanden die Sumerer das **Scheibenrad**. Es war bedeutend **haltbarer** als das Baumscheibenrad. Das Scheibenrad war aus **einzelnen Teilen** zusammengesetzt, die ausgetauscht werden konnten, wenn sie abgenutzt oder beschädigt waren.

(7)

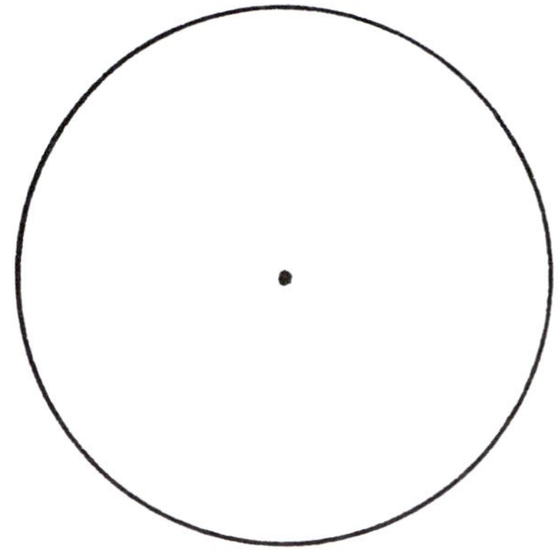

Name: ______________________

Material: ______________________

Besonderheit: ______________________

(4)

Die Römer benutzten schon vor mehr als 2000 Jahren **einfache Speichenräder aus Holz.** Diese waren leichter, haltbarer und man konnte schneller damit fahren. Später bauten Wagner die Wagen und setzten die Holzräder zusammen. Schmiede umgaben die Räder mit **Reifen aus Eisen**. Dadurch wurden die Räder noch haltbarer.

(5)

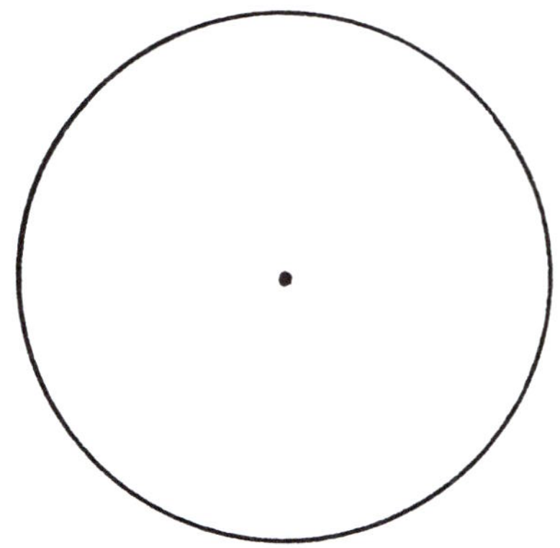

Name: ______________________

Material: ______________________

Besonderheit: ______________________

✂ - - - mit der Schere ausschneiden/einschneiden; ——— diese Linie falten.

Zeitleiste: „Bedeutende Erfindungen"

1. Schneide die Bilder und die beiden Streifen der Zeitleiste aus. Klebe die Streifen richtig aneinander.
2. Ordne die Bilder richtig in die Zeitleiste ein und klebe sie auf. Verbinde die Jahreszahl mit der richtigen Stelle in der Zahlenleiste.

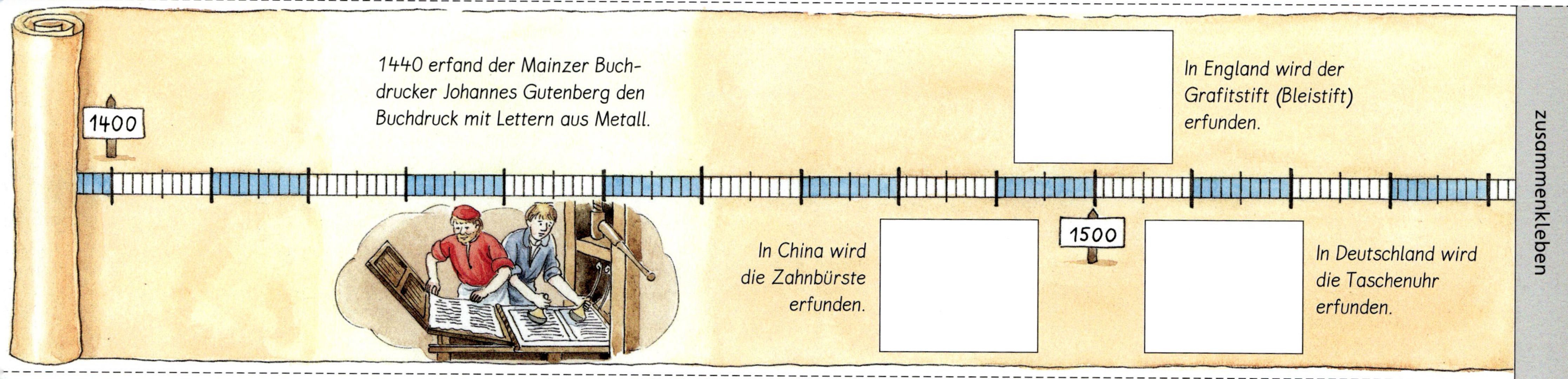

Zeitleiste: „Bedeutende Erfindungen“

1903 flogen die Brüder Wright zum ersten Mal mit ihrem Motorflugzeug.

1940 wird der erste Farbfernseher erfunden.

2000

1950

1900

1885 bauten die Deutschen Gottfried Daimler und Carl Benz das erste Auto mit Benzinmotor.

1923 wurde die erste Videokamera erfunden.

1960 wurde der erste Computer mit Tastatur und Bildschirm entwickelt.

1743 wird im Schloss Versailles in Frankreich der erste Aufzug eingebaut.

Die Brüder Mongolfier erfinden den Heißluftballon.

1803 baute der Engländer Richard Trevithick die erste Dampflokomotive.

1800

1817 erfindet Carl von Drais das erste Fahrrad.

1830 werden die Nähmaschine und der Rasenmäher erfunden.

1826 machte der Franzose Joseph Nièpce das erste Foto.

1869 erhält William Semple das Patent auf den Kaugummi.

1850

zusammenkleben

Getreideernte – früher und heute (1)

Abmähen der Halme

Aufnehmen der Halme

Aufstellen der Garben

Aufladen der Garben

Vor 200 Jahren gab es für die Arbeit auf den Feldern keine oder nur wenige Maschinen. Für die Getreideernte waren viele Menschen nötig, denn fast alles wurde von Hand gemacht. Die gesamte Bauernfamilie, Knechte und Mägde mussten bei dieser schweren Arbeit mithelfen. Wenn das Getreide reif war, wurden die Halme von den Männern mit der Sense knapp über der Erde abgemäht. Die Frauen nahmen die abgeschnittenen Halme auf und formten daraus Bündel. Geschickt knoteten sie einige Halme um die Mitte des Bündels. So entstanden die Garben. Mit den Ähren nach oben wurden die Garben zum Trocknen aufgestellt. Oft machten Kinder diese Arbeit. Die getrockneten Garben wurden später auf einen Pferdewagen geladen und in die Scheune des Bauernhofes gebracht. Dort lagerten sie bis zum Spätherbst oder Winter.

Dann wurden die Garben geöffnet und die Halme mit den Ähren auf dem Dreschplatz ausgebreitet. Mit Dreschflegeln aus Holz schlugen die Männer die Körner aus den Ähren.

Die Körner wurden ausgesiebt und gereinigt. Vor etwa 120 Jahren übernahmen diese Aufgaben große Dreschmaschinen. Sie wurden von Dampfmaschinen oder Elektromotoren angetrieben.

(1) Schneide die Bilder am rechten Seitenrand aus. Lege sie auf die richtigen Kästchen auf Seite 93/94. Klebe sie mit einem Klebestreifen am oberen Bildrand fest. Wenn du sie hochklappst, erscheinen Fragen, die du mit dem Text beantworten kannst.

Getreideernte – früher und heute (2)

Heute wird das reife Getreide mit Mähdreschern geerntet. Sie können in einem Arbeitsgang viele Arbeitsschritte gleichzeitig erledigen.
Ein Mähdrescher mäht zuerst die Getreidehalme ab.
In der Maschine werden die Ähren gedroschen und die Körner in einem Tank gesammelt. Regelmäßig leert der Mähdrescher den Körnertank über ein Rohr auf einen Anhänger.
Das Stroh wird auf den Acker gestreut. Man kann daraus später Strohballen pressen oder es unterpflügen.
Große Mähdrescher können nur auf großen Feldern sinnvoll eingesetzt werden. Sie sparen viel Zeit und viele Arbeitskräfte ein.

Abfüllen des Körnertanks

Gepresste Strohballen

Heute mäht ein Mähdrescher in einer Stunde eine große Fläche ab.

Vor 120 Jahren hätten 170 Männer mit Sensen eine Stunde arbeiten müssen, um die gleiche Fläche abzumähen.

Erkundigt euch, warum Stroh zu Ballen gepresst wird.

Was geschieht, wenn es bei der Leerung des Körnertanks sehr windig ist?

Wozu wurden die Garben aufgestellt?

Vermutet, weshalb oft Kinder diese Arbeit erledigten.

Wer nahm die abgeschnittenen Halme auf?

Wie entstanden die Garben?

Womit wurden die Halme abgemäht?

Warum machten die Männer diese Arbeit?

Wohin wurden die Garben gebracht?

Womit wurden sie transportiert?

Herr Fell ist Bäcker. Er arbeitet in einem kleinen Bäckereibetrieb, wo noch viel von Hand hergestellt wird. „Meine Arbeit beginnt um 3 Uhr nachts. Mehlstaub und Hitze sind manchmal belastend. Aber meine Arbeit macht mir immer noch Spaß. Die Ausbildung zum Bäcker dauert drei Jahre."

Frau Schneider arbeitet als Gärtnerin in einer Stadtgärtnerei. Sie befasst sich mit dem Anbau und der Pflege von Pflanzen. „Wir gestalten Wegränder und Plätze, Spielplätze und Parks. Wir bepflanzen sie entsprechend der Jahreszeit. Ich arbeite gerne an der frischen Luft. In der Ausbildung, die drei Jahre dauert, lernt man auch, Kunden zu beraten."

Herr Lober ist Altenpfleger in einem Altenheim. „Ich betreue und pflege alte Leute. Mir ist es wichtig, auch mit ihnen zu sprechen und die Freizeit zu gestalten. Die Ausbildung zum Altenpfleger dauert drei Jahre."

Frau Klein arbeitet als Ärztin für „Allgemeine Medizin" in einer Praxis. „Ich wollte schon immer Ärztin werden, um Krankheiten vorbeugen, erkennen und behandeln zu können. Nach der Arbeit in der Praxis mache ich an manchen Tagen Hausbesuche bei Kranken. Die Ausbildung mit Medizinstudium, praktischem Jahr und Facharztausbildung dauert über sieben Jahre."

Formen der Arbeit (2)

Herr Stiegler ist Metallbauer. Er hat sich die Fachrichtung Metallgestaltung ausgesucht. Früher hieß dieser Beruf Kunstschmied. „Ich gestalte Geländer und Gitter aus Metall nach den Wünschen der Kunden. Schmieden, Löten, Schweißen und Schrauben gehören zu meinen typischen Aufgaben. Die Ausbildung zum Metallbauer dauert dreieinhalb Jahre."

Frau Berger arbeitet als Verwaltungsfachangestellte in einer Stadtverwaltung. „Im Bürgerbüro bin ich zum Beispiel für die Erstellung von Ausweisen und für Ummeldungen zuständig. Alle Informationen sind in meinem Computer gespeichert und können von mir bearbeitet werden. Ich sitze fast den ganzen Arbeitstag am Schreibtisch. Die Ausbildung dauert drei Jahre."

(1) Wähle einen Beruf aus und sammle Informationen dazu:

Beruf: ______________________

Ausbildung: ______________________

Arbeitsplatz: ______________________

____

Belastungen: ______________________

____

Arbeitszeiten: ______________________

____

Besonderheiten: ______________________

____

Feuerwehrmann oder Feuerwehrfrau bei der Berufsfeuerwehr, ist ein Beruf für Männer und Frauen. Man kann auch ehrenamtlich bei der Ortsfeuerwehr tätig sein. Dann arbeitet man freiwillig ohne Bezahlung für die Gemeinschaft. Ehrenamtlich arbeiten auch viele Übungsleiter in den Sportvereinen.

(2) Befrage jemanden, der ehrenamtlich arbeitet.

Für den Schulbasar planen

In der Schule wird jedes Jahr ein Fest veranstaltet, zu dem die Kinder und ihre Eltern eingeladen werden. Eine besondere Attraktion ist immer der Schulbasar, auf dem die Klassen selbst hergestellte Dinge zum Verkauf anbieten. Die Kinder dieser Klasse haben gemeinsam überlegt, was sie für den Basar herstellen und dort verkaufen wollen. Sie haben sich dafür entschieden, Teile aus Filz herzustellen. Sie besprechen ihr Vorhaben und sammeln ihre Einfälle.

(1) Wer hat Fragen zur **Herstellung** der Filzteile? Notiere die Namen in der richtigen Spalte.

(2) Wer hat Fragen zu **Werbung und Verkauf**? Notiere die Namen in der richtigen Spalte.

Herstellung	Werbung und Verkauf

Filzen

Die abgebildeten Gegenstände könnt ihr mit den Anleitungen auf den folgenden Seiten herstellen. Dazu muss man Wolle filzen.

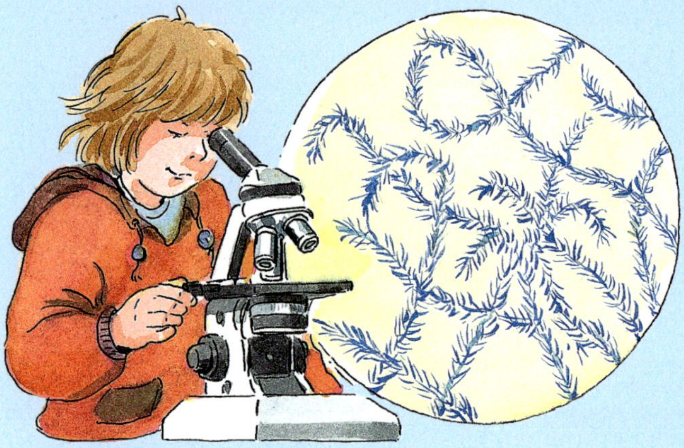

Wolle besteht aus vielen einzelnen Wollfasern. Betrachtet man die Wollfasern unter einem Mikroskop, sieht man an jeder Faser viele kleine Schuppen, die sich wie kleine Häkchen aufrichten. Beim Filzen verhaken sich die aufgestellten Schuppen untereinander, und es entsteht die gewünschte Form.

Die abgebildeten Gegenstände werden für die Herstellung von Filz benötigt.
Dabei wird mit Wasser gearbeitet. Es wird also ein bisschen nass werden.

Aus der Rohwolle werden kleine Stücke herausgezupft und stufig übereinandergelegt.
So entsteht das Material für die weitere Bearbeitung.

Kugeln filzen

1

Mit dem Ausgangsmaterial (siehe Seite 98 unten) einen losen Knoten machen.

2

Enden breitzupfen, um den Knoten legen und eine Kugel formen.

3

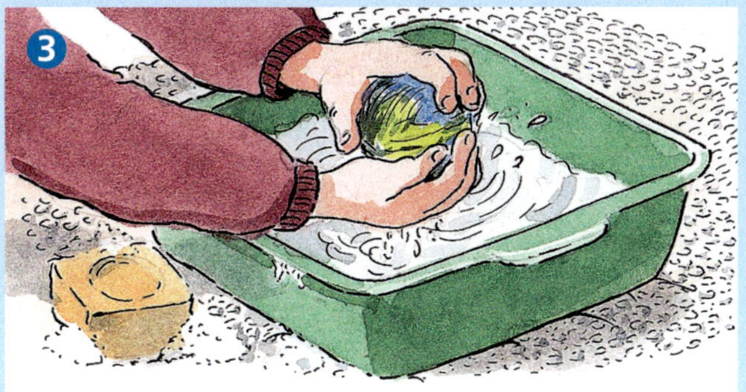

Eintauchen, einseifen und vorsichtig zu einer Kugel kneten.

4

Kugel in den Handflächen vorsichtig rollen und immer wieder einseifen.

5

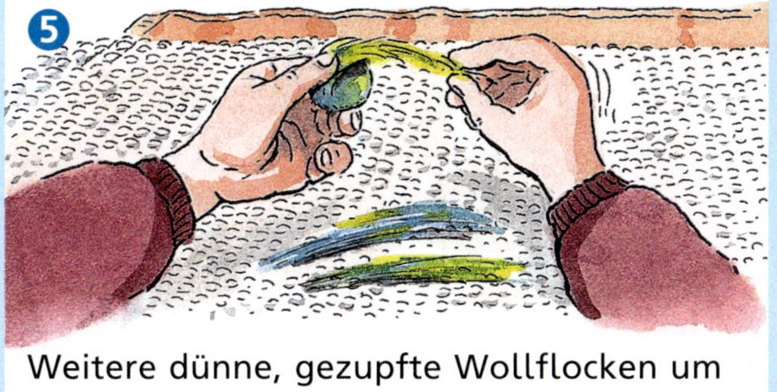

Weitere dünne, gezupfte Wollflocken um die Kugel legen und immer wieder rollen und einseifen.

6

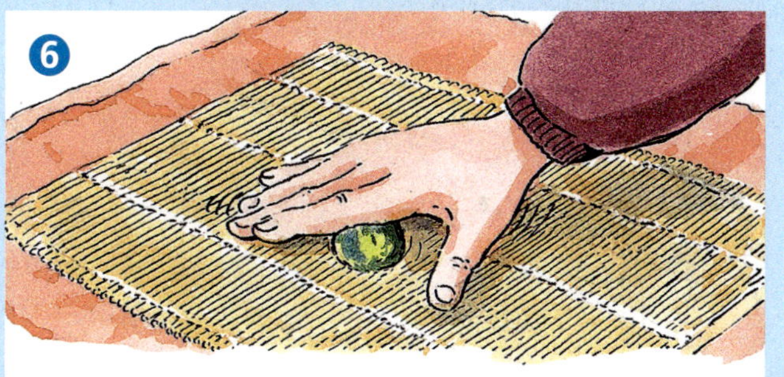

Kugel auf der Bambusmatte mit der Handfläche so lange rollen, bis eine feste Kugel entstanden ist.

7

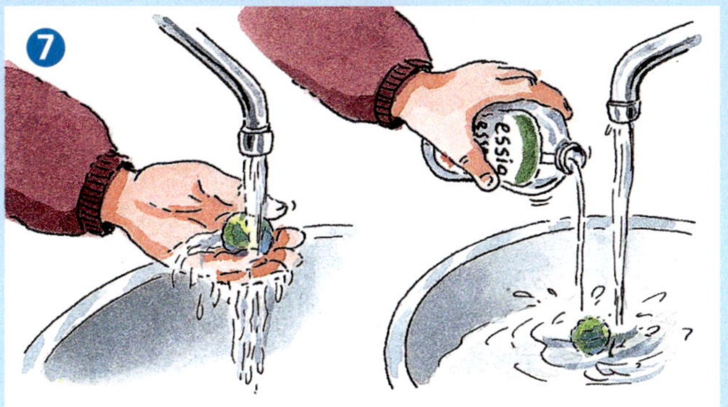

Zuerst unter dem Wasserhahn und dann in Essigwasser ausspülen.

8

Wasser ausdrücken, die Kugel glattrollen und auf dem Handtuch trocknen lassen. Die trockene Kugel kann dann weiterverarbeitet werden.

Stränge filzen

1

Ausgangsmaterial von (siehe Seite 98 unten) durch Auflegen weiterer Wollflocken in der Mitte verdicken.

2

Nässen des verdickten Stranges mit Wasser und Seife und leicht kneten.

3

Fester kneten, auf Noppenfolie immer wieder rollen und einseifen.

4

Den Strang in die Bambusmatte einrollen. Vorsichtig fester hin und her rollen (Walken). Ein Band entsteht.

5

Zuerst unter dem Wasserhahn und dann in Essigwasser ausspülen.

6

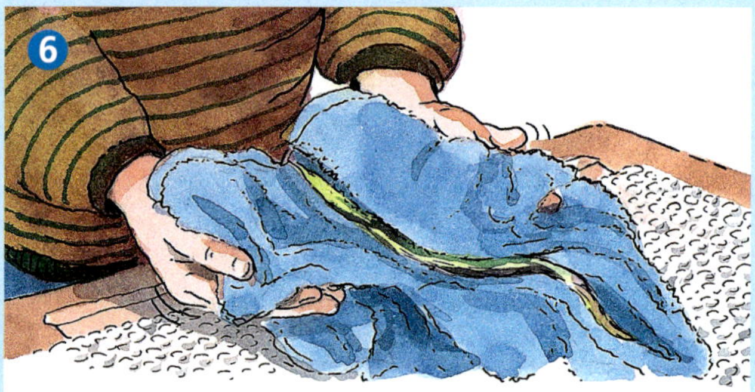

Vortrocknen durch Rollen in einem Handtuch.

7

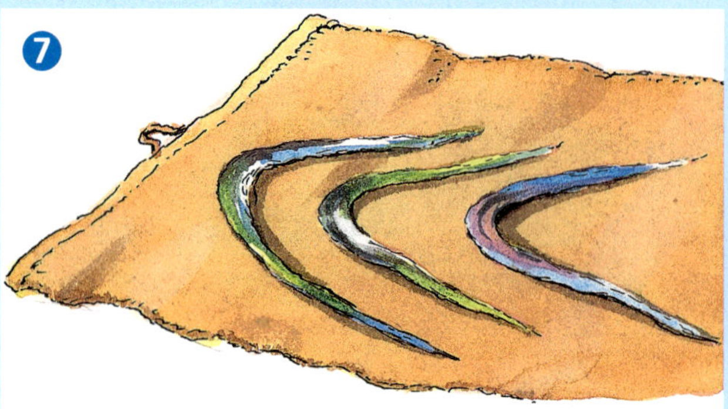

Trocknen der Bänder durch Auslegen auf einem Handtuch.

8

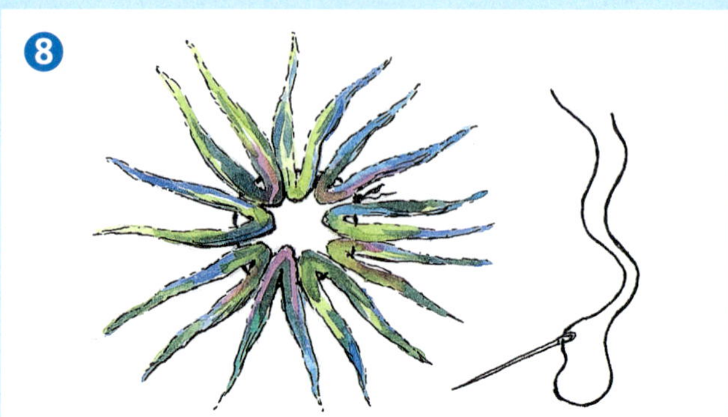

Bänder knicken und mit einem Gummiband zu einem Stern verbinden.

Für den Verkauf werben

Die Kinder haben schöne Gegenstände aus Filz hergestellt. Um sie zu verkaufen, wollen sie dafür werben. Eric und Jana stehen auf dem Balkon und erkennen viele unterschiedliche Werbemittel. Sie überlegen, welche Werbemittel sie für ihren Basar verwenden können.

1. Werbesäule
2. Plakat
3. Zeitungswerbung
4. Werbegeschenke
5. Auslage im Schaufenster
6. Handzettel
7. Vorführung
8. Werbeflugzeug
9. Lautsprecherwagen

(1) Ordne die Namen zu. Trage die Zahlen an den richtigen Stellen im Bild ein.

(2) Welche Werbemittel würdest du für den Verkauf der Filzsachen auf dem Schulbasar verwenden? Trage die Zahlen in dieser Zeile ein: ______________________

Auf dem Schulbasar werben

Auf dem Schulbasar wird für verschiedene Projekte und Aktionen geworben. Die eingesetzten Werbemittel sind auf dem Bild nummeriert.

(1) Wie heißen die Werbemittel? Trage ihren Namen hinter der jeweiligen Nummer ein.

1. ______________________ ☐
2. ______________________ ☐
3. ______________________ ☐
4. ______________________ ☐
5. ______________________ ☐
6. ______________________ ☐

(2) Kreuze in den Kästchen die Werbemittel an, die auch für die Filzsachen verwendet wurden.

Wir bauen eine Taschenlampe (1)

Für die Taschenlampe benötigst du folgende Materialien:

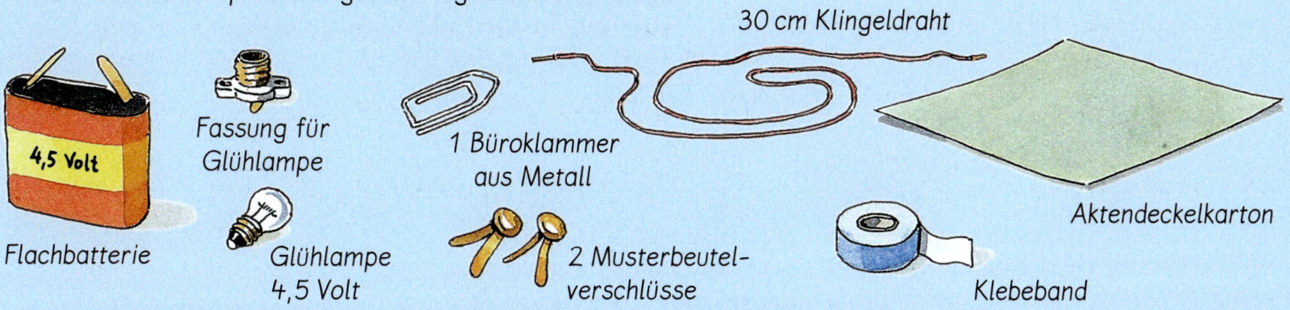

① Schneide das Stück Papier sauber aus. Daraus wird später das Gehäuse der Taschenlampe gefertigt.

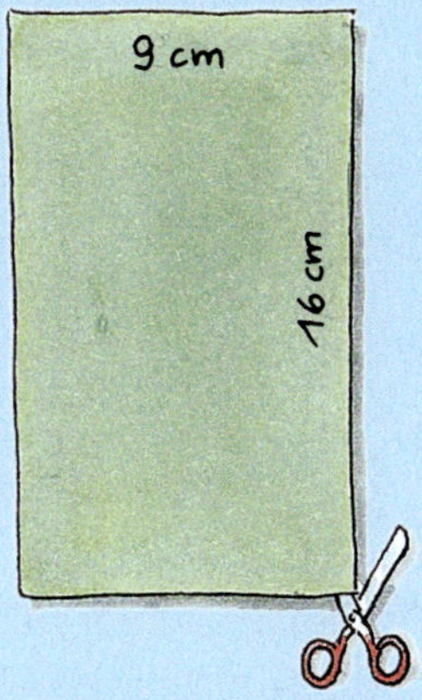

② Stelle die Batterie auf ein Stück Pappe und umfahre mit einem Stift die Kante. Schneide das Teil aus. Es wird später die Abdeckung.

③ Entferne die Isolierungen an den Drahtenden A – C jeweils um 2 cm.

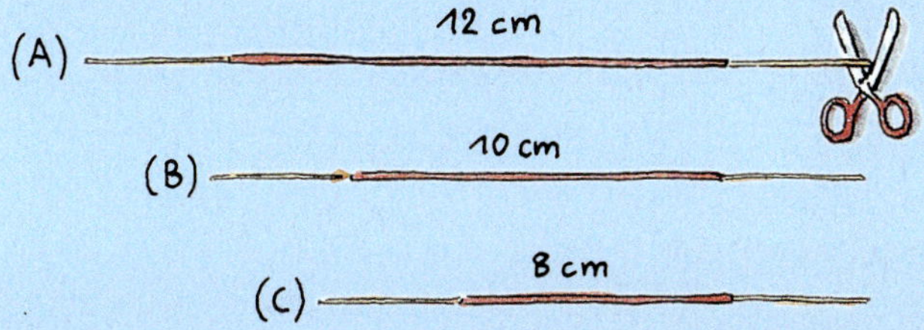

④ Knicke die Polbleche ein. Befestige die Drahtenden von den Kabeln B und C in den Knickstellen der Polbleche.

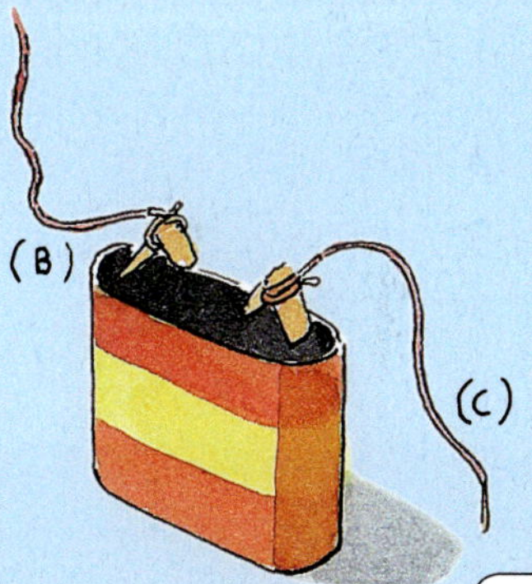

⑤ Bohre in die Mitte des großen Pappstückes mit einer Schere/einer Bleistiftspitze zwei Löcher (8 cm von oben, 3,5 cm vom Rand). Der Abstand der Löcher beträgt 2 cm.

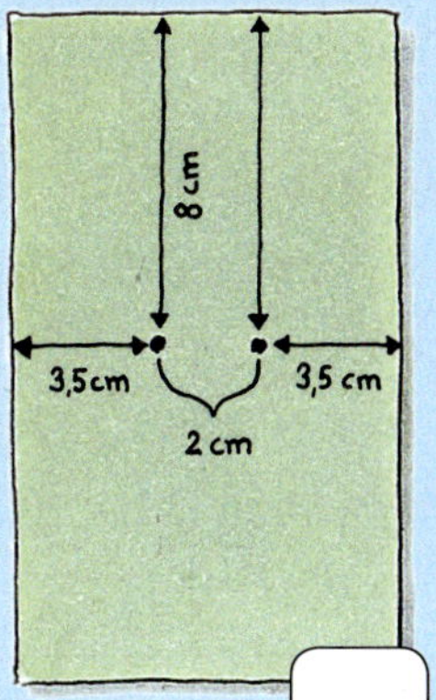

⑥ Stecke einen Musterbeutelverschluss durch die Rundung der Büroklammer. Stecke danach beide Musterbeutelverschlüsse durch die Papplöcher und spreize dann die Klammern auseinander.

Werkstatt Bauen und konstruieren

Wir bauen eine Taschenlampe (2)

⑦ Befestige Kabel A am gespreizten Musterbeutelverschluss ohne Büroklammer und Kabel C am Musterbeutelverschluss mit der Büroklammer.

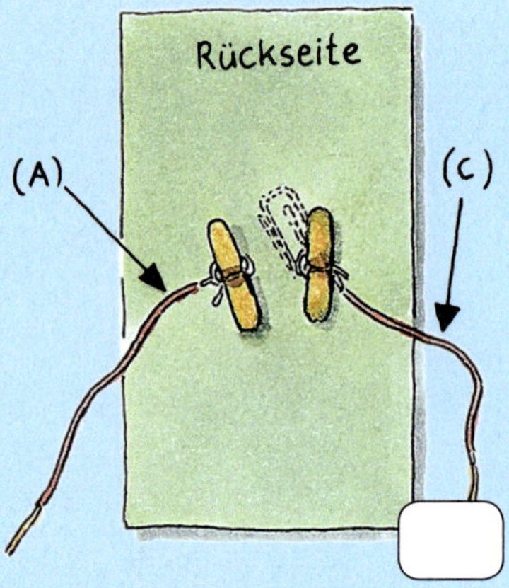

⑧ Lege die Batterie auf die Pappe. Führe die Kabelenden der Kabel A und B nach oben. Lege die Pappe um die Batterie. Befestige die Pappe mit Klebeband.

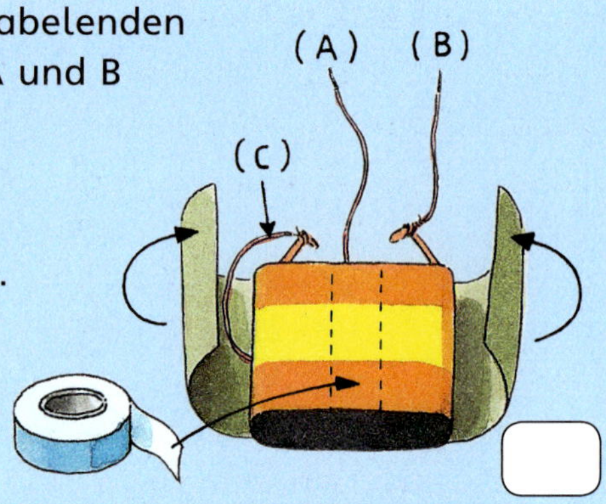

⑨ Befestige die freien Enden der Kabel A und B an den entsprechenden Halterungen an der Lampenfassung.

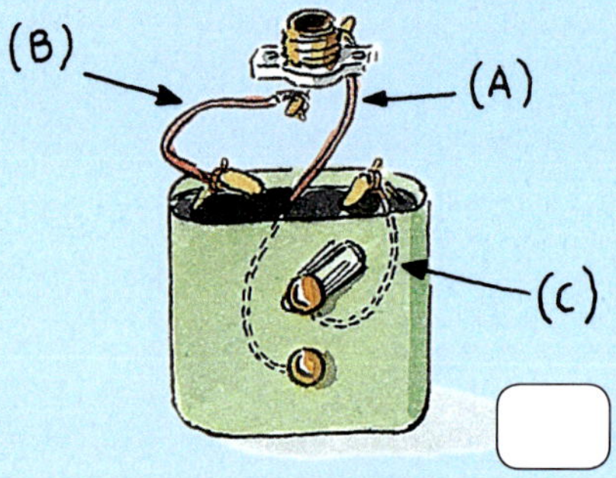

⑩ Drücke die Abdeckung auf die Polbleche der Batterie. Führe die Kabel zur Lampenfassung seitlich heraus. Halte die Fassung oberhalb der Abdeckung fest.

⑪ Befestige Abdeckung und Lampenfassung mit dem Klebeband. Drehe die Büroklammer mit dem freien Ende auf den Kopf des unteren Musterbeutelverschlusses.

Nun sollte die Taschenlampe leuchten.

⑫ Um die Büroklammer zum Drucktastenschalter umzubauen, musst du das freie Ende der Büroklammer leicht nach oben biegen. Führe nun die Büroklammer über den Kopf des unteren Musterbeutelverschlusses und drücke auf die Büroklammer. Nun kannst du mit deiner Taschenlampe morsen.

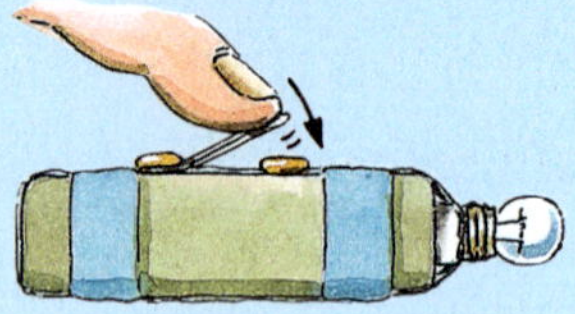

Konstruiere selbst eine Taschenlampe

1. Suche dir geeignete Materialien, zum Beispiel Filmdose, Küchenrolle, Büroklammern, Reißzwecken, Klebeband, Batterie (Mignon 1,5 Volt, Babyzelle 1,5 Volt), Glühlampe mit Fassung bis 1,5 Volt, Klingeldraht, Pappe usw.
2. Verkabele deine Lampe nach dem beschriebenen Modell.

Wir morsen mit einer Lampe (1)

Der Amerikaner Samuel Morse (1791 – 1872) schuf das nach ihm benannte Morsealphabet zur Übermittlung von Nachrichten. Die Zeichen werden entweder als Ton oder als Lichtzeichen übermittelt. Einzelne Zahlen oder Buchstaben setzen sich aus kurzen und langen Zeichen (Strichen oder Punkten) zusammen.

Auf den ersten Morsegeräten wurden früher die Zeichen auf einem Papierstreifen gedruckt.

Das Notrufsignal SOS gehörte im Seefunk zu den bekanntesten Morsezeichen. Noch heute werden in der Seefahrt Nachrichten durch Lichtzeichen mit der Signallampe übertragen.

Morsenachrichten empfangen und entschlüsseln

Um fremde Nachrichten zu empfangen und zu entschlüsseln, helfen diese verästelten Übersichten. Zunächst beachtest du, ob das Anfangszeichen kurz (Punkt) oder lang (Strich) ist. Entsprechend kannst du in den Übersichten der Zeichenlänge folgen und schnell den dazugehörenden Buchstaben ermitteln. Nach jedem Buchstaben wird ein Schrägstrich (/) gesetzt, nach jedem Wort zwei Schrägstriche (//).

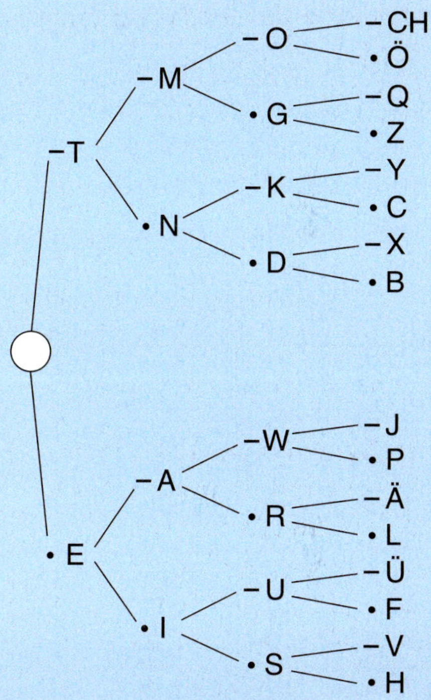

1 Entschlüssele folgende Wörter:

a) _ / . _ / . . . / _ _ _ _ / . / _ . / . _ . . / . _ / _ _ / . _ _ . / . //

____

b) . _ . . / . . / _ _ _ _ / _ / . . . / . . / _ _ . / _ . / . _ / . _ . . //

____

2 Entschlüssele folgende Morsenachricht:

_ . . / . . _ / . _ . / _ _ _ _ // _ _ / _ _ _ / . _ . / . . . / . / _ _ . . / . / . . / _ _ _ _ / . / _ . //

____

. _ _ / . / . _ . / _ . . / . / _ . // _ . / . _ / _ _ _ _ / . _ . / . . / _ _ _ _ / _ / . / _ . //

____

. . _ _ / _ . . . / . / . _ . / _ _ / . . / _ / _ / . / . _ . . / _ /

____

Wir morsen mit einer Lampe (2)

Zum Morsen kannst du deine selbst gebaute oder eine gekaufte Taschenlampe mit Tippschalter benutzen.
Es gibt verschiedene Taschenlampenmodelle mit sehr unterschiedlichen Größen. Sie leuchten in der Regel mithilfe von Batterien oder Akkus. Andere Taschenlampen verfügen zur Stromerzeugung über einen Dynamo mit einer Drehkurbel oder nutzen eine Solarzelle. Am **Gehäuse** befindet sich der **Schalter** zum Ein- und Ausschalten. Das Licht der **Glühlampe** oder der **Dioden** wird durch einen **Reflektor** verstärkt.

(1) Beschrifte die Taschenlampe.

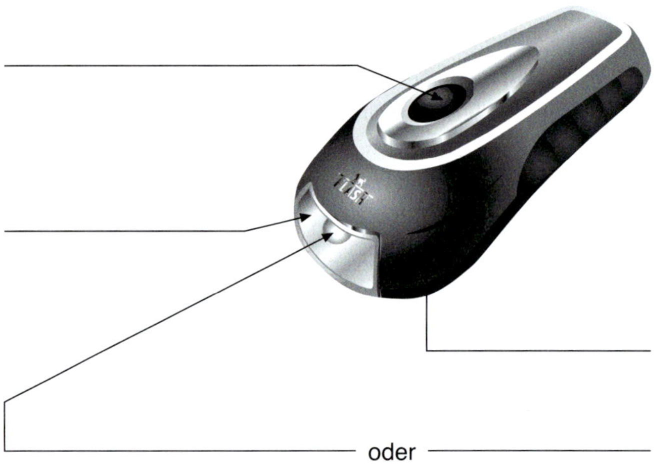

Morsenachrichten schreiben und senden

Um die Morsezeichen für Buchstaben oder Zahlen für eigene Nachrichten zu finden, hilft die alphabetische Übersicht.
Der Zeitabstand zwischen den Elementen eines Buchstabens ist der zeitliche Abstand von einem Punkt. Zwischen zwei Buchstaben beträgt der Zeitabstand zwei Punktlängen, zwischen zwei Worten sind es fünf Punktlängen.

A ·−	L ·−··	X −··−
Ä ·−·−	M −−	Y −·−−
B −···	N −·	Z −−··
C −·−·	O −−−	1 ·−−−−
CH −−−−	P ·−−·	2 ··−−−
D −··	Q −−·−	3 ···−−
E ·	R ·−·	4 ····−
F ··−·	S ···	5 ·····
G −−·	T −	6 −····
H ····	U ··−	7 −−···
I ··	Ü ··−−	8 −−−··
J ·−−−	V ···−	9 −−−−·
K −·−	W ·−−	0 −−−−−

Punkt ·−·−·− Anfangszeichen −·−·−
Komma −−··−− Endzeichen ··−·−

1 Schreibe eine kleine „Morsebotschaft“. Notiere dir dazu erst die Zeichen.
Tipp: Setze nach jedem Buchstaben einen Schrägstrich (/), nach jedem Wort zwei Schrägstriche (//). Damit kannst du leichter deinen eigenen Text schreiben.
Beispiel: __ / ___ / . _ . / ... / . / _ . // für M O R S E N.

____

____

____

2 a) Morse dir mit deinem Tischnachbarn zur Übung erst einzelne Buchstaben zu.
b) Danach könnt ihr euch gegenseitig ein Wort durch Morsezeichen übermitteln.
c) Nach den Vorübungen a) und b) könnt ihr euch eine kurze Nachricht aus mehreren Worten übermitteln.

Wir bauen eine Waage

Waagen sind Messgeräte zur Bestimmung des Gewichtes (der Masse) von Gegenständen, Lebensmitteln, Menschen oder Tieren. Zu den ersten Waagen gehörten die Balkenwaagen, die immer noch in Apotheken zur Herstellung von Arzneimitteln eingesetzt werden.
In Geschäften oder im Haushalt werden heute immer häufiger elektronische Waagen genutzt. Handwaagen sind besondere Balkenwaagen. Sie dienen zum exakten Wiegen von kleineren Gewichten, z. B. von Briefen. Handwaagen werden noch vereinzelt von Händlern auf Wochenmärkten eingesetzt.

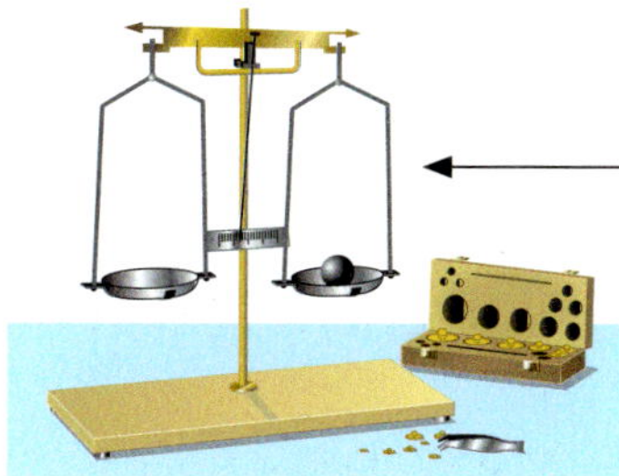

(1) Beschrifte die Waagen.
Streiche die benutzten Begriffe aus:
Balkenwaage – Briefwaage – Küchenwaage – Personenwaage.

(2) Kennst du weitere Waagen? Welche Waagen habt ihr zu Hause? Notiere.

____________ ____________ ____________

(3) Baut euch eine Handwaage mit zwei Waagschalen.

Ihr braucht:

Drahtkleiderbügel
Bindfaden
kleine Wasserwaage
(Schnurwasserwaage)

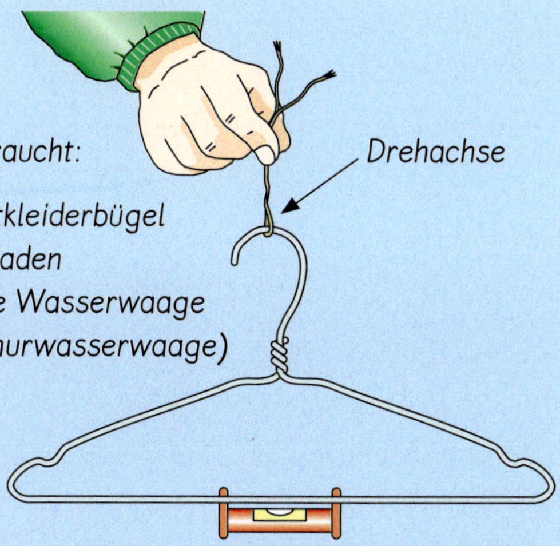

1. Befestigt die Wasserwaage in der Mitte des Kleiderbügels mit Tesafilm.
2. Biegt den Haken des Kleiderbügels, sodass die Luftblase der Wasserwaage zwischen den beiden Strichen steht.
3. Hängt die Waagschalen in die Kerben des Drahtgestells ein.
4. Zum Abwiegen wird der Kleiderhaken in einen Bindfaden eingehängt.

Für die Waagschalen benötigt ihr zwei Deckel und einen dünnen Bindfaden.

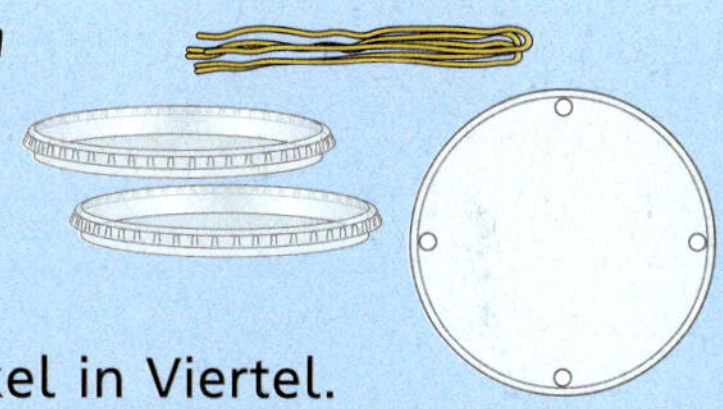

1. Teilt den Deckel in Viertel.
2. Markiert die Bohrstellen mit einer Schablone.
3. Stecht mit einem Bohrer oder Nagel in die Kante des Deckels vier Löcher.
4. Zieht durch jedes Loch einen 20 cm langen, dünnen Bindfaden.
5. Verknotet von unten den Bindfaden, sodass er sich nicht mehr zurückziehen lässt.
6. Verknotet danach die anderen Enden der Bindfäden.

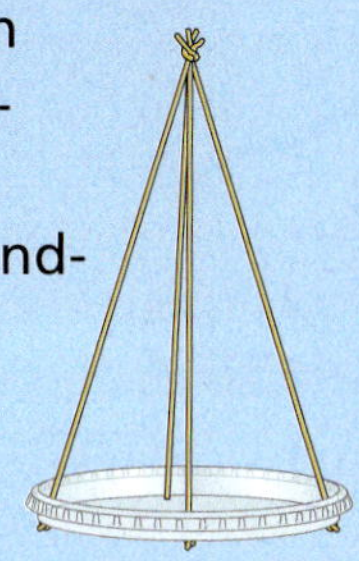

Anstelle der Waagschalen könnt ihr auch Plastiktüten benutzen. Gut geeignet sind dünne Tüten aus der Obstabteilung.

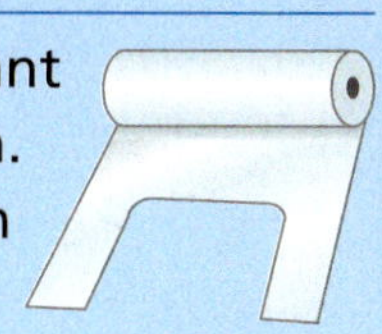

Wir arbeiten mit einer Waage

Wiegen bedeutet, dass das Gewicht eines Gegenstandes oder eines Körpers durch den Vergleich mit Gewichten bestimmt wird. Die Angaben zum Gewicht erfolgen in Gramm (8 g) und Kilogramm (1 kg = 1000 g).

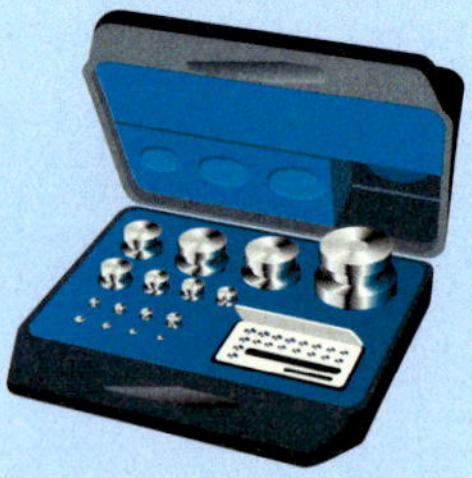

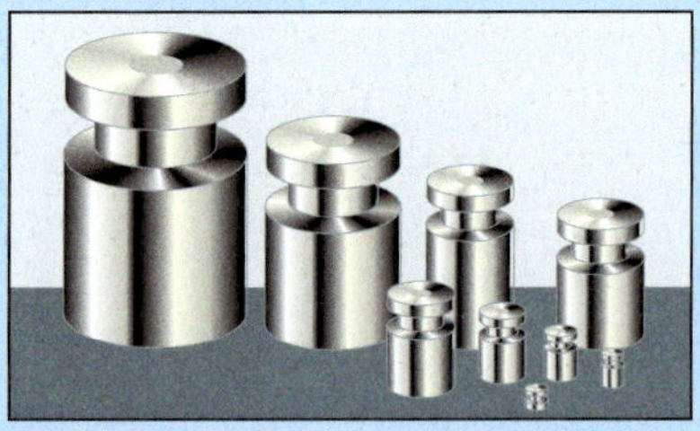

1 Stellt euch selbst Gewichte aus Knete her. Benutzt jeweils eine Farbe für eine Gewichtsgröße, zum Beispiel:
1 g = rot, 5 g = grün, 10 g = gelb.

Legt ein echtes Gewicht in eine Waagschale und wiegt die entsprechende Menge Knete ab.

Ihr benötigt folgende Gewichte:

1 x 1 g,	2 x 2 g,	1 x 5 g,
2 x 10 g,	1 x 20 g,	4 x 50 g.

Schreibt mit einem Filzstift die Grammangabe auf die Gewichte.

2 Legt die Gegenstände bereit. Nehmt sie nacheinander in die Hände. Vermutet, welcher Gegenstand am leichtesten und welcher am schwersten ist? Der leichteste Gegenstand bekommt die 1, der schwerste Gegenstand die 7. Notiert. Wiegt dann die Gegenstände. Tragt das Gewicht in die Tabelle ein. Nummeriert wieder von 1 bis 7 durch. Vergleicht das Ergebnis mit der Vermutung.

Vermutet, nummeriert von leicht (1) nach schwer (7).							
Wieget die Gegenstände. Traget die Gewichte ein.							
Nummeriert durch. Vergleicht mit der Vermutung.							

3 Wiegt Gegenstände eurer Wahl.

Gegenstand	**Gewicht**

4 Wiege dich an zwei Tagen jeweils dreimal auf einer Personenwaage. Trage immer dieselbe Kleidung und benutze dieselbe Waage.

	Gewicht in kg am:	am:
morgens		
vormittags		
mittags		

Brücken aus Stahl oder Baukräne werden in sogenannter Skelettbauweise errichtet. Sie bestehen aus Stützen, Trägern und Streben. Diese Skelettbauweise spart Material und ist trotzdem sehr stabil. Da die Baukräne aus mehreren Teilstücken bestehen, lassen sie sich leicht und schnell auf- und abbauen.

1. Zum Bauen benötigst du 80-g-Papier. Klebestift und Schere.
2. Bereite die Materialien zum Bauen vor. Schneide dir mehrere Papierstreifen in den genannten Längen zu.
   Bereite die Streben und Ecken vor.

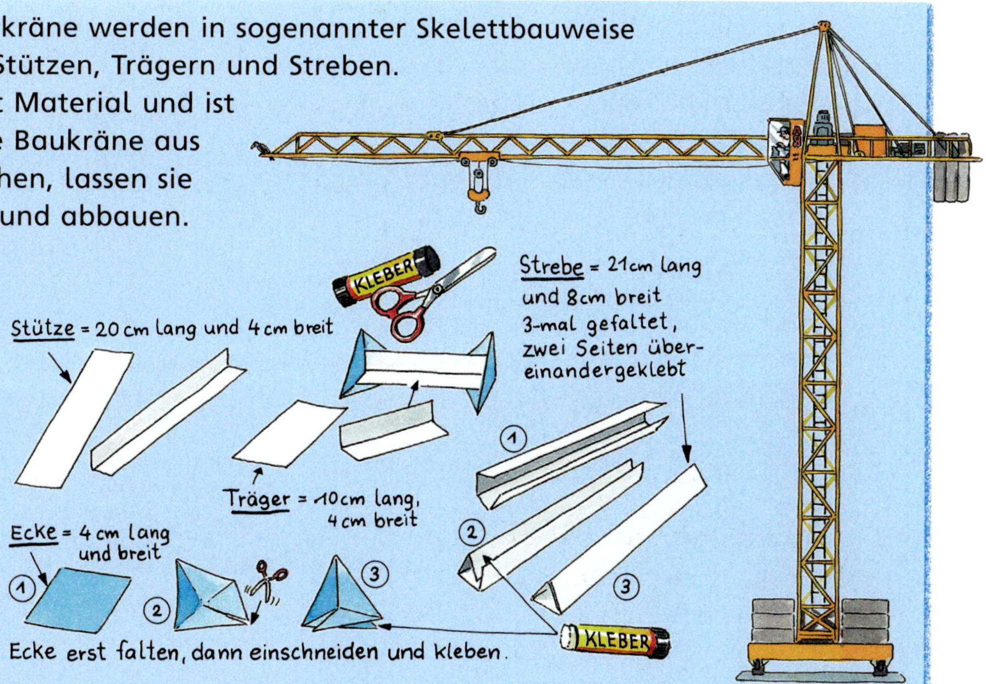

3. Baut aus den Stützen, Trägern, Streben und den Ecken die Quader A, B und C nach.
4. Prüft die Stabilität der Quader. Legt dazu nacheinander einzeln Sachbücher auf.

	Anzahl der Bücher, die der Quader trägt	Beobachtungen/ Begründungen für die unterschiedliche Belastbarkeit
 A		
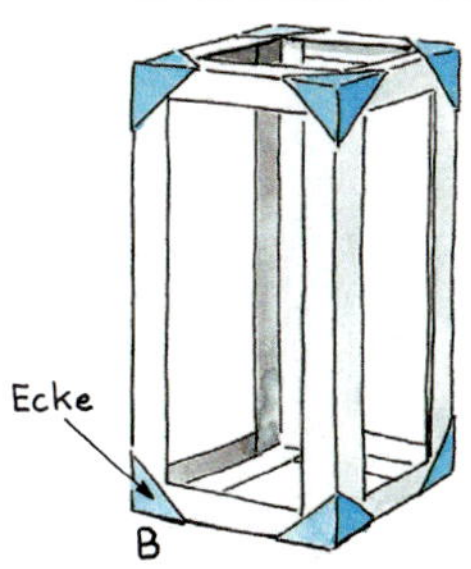 B		
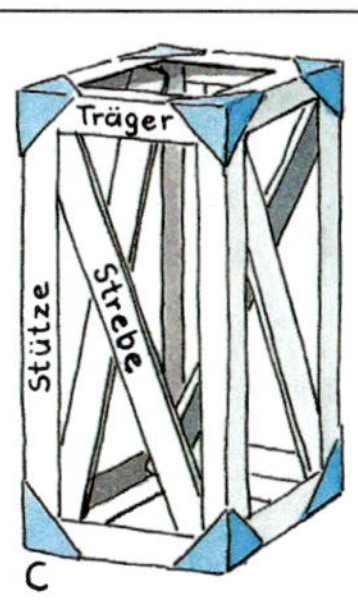 C		

Wir bauen mit Papier (2)

Auf Brücken werden Straßen, Eisenbahnlinien oder andere Verkehrswege über Täler, Flüsse oder andere Hindernisse geführt.
Brücken müssen in der Regel große Lasten tragen. Wenn Brücken sehr lang sind, stützen oft Pfeiler die Balken, die aus Holz, Metall oder Beton sind.

Kinder haben Brücken aus Papier gebaut. Da ein einzelnes Blatt sich leicht verbiegt und nicht stabil genug ist, haben sie verschiedene Konstruktionen für die Pfeiler und Balken (Fahrbahnen) gefunden.

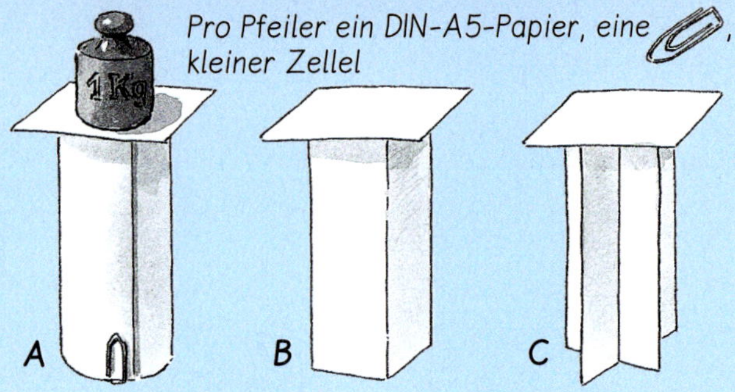

Maximales Gewicht	Maximales Gewicht	Maximales Gewicht

1. Baut aus DIN-A5-Papier und Büroklammern verschiedene Pfeiler nach.
2. Überprüft die Tragfähigkeit der Pfeiler A, B und C mit Gewichten oder Büchern. Tragt die Ergebnisse ein.
3. Konstruiert nun verschiedene Fahrbahnen (Balken) für eine Brücke. Eine Fahrbahn soll mindestens 28 cm lang und 10 cm breit sein.
4. Legt die Fahrbahnen nacheinander auf zwei tragfähige Pfeiler (siehe Nr. 2), die im Abstand von 20 cm aufgestellt werden. Überprüft die Tragfähigkeit.
5. Notiert die Ergebnisse in der Tabelle. Die Bauart der Brücke könnt ihr beschreiben oder skizzieren.

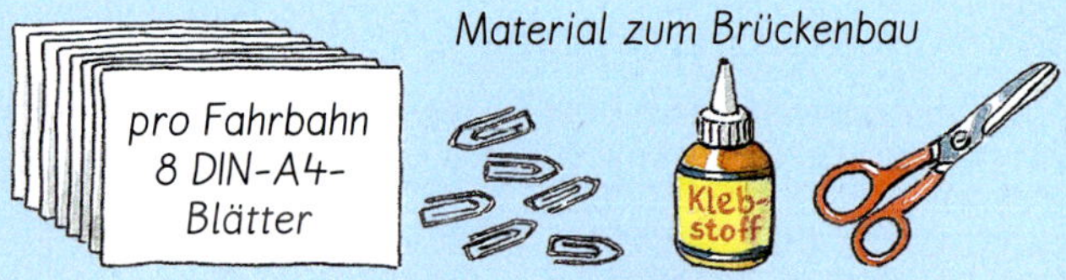

Brückentabelle Art der Konstruktion	trägt gut max. Gewicht	biegt sich durch max. Gewicht	trägt schlecht max. Gewicht

Alles, was wir hören können, wird als Schall bezeichnet. Dieser entsteht, wenn ein Gegenstand (Körper) sehr schnell hin und her schwingt oder vibriert. Dadurch wird die Luft gleichmäßig und wellenförmig in Bewegung gesetzt. Es entstehen die sogenannten Schallwellen. Die Dinge, die Schall erzeugen, nennen wir Schallquellen. Sehr lauter Schall wird auch als Knall bezeichnet.

1. Bau jeweils aus einem weichen Blatt DIN-A4-Papier nach den Faltanleitungen die Papierknaller I und II.

2. Bewege die Papierknaller mit einem heftigen Ruck nach unten.

Die eingefalteten Tüten öffnen sich rasend schnell. Die Luft um die Tüten herum wird zusammengedrückt. Dadurch entstehen heftige Schallwellen, die den Knall erzeugen.

Papierknaller I

Papierknaller II

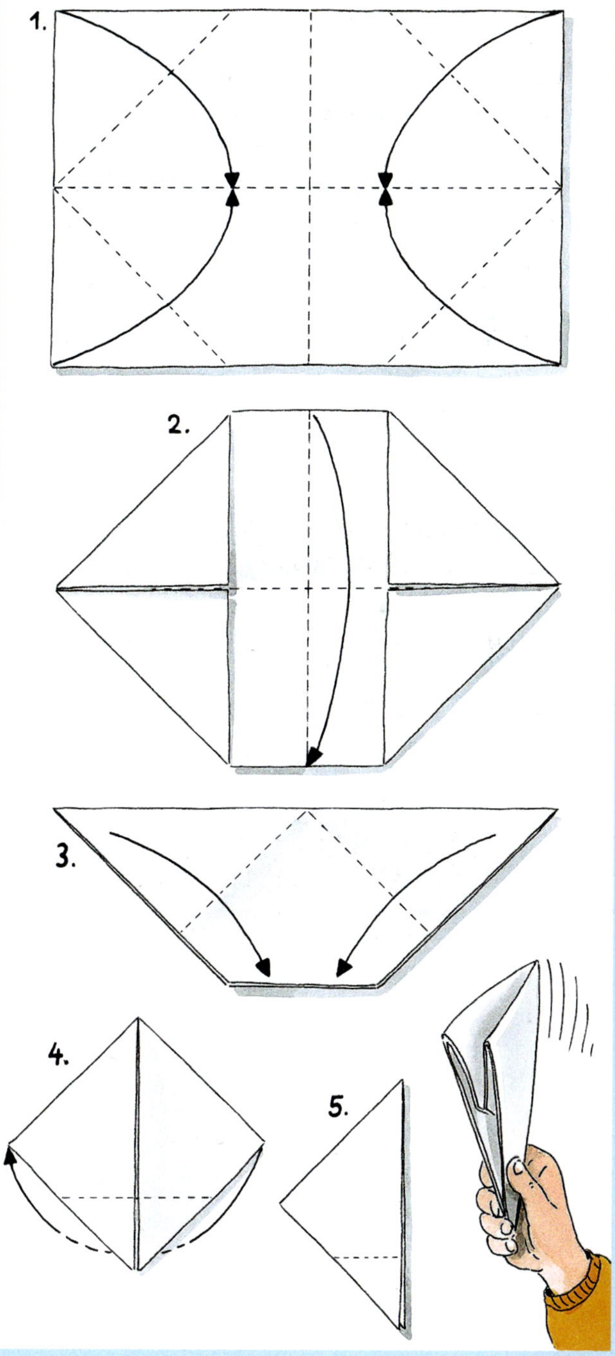

Ich teste mein Wissen: Technik

(1) Kreuze die richtige Antwort an.

a) Das erste Rad war wahrscheinlich …
- ein Rad mit Speichen ◯
- eine Baumscheibe ◯
- ein Rad aus Eisen ◯
- ein luftgefülltes Rad ◯

b) Das Getreide wurde früher gedroschen mit …
- einer Sense ◯
- einem Mähdrescher ◯
- einem Dreschflegel ◯
- einer Peitsche ◯

c) Zum Herstellen von Filzkugeln benötigt man …
- Stoff ◯
- Bindfaden ◯
- Bast ◯
- Wolle ◯

(Jede richtige Antwort = 1 Punkt) *Mögliche Punktzahl: 3 / Erreichte Punktzahl:*

(2) In jedem Kasten steht ein Wort, das nicht zu den anderen passt. Streiche es durch.

a)
- Batterie
- Glühlampe
- Steckdose
- Schalter

b)
- säen
- mähen
- pflügen
- melken

c)
- Küchenwaage
- Wasserwaage
- Balkenwaage
- Personenwaage

(Jedes gestrichene Wort, was nicht dazugehört = 1 Punkt) *Mögliche Punktzahl: 3 / Erreichte Punktzahl:*

(3) Ordne fünf Erfindungen den entsprechenden Jahrhunderten zu.
Verbinde dazu das Bild/den Text mit dem Jahrhundert, in dem die Erfindung erfolgte.

Erfindung des Buchdruckes	Erfindung der Taschenuhr	Erfindung des Heißluftballons	Erfindung der Glühlampe	Erfindung des Reißverschlusses

1400 – 1500 – 1600 – 1700 – 1800 – 1900

Erfindung der Zahnbürste	Erfindung des Fernrohres	Erfindung des ersten Aufzuges	Erfindung des ersten Fahrrades	Erfindung des Telefons

(Für jede richtige Antwort = 1 Punkt) *Mögliche (Höchst-)Punktzahl: 5 / Erreichte Punktzahl:*

(4) Prüfe die Richtigkeit der Sätze. Kreuze richtige Aussagen an, streiche falsche durch.

- ❑ Garben wurden früher mit Draht verknotet.
- ❑ Ein Rad hat eine Nabe.
- ❑ Das Handy wurde vor dem Computer erfunden.
- ❑ Das Morsezeichen für SOS ist – – – / · · · / – – – ·
- ❑ Ein Kilogramm hat 1000 g.

- ❑ Ein DIN-A4-Blatt kann ein 1-kg-Gewicht tragen.
- ❑ Taschenlampen leuchten durch Solarzellen.
- ❑ Plakate und Werbesäulen sind dasselbe.
- ❑ Ein Bäcker arbeitet nur in der Nacht.
- ❑ Feuerwehrleute arbeiten auch ohne Gehalt.

(Für jeden richtig bewerteten Satz = 1 Punkt) *Mögliche Punktzahl: 10 / Erreichte Punktzahl:*

Auswertung: *Mögliche Gesamtpunktzahl: 21 / Erreichte Gesamtpunktzahl:*

21 Punkte bis 18 Punkte = Mein Wissen zum Themenbereich „Technik" ist … richtig gut.
17 Punkte bis 11 Punkte = Mein Wissen zum Themenbereich „Technik" ist … gut.
10 Punkte bis 0 Punkte = Mein Wissen zum Themenbereich „Technik" ist … noch nicht so gut.

 Name:

Raum

Die Familie sucht auf einer Karte den Weg zum Tierpark. Dabei beachten alle die Legende. Welche Aufgaben übernimmt die Legende?

Ein Kompass hilft bei der Bestimmung der Himmelsrichtungen. Kennst du die Himmelsrichtungen? Welche gehört zu dem E?

Manchmal enden Radwege plötzlich. Was muss das Kind in der Situation beachten?

Jede Stadt, jeder Ort und fast jede Gemeinde hat ein Rathaus. Wer arbeitet im Rathaus?

Mein Lerntagebuch: **Raum**

Thema	begonnen am	beendet am
Was mir am Thema gefallen / nicht gefallen hat.		
Was ich gelernt habe. Was ich nicht verstanden habe.		

Fülle die Zeilen gemäß der Überschriften im oberen Kasten aus.
Wenn der Platz nicht reicht, kannst du auch ein Extrablatt (die Kopiervorlage) für die einzelnen Themen benutzen.

Wir erkunden unseren Ort (1)

In jedem Ort gibt es vieles zu entdecken.

1. Beschreibt, wie die Klasse sich über ihren Ort informiert. Welche der gezeigten Möglichkeiten könnt ihr nutzen, um euren Ort besser kennenzulernen?

2. So könnt ihr eure Ortserkundung vorbereiten und Ergebnisse festhalten:

Fotografiert oder zeichnet.

Schreibt Fragen auf und notiert später die Antworten dazu.

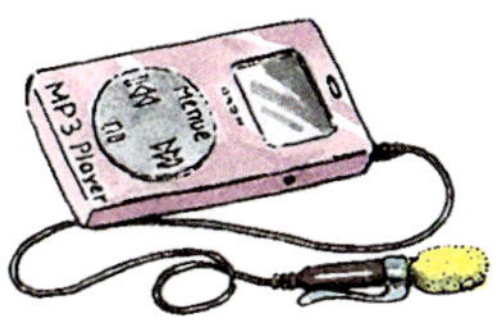

Befragt Bewohner des Ortes. Nehmt die Antworten auf oder notiert sie.

3. Überlegt, wie ihr eure Arbeitsergebnisse in einer kleinen Ausstellung präsentiert.

Jeder Ort hat ein eigenes Gesicht

Der Name eines Ortes verrät oft etwas von seiner Lage oder seiner Entstehung.

Das Wappen zeigt häufig Besonderheiten des Ortes und seiner Geschichte.

Die Kirche ist oft sehr alt und wurde im Laufe der Zeit immer wieder verändert.

Sehenswürdigkeiten sind zum Beispiel alte Gebäude und Anlagen sowie Schönheiten in der Natur.

Im Rathaus arbeiten der Bürgermeister und die Verwaltungsangestellten.

In jedem Ort gibt es Freizeitmöglichkeiten.

Wir erkunden unseren Ort (2)

1. Erkundige dich über deinen Heimatort im Rathaus, beim Bürgermeister oder bei der Touristeninformation sowie im Internet. Schreibe dann einen Steckbrief zum Heimatort.
2. Fotografiere Sehenswürdigkeiten in deinem Ort oder lade Fotos aus dem Internet herunter.
3. Lass dir die Bilder so ausdrucken, dass sie in dein Album passen.
4. Klebe zwei oder drei Bilder ein und schreibe zu jedem Bild eine Unterschrift.

Mein Steckbrief von

____

Autokennzeichen: ______________________

Einwohnerzahl: ______________________

Nächstes Gewässer:

____

Höchster Berg:

____

Sehenswürdigkeiten:

____

____

____

____

____

Freizeitmöglichkeiten:

____

____

Erste Erwähnung des Ortsnamens:

____

Mein Album

Himmelsrichtungen und Kompass (1)

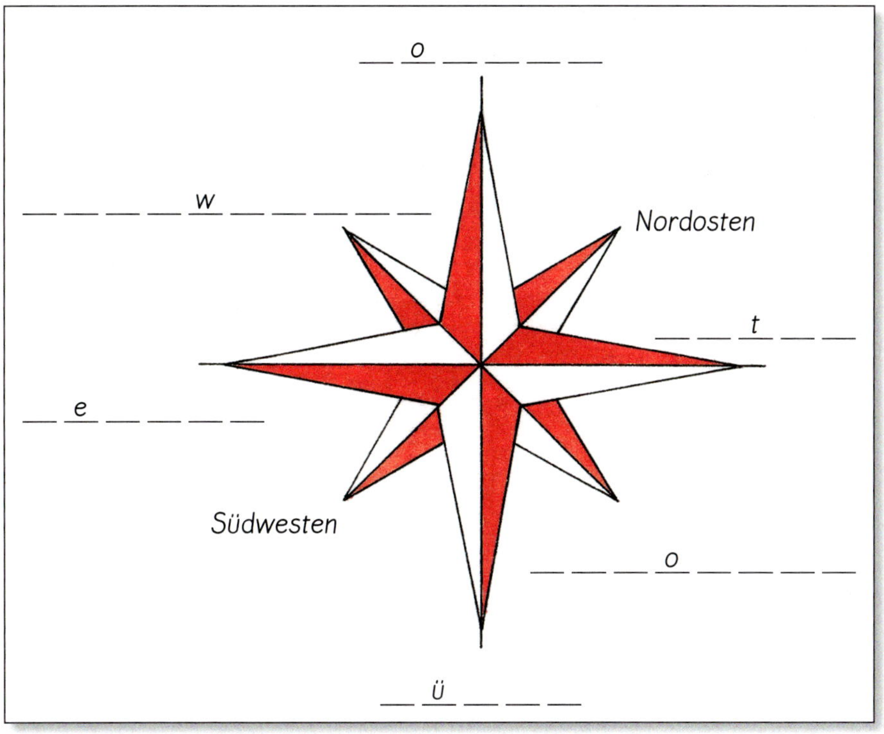

Die Himmelsrichtungen wurden nach dem Sonnenstand festgelegt.
Dort, wo die Sonne am Morgen am Horizont erscheint, ist Osten. Mittags steht die Sonne im Süden am höchsten. Im Westen geht sie unter. Im Norden ist die Sonne bei uns nie zu sehen.
Osten, Süden, Westen und Norden sind die Haupthimmelsrichtungen. Die hier abgebildete Windrose zeigt alle Himmelsrichtungen und dient der Orientierung.
Bei manchen Windrosen steht E für Osten (englisch: East).

(1) Trage in die Windrose zuerst die Haupthimmelsrichtungen ein.

(2) In der Darstellung fehlen noch zwei Nebenhimmelsrichtungen. Finde heraus, wie sie heißen, und trage sie ein.

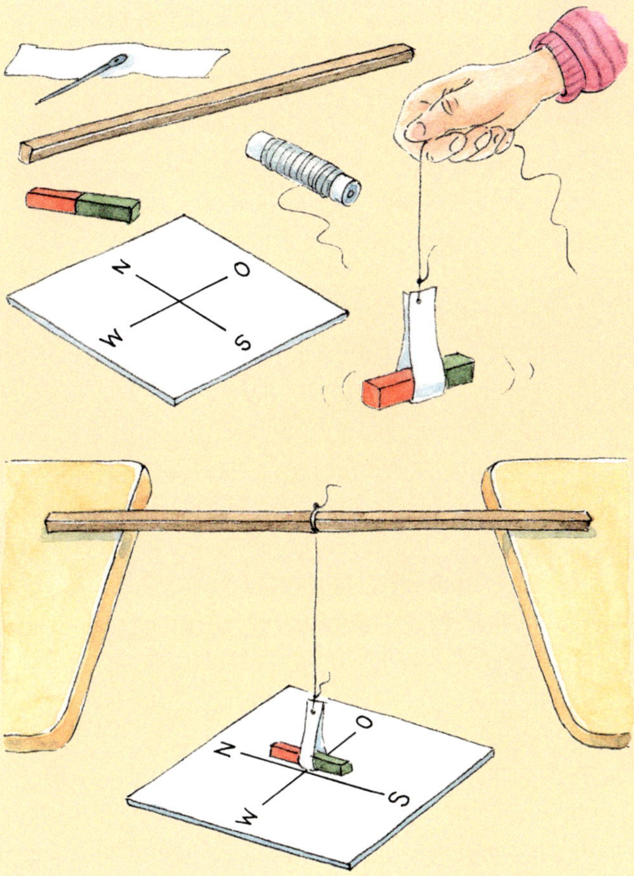

So könnt ihr in eurem Klassenraum die Himmelsrichtungen bestimmen.

Ihr braucht: einen Stabmagneten, eine Papierschlaufe (siehe Abbildung), eine Schnur, einen Holzstab und eine Windrose.

1. Legt den Holzstab zwischen zwei Tischplatten, hängt den Stabmagneten in die Papierschlaufe und bindet ihn an den Holzstab.
2. Sobald der Stabmagnet sich nicht mehr dreht, legt ihr die Windrose genau unter den Magneten.
3. Das rote Ende des Magneten zeigt immer nach Norden. Dreht die Windrose so, dass sich Norden direkt unter dem roten Ende des Stabmagneten befindet.
4. Befestigt nun an den Wänden eures Klassenraums Schilder mit den Namen der Himmelsrichtungen.

Himmelsrichtungen und Kompass (2)

Himmelsrichtungen mit einem Kompass bestimmen

Der Kompass ist ein Gerät, mit dem wir die Himmelsrichtungen bestimmen. Er besteht aus einer Windrose, einer magnetischen Nadel und einem Gehäuse.

Das farbige Ende der Kompassnadel zeigt immer nach Norden. Die Windrose wird so lange gedreht, bis Norden unter der farbigen Spitze liegt.

Die Kompassnadel zeigt nach Norden. Auf der Landkarte ist Norden immer am oberen Kartenrand, Süden am unteren Kartenrand.

So kannst du einen Kompass bauen

Du brauchst: eine Stopfnadel, eine Korkscheibe, Klebstoff, ein Gefäß mit Wasser und einen Magneten.

1. Magnetisiere die Stopfnadel. Dazu reibst du mit einem Magneten zwanzigmal in die gleiche Richtung an ihr entlang. Dann klebst du die Nadel auf die Korkscheibe.
2. Lass die Korkscheibe mit der Nadel auf dem Wasser schwimmen. Beschreibe, was passiert.

Himmelsrichtungen mit einer Armbanduhr bestimmen

1. Richte den Stundenzeiger auf die Sonne aus.
2. Süden liegt immer in der Mitte zwischen Stundenzeiger und der 12 auf dem Zifferblatt.

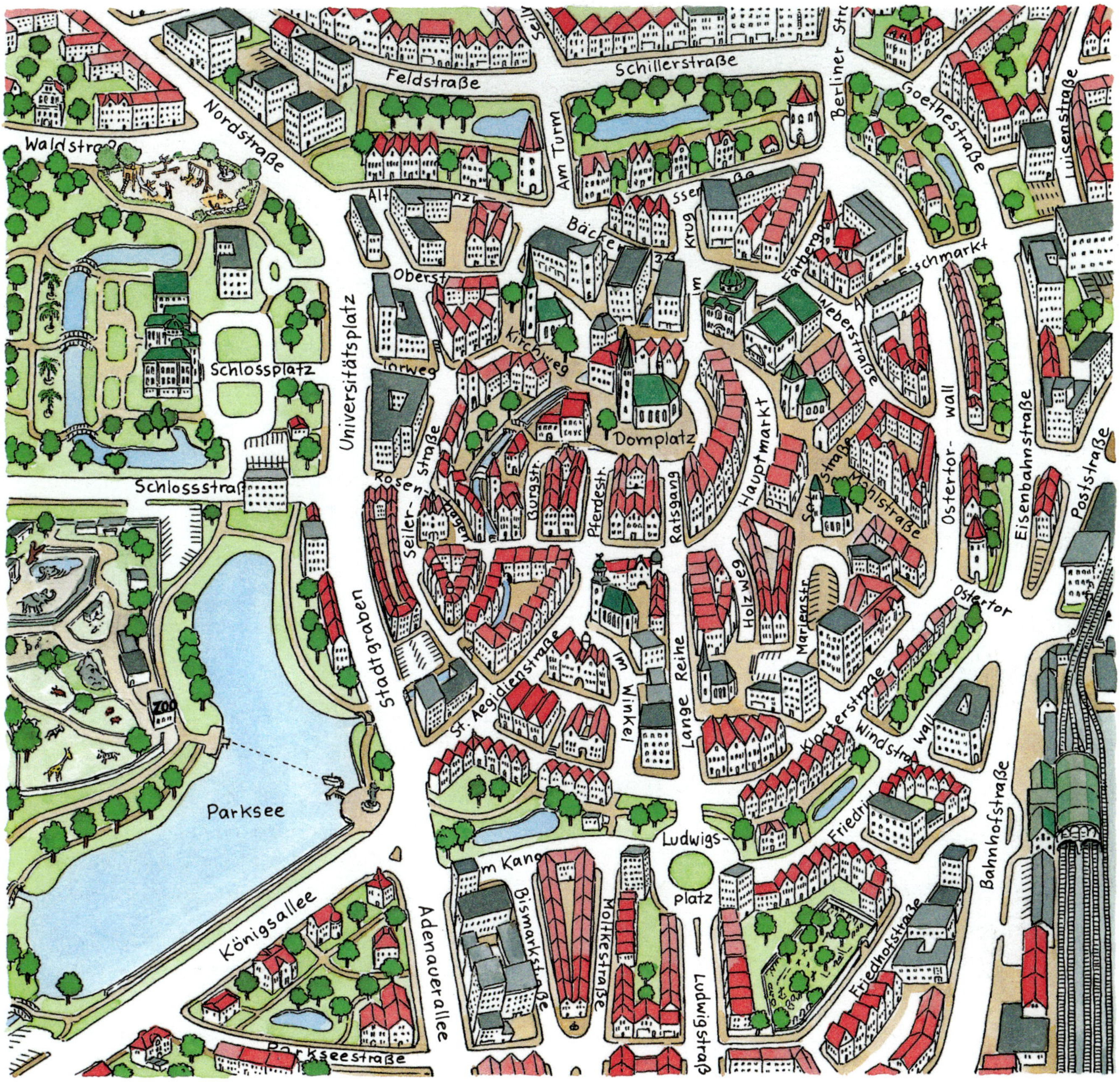

Die Kinder der dritten Klassen fahren mit dem Zug in die nächste Großstadt. Sie möchten dort den Zoo besuchen.

Auf dem Bildplan ist die Stadt in Schrägsicht abgebildet. Unterschiedliche Gebäude sind auf diesem Plan ebenso zu erkennen wie Grünanlagen und Gewässer. Allerdings sind die Straßennamen teilweise verdeckt.

(1) Finde einen Weg vom Bahnhof zum Zoo. Zeichne deinen Weg mit einem blauen Buntstift in den Plan.

(2) Notiere die Namen der Straßen, die du entlanggehst.

(3) Du stehst auf dem Parkplatz des Zoos in der Schlossstraße. Zeichne von hier einen Weg mit einem grünen Buntstift zum Dom in den Plan.

(4) Notiere die Namen der Straßen, die du entlanggehst.

(5) Suche weitere Wege. Zeichne sie mit einem Farbstift in den Bildplan. Beschreibe die Wege und notiere die Straßennamen.

(6) Beschreibe deine Wege einem anderen Kind so deutlich, dass es jeden Weg auf dem Bildplan mit dem Finger verfolgen kann.

Pläne lesen und verstehen (2)

Zeichenerklärung:

- DB Deutsche Bahn
- Flughafen
- Autobahn
- Fähre
- Spielplatz
- i Information
- P Parkplatz, Parkhaus
- WC Toilette
- Krankenhaus
- Bebaute Fläche (Häuser, Gärten)
- Grünanlage
- ❶ Hauptbahnhof
- ❷ Schiffsanleger
- ❸ Dom
- ❹ Rathaus
- ❺ Eingang Zoo

0 50 100 150 200 250 m

Derselbe Teil der Stadt wird in diesem Touristenplan als Senkrechtaufsicht dargestellt. In der **Legende**, auch **Zeichenerklärung** genannt, werden die Bedeutungen der Zeichen und Symbole auf der Karte erklärt.
Mithilfe des **Leitermaßstabes** kannst du Entfernungen auf der Karte messen.

(1) Übertrage zwei Wege, die du auf Seite 119 eingezeichnet hast, in diesen Stadtplan.

(2) Wie weit ist der Weg vom Bahnhof zum Dom? Nimm etwas Blumendraht und finde die Lösung mithilfe der Anleitung.

Arbeiten mit dem Leitermaßstab

1. Nimm Blumendraht und forme ihn entsprechend der Streckenführung. Markiere den Endpunkt durch einen Knick im Draht.
2. Ziehe nun den Draht lang. Lege ihn unter den Leitermaßstab. Lies die Entfernung ab.

Mit einem Stadtplan arbeiten (1)

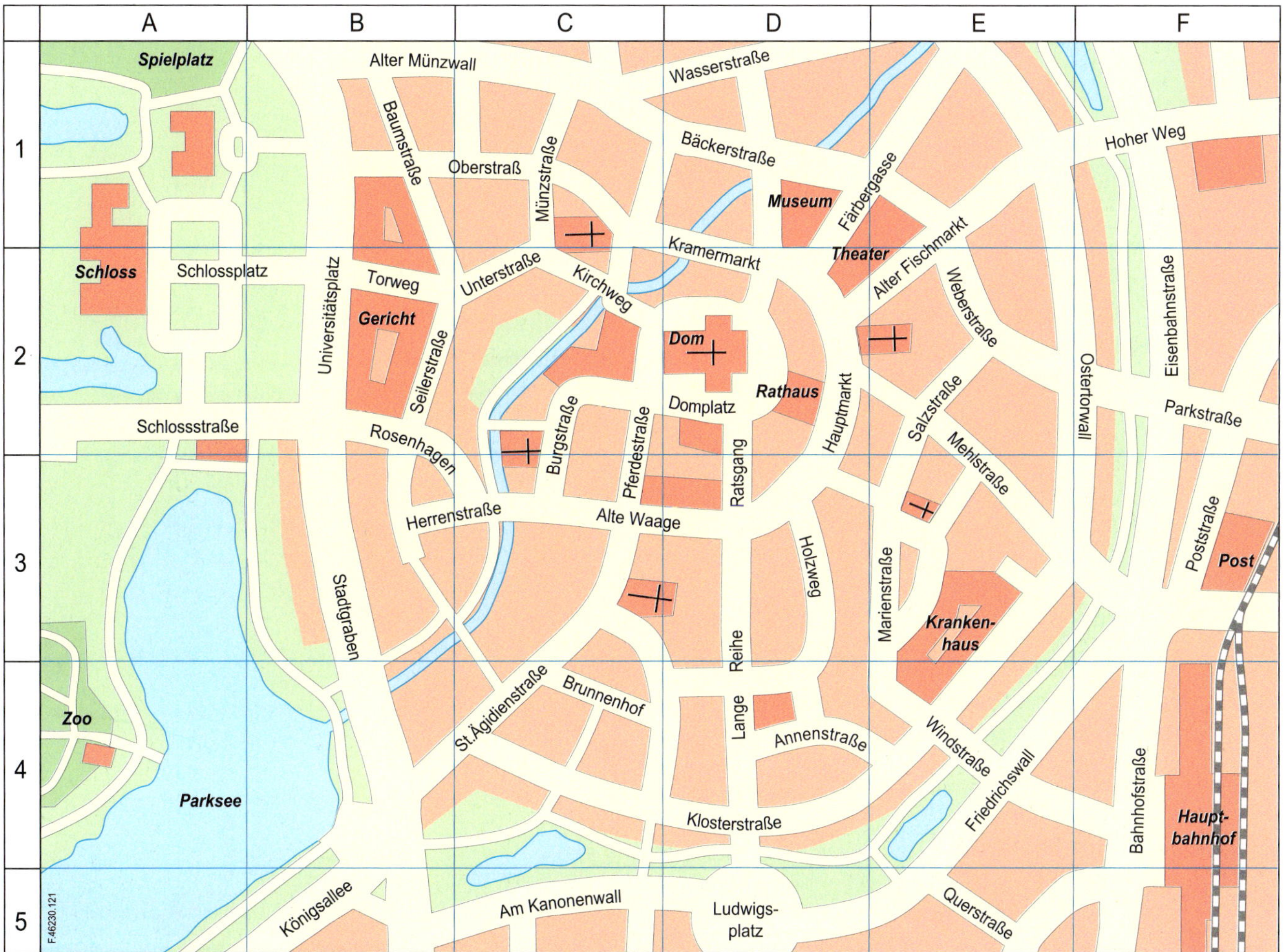

Zeichenerklärung: Bebaute Fläche (Häuser, Gärten) · Grünanlage · Öffentliches Gebäude · Kirche, Kapelle · Straße, Weg · Eisenbahn · Teich, See · Fluss, Bach · 0 50 100 150 m

Straßenverzeichnis:						
	Bäckerstraße D1	Färbergasse D1/E1	Klosterstraße D4	Münzstraße C1	Ratsgang D2/D3	St.Ägidienstraße C4
	Bahnhofstraße F4	Friedrichswall E4	Königsallee B5	Oberstraße C1	Rosenhagen B2/B3	Torweg B2
Alter Fischmarkt E1/E2	Baumstraße B1/C1	Hauptmarkt D2	Kramermarkt D1/D2	Ostertorwall F2	Salzstraße E2	Universitätsplatz B2
Alter Münzwall B1/C1	Brunnenhof C4	Herrenstraße B3/C3	Lange Reihe D3/D4	Parkstraße F2	Schlossplatz A2/B2	Unterstraße C2
Alte Waage C3/D3	Burgstraße C2/C3	Hoher Weg F1	Ludwigsplatz D5	Pferdestraße C2/C3	Schlossstraße A2/B2	Wasserstraße D1
Am Kanonenwall C5	Domplatz D2	Holzweg D3	Marienstraße E3	Poststraße F3	Seilerstraße B2	Weberstraße E2
Annenstraße D4	Eisenbahnstraße F2	Kirchweg C2	Mehlstraße E2/E3	Querstraße E5	Stadtgraben B3	Windstraße E4

Der Ausschnitt des Stadtplanes zeigt denselben Stadtteil, der auf den Seiten 119 und 120 abgebildet ist.

Hier sind alle Einzelheiten durch Symbole und farbige Flächen ersetzt.

Stadtpläne sind oft in Planquadrate aufgeteilt. Buchstaben bezeichnen die senkrechten Spalten, Zahlen die waagerechten Zeilen.

Die Planquadrate, auch Gitternetze genannt, helfen beim Suchen von Straßen und Gebäuden (Gericht: B2).

(1) Notiere die Planquadrate, in denen sich die folgenden Gebäude befinden:

der Dom _____ , das Museum _____ ,

die Post _____ , der Bahnhof __________ .

Über das Straßenverzeichnis werden Straßen im Stadtplan leichter gefunden.

(2) Unterstreiche im Straßenverzeichnis die Annenstraße. Suche mithilfe des Planquadrates die Straße im Plan. Kreise den Namen dort mit einem Bleistift ein. Finde auf diese Weise drei weitere Straßen und kreise die Namen im Plan ein.

Mit einem Stadtplan arbeiten (2)

(1) Male Teile der Karte farbig aus:

öffentliche Gebäude , bebaute Flächen , Wald , Wiese und Gewässer .

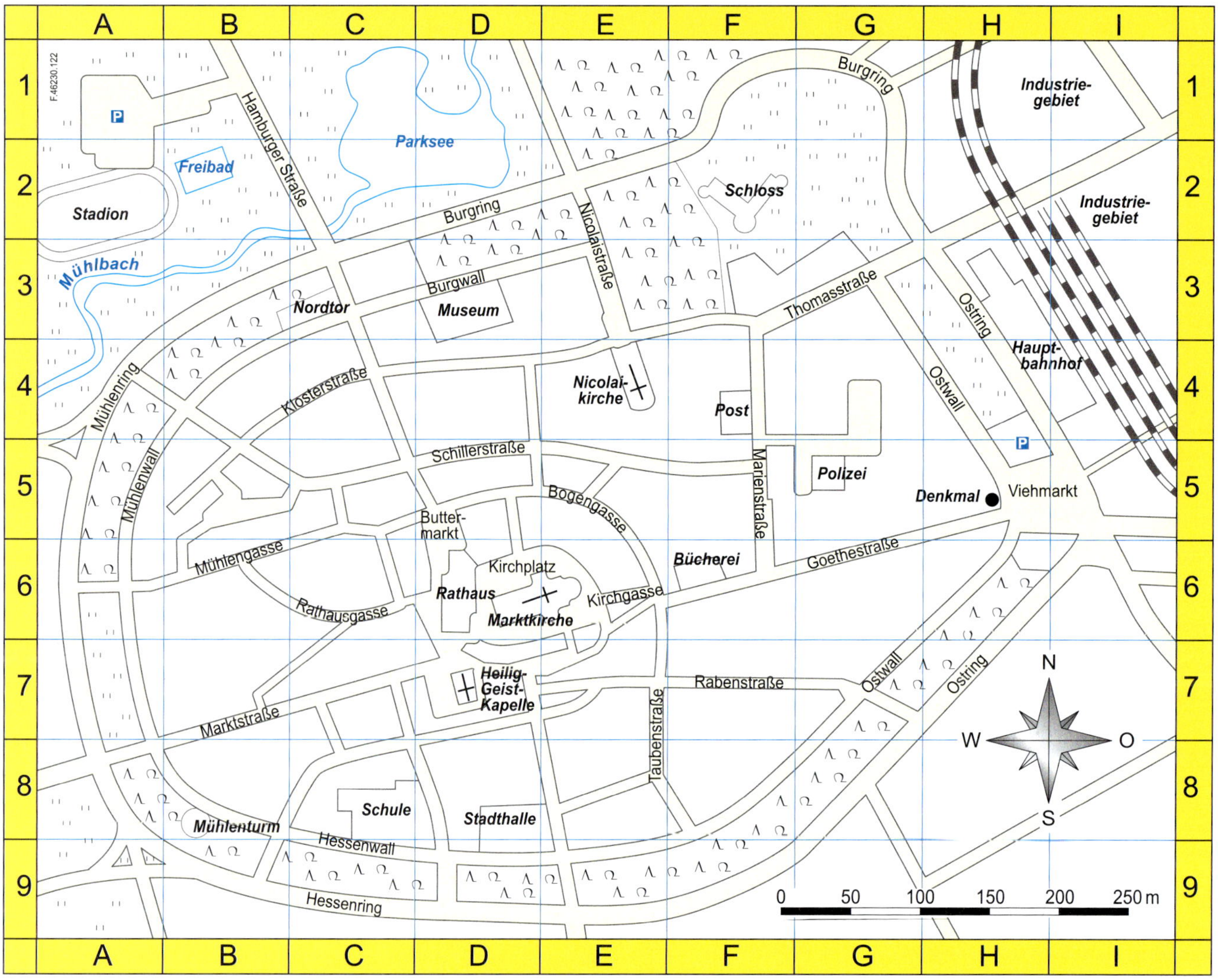

(2) Trage mithilfe des Stadtplanes in die Tabellen richtig ein.

Gebäude	Planquadrat/ Planquadrate
Rathaus	
Post	
Schloss	
Museum	

Planquadrat	Gebäude, Straßen
D5	
C9	
G5	

(3) Ermittle mithilfe des Leitermaßstabes die Entfernung zwischen Denkmal und Bücherei. Die Anleitung auf Seite 120 hilft dir dabei. ______________________

So viele Verkehrszeichen! Was bedeuten sie?

Was muss vor dem Handzeichen getan werden?

Verkehrsschilder regeln den Verkehr. Kennst du die Bedeutung dieses Verkehrsschildes?

Was muss hier für die Betriebssicherheit getan werden?

Das verkehrssichere Fahrrad

Damit dein Fahrrad vorschriftsmäßig ausgerüstet ist, müssen 10 Teile vorhanden sein.
Sie dienen der Verkehrssicherheit.

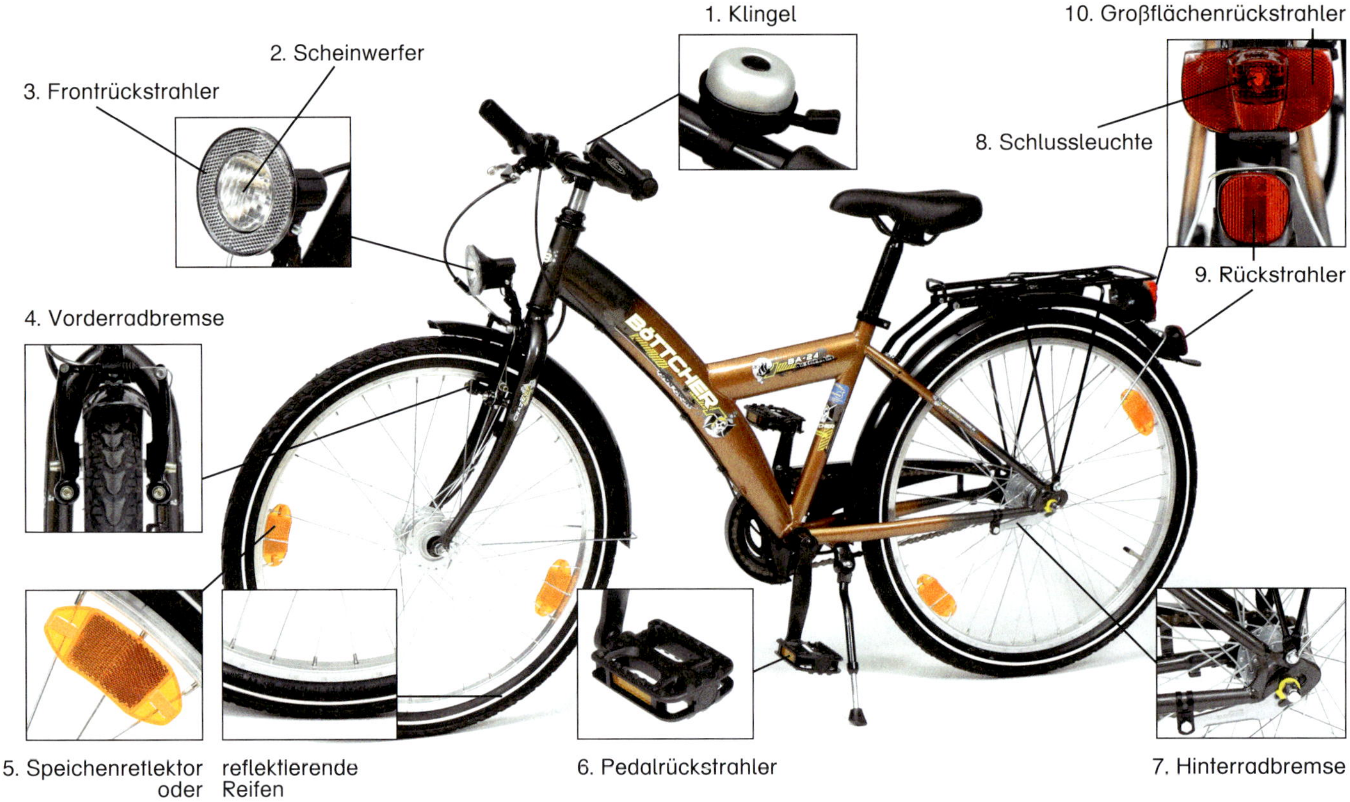

Auch die Betriebssicherheit deines Fahrrades ist wichtig. Es muss in einem guten Zustand sein und zuverlässig benutzt werden können. Das kannst du zum Beispiel selbst machen.

(1) Schneide die Bilder am unteren Rand auf Seite 125 aus, ordne sie zu und klebe auf.

Reinige dein Fahrrad regelmäßig. Vor allem Scheinwerfer, Schlussleuchte und alle rückstrahlenden Teile müssen sauber sein.

Die Kette benötigt Öl oder Fett. Sie darf nicht durchhängen.

Prüfe vor jeder Fahrt, ob alle Schrauben und Schnellspanner fest sind.

Kontrolliere die Reifen. Haben sie genügend Profil? Sind sie ausreichend aufgepumpt? Sind die Reifen ohne Risse?

Achte darauf, dass die Griffe am Lenker festsitzen und nicht beschädigt sind.

Überprüfe vor jeder Fahrt, ob Bremsen, Scheinwerfer und Schlussleuchte richtig funktionieren.

Wenn du einen Mangel an deinem Fahrrad feststellst, muss dieser gleich beseitigt werden. In manchen Fällen wirst du die Hilfe eines Erwachsenen brauchen.

Verkehrssicherheit – Betriebssicherheit

(1) An einem verkehrssicheren Fahrrad müssen zehn Dinge vorhanden sein.
Trage die richtigen Begriffe ein.

(2) Ein Fahrrad, das nicht betriebssicher ist, gefährdet die Sicherheit. Ordne die Satzteile einander richtig zu. Trage unten die Buchstaben bei der entsprechenden Nummer ein. Du erhältst ein Lösungswort, das mit Betriebssicherheit zu tun hat.

1 Wenn der Großflächenreflektor beschädigt ist,

2 Wenn der Klingeldeckel fehlt,

3 Wenn Speichenreflektoren zerbrochen sind,

4 Wenn die Kette zu sehr durchhängt,

5 Wenn die elektrische Leitung zum Scheinwerfer gerissen ist,

6 Wenn ein Griff am Lenkerende fehlt,

I kann ich im Dunkeln nach vorn schlecht sehen.

O kann man mich im Dunkeln von der Seite schlecht sehen.

P kann man mein Fahrrad im Dunkeln von hinten schlecht sehen.

L kann ich mich bei einem Sturz verletzen.

R kann ich im Notfall andere nicht warnen.

F kann sie vom Zahnrad abspringen und so einen Sturz verursachen.

	1	2	3	4	5	6
Lösungswort:						

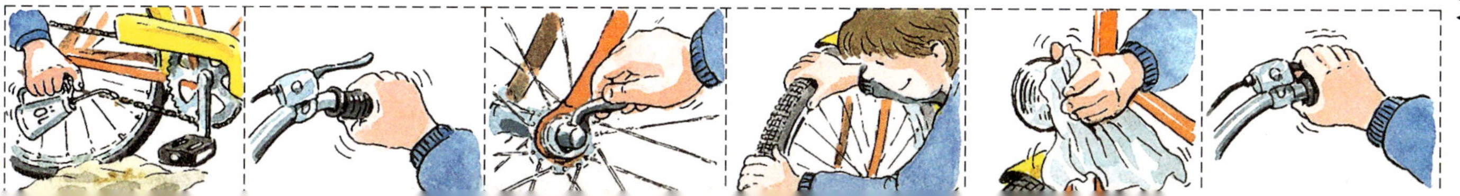

Richtiges Anfahren – Abstand halten

❶ Schiebe das Fahrrad über den Gehweg, achte auf Fußgänger und Radfahrer.

❷ Stelle das Fahrrad in Fahrtrichtung an den Fahrbahnrand, drehe ein Pedal nach oben und steige auf.

❸ Sieh dich über die linke Schulter nach hinten um.

❹ Gib danach Handzeichen.

❺ Ist die Fahrbahn frei, fahre mit beiden Händen am Lenker los und halte die Spur.

(1) Nenne die Punkte, die hier beim Anfahren zu beachten sind. Ergänze nach (1) das Überqueren der Fahrbahn.

(2) Trage die Nummern richtig in der Abbildung ein.

Anna fährt an einem haltenden Auto vorbei. Plötzlich wird die Wagentür geöffnet. Es passiert nichts, weil Anna mit genügend Seitenabstand und aufmerksam vorbeifährt.

(3) Kreuze an, was Anna zuerst macht, als die Autotür geöffnet wird.
❑ klingeln ❑ abbremsen ❑ schimpfen

Ralf fährt hinter seinem Freund her. Er hält einen Sicherheitsabstand von etwa drei Fahrradlängen ein. Die beiden fahren auf der rechten Fahrbahn. Sie achten auf den Abstand zur Bordsteinkante (etwa 50 Zentimeter).

Im Straßenverkehr gibt es unterschiedliche Verkehrszeichen, die den Verkehr regeln: Verkehrsschilder, Markierungen auf der Fahrbahn und Ampeln.

1. Suche an der Kreuzung Beispiele für die drei Arten von Verkehrszeichen.

Fußgänger haben an Überwegen Vorrang. Der Radfahrer muss anhalten und die Fußgänger gehen lassen.

2. Beschreibe das Schild, das den Vorrang für Fußgänger anzeigt.

Die Ampel leuchtet gelb. Autofahrer und Radfahrerin bremsen und halten an. Am Auto sieht die Radfahrerin zwei unterschiedliche Lichtzeichen.

3. Was bedeuteten diese Lichtzeichen?

Der Radfahrer auf der mittleren Spur hat sich falsch eingeordnet. Er wollte nach rechts abbiegen. Drei Markierungen auf der Fahrbahn und ein Verkehrsschild zeigen, dass er nun seinen Fahrstreifen nicht mehr verlassen darf. Nach der Kreuzung wird er eine Möglichkeit finden, sein Ziel zu erreichen.

4. Ordne die Zahlen 1 bis 4 den Sätzen richtig zu.

- ◯ Der Pfeil bedeutet: Auf diesem Fahrstreifen darf man nur geradeaus fahren.
- ◯ Die durchzogene Linie darf nicht überfahren werden.
- ◯ Das Verkehrsschild erlaubt das Geradeausfahren und das Linksabbiegen.
- ◯ Sperrflächen dürfen nicht befahren werden.

Verkehrszeichen

Diese Verkehrszeichen regeln die Vorfahrt.

Halt! Vorfahrt gewähren! – Vorfahrt gewähren! – Vorfahrtstraße – Vorfahrt an der nächsten Kreuzung – Kreuzung oder Einmündung mit Vorfahrt von rechts – Zusatzschild: Abknickende Vorfahrt

Diese Zeichen geben an, wie weitergefahren werden muss.

Einbahnstraße – links vorbeifahren – rechts oder geradeaus

Diese Zeichen weisen auf Verbote hin.

Verbot der Einfahrt – **Verbot** für Radfahrer – Dem Gegenverkehr Vorrang gewähren!

Zeichen für Sonderwege

Radweg – Getrennter Rad- und Fußweg – Gemeinsamer Fuß- und Radweg

Wichtige Richtzeichen

Fußgängerüberweg – Vorrang vor dem Gegenverkehr

Solche Zeichen machen auf Gefahren aufmerksam.

Baustelle – Achtung, Fußgängerüberweg! – Einseitig (rechts) verengte Fahrbahn – Unebene Fahrbahn – Bahnübergang mit Ganz- oder Halbschranken – Unbeschrankter Bahnübergang

(1) Schneide die Verkehrszeichen am unteren Rand aus, ordne sie richtig zu und klebe auf.

Ampelzeichen und Polizeibeamte

nicht fahren – fahrbereit machen – fahren – Achtung! Anhalten!

Ende der Vorfahrtstraße – Absolutes Halteverbot – Fahrtrichtung „Rechts“ – Splitt, Schotter – Fußweg – Verkehrsberuhigter Bereich

Rechts vor links

Vanessa fährt mit dem Fahrrad zur Schule.
Sie nähert sich einer Straßenkreuzung ohne Verkehrszeichen.
Deshalb gilt hier die Vorfahrtsregel „rechts vor links“.

Vanessa blickt nach rechts. Von dort kommt niemand.
Sie darf fahren.

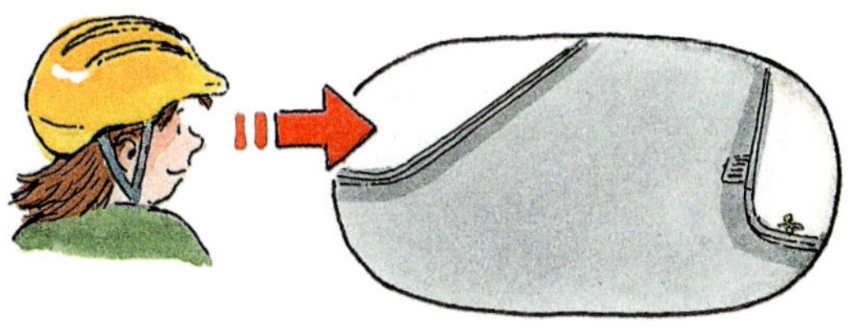

Vanessa blickt nach links. Von dort kommt ein Auto.
Es wird geradeaus weiterfahren.

(1) Woran kann Vanessa erkennen, dass der Autofahrer sie gesehen hat?

(2) Was sieht der Autofahrer, wenn er nach rechts blickt?

Der Autofahrer schaut nach rechts und bemerkt dort Vanessa.
Er bremst sein Auto ab und gewährt Vanessa Vorfahrt.
Sie fährt geradeaus weiter.
Nun kann der Autofahrer seine Fahrt fortsetzen.

Wer hat Vorfahrt?

(3) Betrachte die beiden Verkehrsszenen. Alle Fahrzeuge wollen geradeaus fahren.
Gib mit Zahlen in den Kreisen die Reihenfolge an, in der die Fahrzeuge fahren dürfen.

Verkehrszeichen regeln die Vorfahrt

Regeln Verkehrszeichen die Vorfahrt, gilt „rechts vor links" nicht. Die Zeichen „Vorfahrtstraße"

oder „Vorfahrt an der nächsten Kreuzung"

zeigen, dass du hier Vorfahrt hast.

Die Zeichen „Vorfahrt gewähren!" oder „Halt! Vorfahrt gewähren!" zeigen, dass dort die anderen Verkehrsteilnehmer Vorfahrt haben.

Diese Kombination zweier Verkehrsschilder zeigt an, dass du dich einem Kreisverkehr näherst. Du darfst nur nach rechts einfahren und musst den Fahrzeugen Vorfahrt gewähren, die bereits im Kreisel fahren. Wenn die Fahrbahn im Kreisel für dich frei ist, fährst du ohne Handzeichen nach rechts ein. Vor dem Verlassen des Kreisels musst du rechts Handzeichen geben.

(1) Stelle in jedem der fünf Bilder fest, welcher Verkehrsteilnehmer Vorfahrt hat. Male jeweils den entsprechenden Kreis farbig aus.

(2) Trage den Buchstaben in diesem Kreis in das richtige Feld des Lösungswortes ein.

	1	2	3	4	5
Lösungswort:					

Vorbeifahren an haltenden Fahrzeugen

So fährst du mit deinem Fahrrad richtig an einem haltenden Fahrzeug vorbei.

(1) Trage in der richtigen Reinfolge bei 1. bis 5. ein: **einordnen und Gegenverkehr beachten – Handzeichen links geben – mit Sicherheitsabstand vorbeifahren – über die linke Schulter umsehen – wieder nach rechts einordnen.**

Ein Lastwagen steht auf der rechten Straßenseite und versperrt den Weg. Max schaut sich um, weil nachfolgende Fahrzeuge zu einer Gefahr für ihn werden könnten.

1. ______________________________

____

Wenn sich von hinten keine schnelleren Fahrzeuge nähern, gibt Max Handzeichen, um den Spurwechsel anzukündigen.

2. ______________________________

____

Max ordnet sich zum Sichtpunkt ein, damit er am Lastwagen vorbeisehen kann. Er stellt fest, ob Gegenverkehr kommt.

3. ______________________________

____

____

Nachdem sich Max überzeugt hat, dass kein Gegenverkehr kommt, fährt er mit einem Abstand von etwa einem Meter am Lastwagen vorbei.

4. ______________________________

____

____

Wenn rechts kein Hindernis ist, gibt Max Handzeichen und ordnet sich am Fahrbahnrand ein.

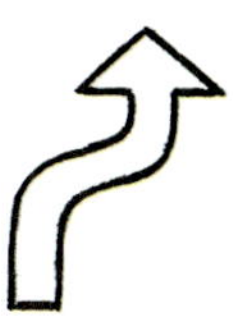

5. ______________________________

____

Verhalten an Engpässen und Baustellen

An dieser Unterführung dürfen Radfahrer weiterfahren, denn das Verkehrszeichen

bedeutet: Vorrang vor dem Gegenverkehr.

Sie müssen allerdings sehr aufmerksam und vorsichtig sein. In der dunklen Unterführung können sie schlecht von den Fahrern entgegenkommender Fahrzeuge gesehen werden.

Eine Radfahrerin nähert sich einer Baustelle. Verkehrszeichen helfen ihr dabei, sich in dieser Situation richtig zu verhalten.
Das Verkehrszeichen

bedeutet: Dem Gegenverkehr Vorrang gewähren.

Deshalb muss die Radfahrerin am Sichtpunkt vor der Baustelle warten, wenn Gegenverkehr kommt.

(1) Markiere mit einem roten Kreis den Sichtpunkt auf der Abbildung.

Eine Autofahrerin nähert sich der Baustelle von der anderen Seite. Sie sieht verschiedene Verkehrszeichen. Eines davon gibt ihr Vorrang vor dem Gegenverkehr.

(2) Zeichne die beiden Verkehrszeichen, die die Autofahrerin sieht.

(3) Schreib auf, was die beiden weiteren Verkehrszeichen bedeuten, die die Radfahrerin sieht.

 ______________________________

 ______________________________

(4) Nenne Hindernisse, die an einer Baustelle plötzlich auftauchen können.

(5) Beschreibe in fünf Sätzen, was beim Vorbeifahren an einer Baustelle zu beachten ist. Vergleiche mit dem Vorbeifahren an haltenden Fahrzeugen (Seite 131).

Linksabbiegen an einer Einmündung ohne Verkehrszeichen

Das Linksabbiegen erfordert viel Aufmerksamkeit, weil man dabei die Fahrspur anderer Verkehrsteilnehmer kreuzt. Außerdem müssen Vorfahrt und Fußgänger beachtet werden. Deshalb ist es wichtig, die einzelnen Schritte genau zu kennen.

(1) Decke die Zeichnung ab und nenne die einzelnen Schritte der Reihe nach.

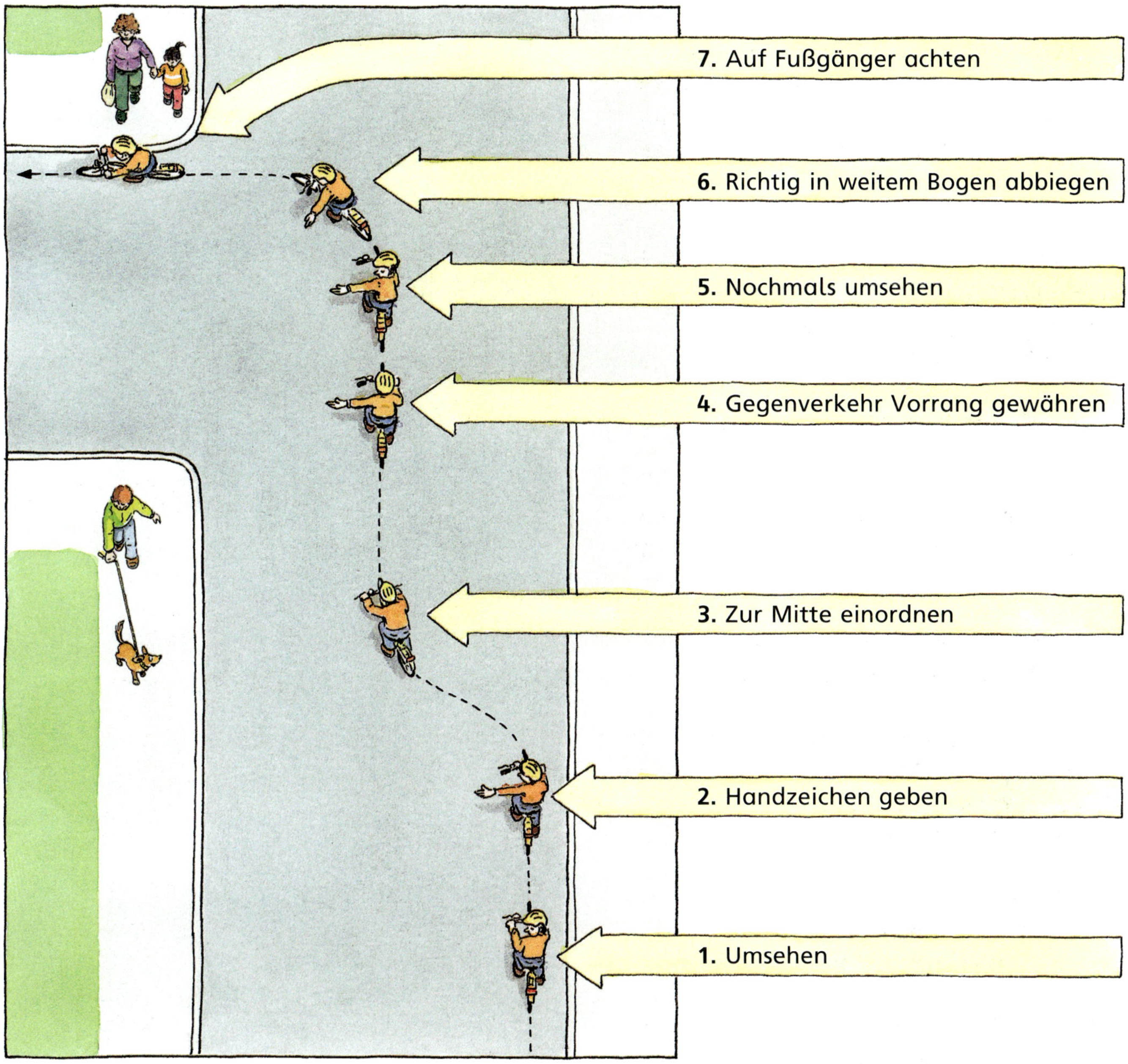

Linksabbiegen aus einer schmalen Einbahnstraße

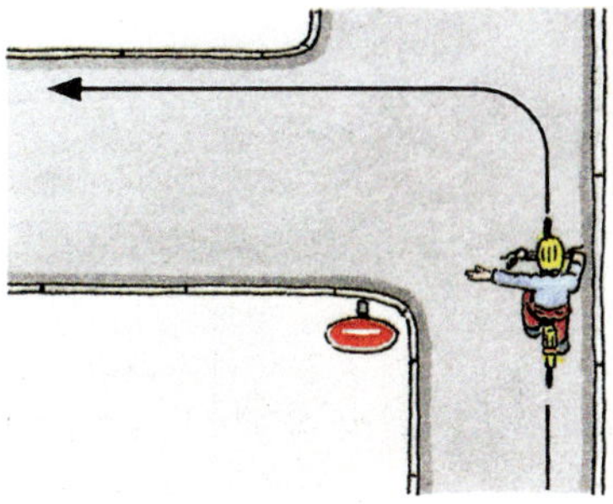

Kadir fährt in einer Einbahnstraße. Er will links abbiegen. Weil die Straße so schmal ist, darf er sich nicht zur Mitte hin einordnen. Er würde schnellere Verkehrsteilnehmer behindern. Er bleibt zum Abbiegen auf der rechten Seite.

(2) Welchen der sieben Schritte lässt Kadir aus?

(3) Nenne die sechs Schritte beim Linksabbiegen aus einer schmalen Einbahnstraße.

Linksabbiegen an einer Kreuzung ohne Vorfahrtzeichen

Das Linksabbiegen an einer Kreuzung ohne Vorfahrtzeichen erfolgt in drei Abschnitten:
A Einordnen – B Vorfahrt und Gegenverkehr – C Abbiegen. Beginne unten auf der Seite bei A.

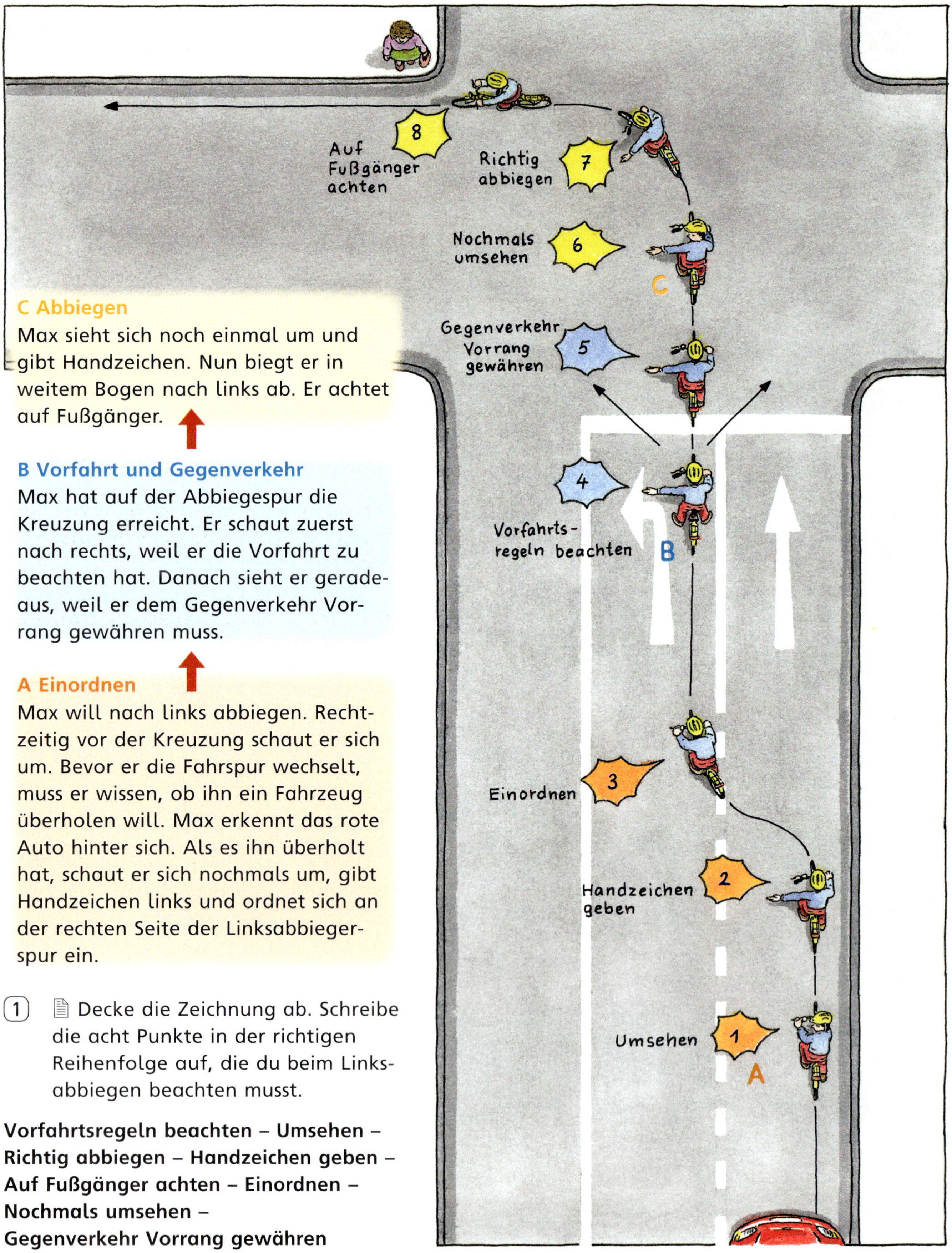

C Abbiegen
Max sieht sich noch einmal um und gibt Handzeichen. Nun biegt er in weitem Bogen nach links ab. Er achtet auf Fußgänger.

B Vorfahrt und Gegenverkehr
Max hat auf der Abbiegespur die Kreuzung erreicht. Er schaut zuerst nach rechts, weil er die Vorfahrt zu beachten hat. Danach sieht er geradeaus, weil er dem Gegenverkehr Vorrang gewähren muss.

A Einordnen
Max will nach links abbiegen. Rechtzeitig vor der Kreuzung schaut er sich um. Bevor er die Fahrspur wechselt, muss er wissen, ob ihn ein Fahrzeug überholen will. Max erkennt das rote Auto hinter sich. Als es ihn überholt hat, schaut er sich nochmals um, gibt Handzeichen links und ordnet sich an der rechten Seite der Linksabbiegerspur ein.

1 Decke die Zeichnung ab. Schreibe die acht Punkte in der richtigen Reihenfolge auf, die du beim Linksabbiegen beachten musst.

Vorfahrtsregeln beachten – Umsehen – Richtig abbiegen – Handzeichen geben – Auf Fußgänger achten – Einordnen – Nochmals umsehen – Gegenverkehr Vorrang gewähren

Linksabbiegen auf die sichere Art

... an einer Einmündung

An dieser Einmündung gibt es mehrere Möglichkeiten, nach links abzubiegen. Andrea fährt schon sehr sicher mit dem Rad. Sie benutzt die Linksabbiegerspur (Punkt A). Nachdem sie die Vorfahrt und den Gegenverkehr beachtet hat, biegt sie in weitem Bogen ab und achtet auf Fußgänger. Martin wählt einen sicheren Weg (Punkt B). Er fährt geradeaus weiter und hält dann bei Punkt C vorschriftsmäßig an. Nun schiebt er das Fahrrad über die Straße. Bei Punkt D setzt er seine Fahrt unter Beachtung der Verkehrsregeln fort.

(1) Nenne die Vorteile für Martin.

... an einer Kreuzung

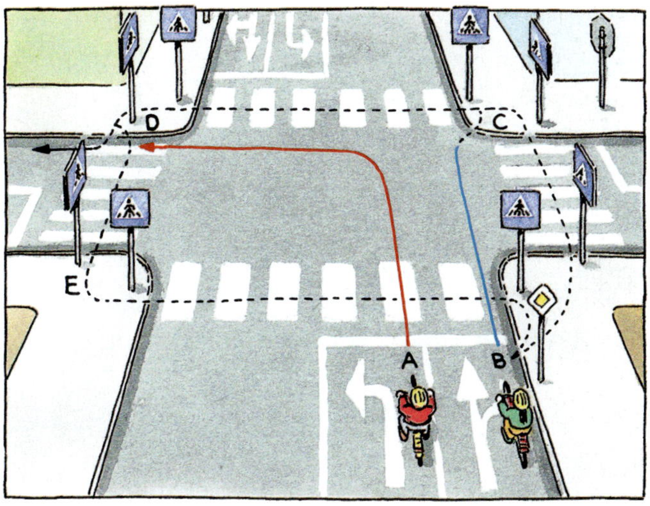

An dieser Kreuzung gibt es mehrere Möglichkeiten, nach links abzubiegen. Fabian entscheidet sich für die Linksabbiegerspur, während Svenja einen sicheren Weg wählt.

(2) Beschreibe die drei sicheren Möglichkeiten, an einer Kreuzung nach links abzubiegen.

(3) Welche Möglichkeit würdest du wählen? Begründe deine Wahl.

... aus einer Einbahnstraße

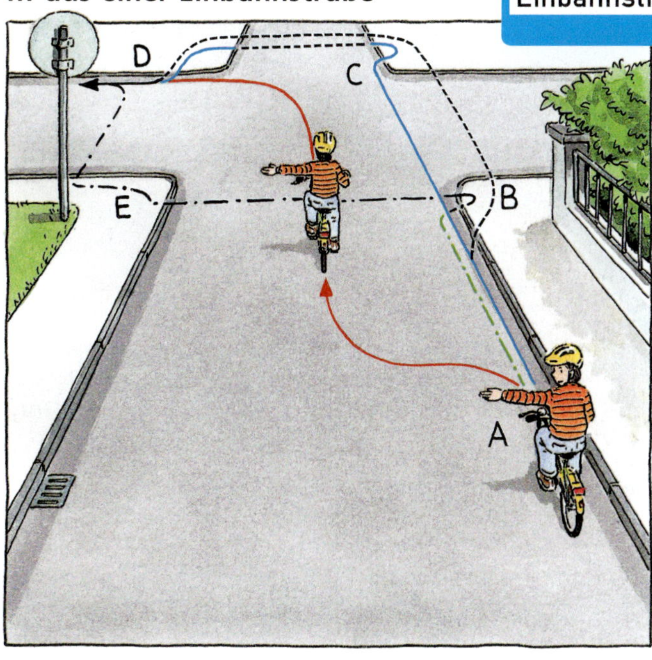

Auch in Einbahnstraßen kann man auf unterschiedliche Art nach links abbiegen.

(4) Beschreibe die vier Möglichkeiten.

(5) Entscheide dich für eine Lösung und nenne die Punkte, die der Reihe nach zu beachten sind.

Linksabbiegen – abknickende Vorfahrtstraßen

Florian fährt auf der Vorfahrtstraße und will nach links abbiegen.

Ein Zusatzschild zeigt ihm, dass es sich hier um eine abknickende Vorfahrtstraße handelt. Er gibt Handzeichen nach links und darf ohne anzuhalten weiterfahren, denn er hat Vorfahrt. Er verhält sich aber vorsichtig und achtet auf die anderen Verkehrsteilnehmer.

(1) Zeichne in die beiden Felder die passenden Verkehrszeichen.

Maren will nach links abbiegen Sie ist nicht auf der Vorfahrtstraße. Sie muss den anderen Vorfahrt gewähren.

Das Zusatzschild zeigt den Verlauf der Vorfahrtstraße. Maren gibt Handzeichen nach linkst. Ist die Vorfahrtstraße frei, biegt sie nach links ab.

(2) Zeichne in die beiden Felder die passenden Verkehrszeichen.

(3) Beschreibe eine andere Möglichkeit, hier links abzubiegen (sicheres Linksabbiegen).

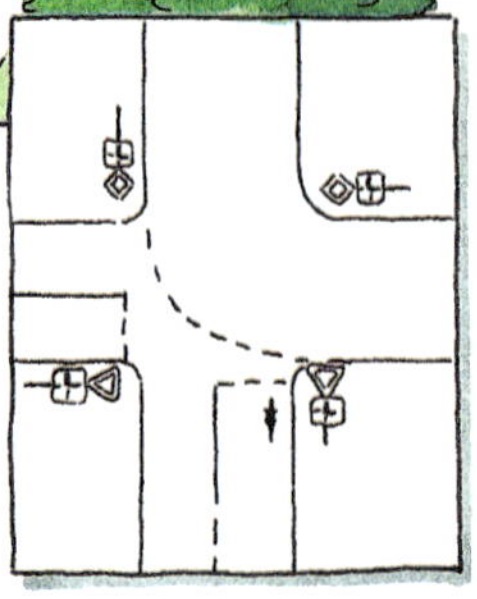

Anne will nach links abbiegen. Sie gibt Handzeichen links. Wenn die Vorfahrtstraße frei ist, biegt sie vorschriftsmäßig nach links ab.

(4) Zeichne in der Skizze mit einer Linie ein, welchen Weg Anne beim Linksabbiegen fährt, wenn die Vorfahrtstraße frei ist.

Drei Fahrzeuge befinden sich an der Kreuzung.

(5) Zeichne mit Linien ein, in welche Richtung die Fahrzeuge fahren wollen. Woran erkennst du, wohin sie fahren wollen?

(6) Welche Fahrzeuge dürfen weiterfahren ohne zu warten? Welches Fahrzeug muss warten? Begründe deine Meinung.

Ich teste mein Wissen: **Verkehr (1)**

(1) Damit du bei Dunkelheit oder schlechter Sicht besser gesehen wirst, sind einige Teile an deinem Fahrrad wichtig. Fünf sind bereits eingekreist. Zwei musst du noch einkreisen.

/2

(2) Zwei Radfahrer fahren hintereinander am Fahrbahnrand. Was müssen sie beim Sicherheitsabstand beachten. Schreibe in Stichworten auf.

a) ______________________________

____

b) ______________________________

______________________________ /2

(3) Bei welchen Verkehrszeichen musst du als Radfahrer Vorfahrt gewähren? Kreuze die richtigen Schilder an.

☐ ☐ ☐

☐ ☐ ☐ /2

(4) Was bedeutet dieses Schild für dich als Radfahrer? Kreuze an.

☐ Fußgänger und Radfahrer benutzen getrennte Wege. Deshalb kann ich ungehindert fahren.

☐ Diesen Weg benutzen Fußgänger und Radfahrer gemeinsam. Deshalb nehme ich auf Fußgänger Rücksicht. /1

(5) Du fährst auf eine Baustelle zu. Was musst du tun, bevor du dich zur Straßenmitte hin einordnest? Schreibe in Stichworten auf.

a) ______________________________

____

b) ______________________________

______________________________ /2

(6)

Wer hat hier Vorfahrt? Kreuze an.

☐ Radfahrer

☐ Autofahrer /1

Ich teste mein Wissen: Verkehr (2)

(7)

Was gilt für diesen Kreisverkehr? Kreuze an.

☐ Der Radfahrer hat Vorfahrt.

☐ Der Pkw kommt von rechts und hat Vorfahrt.

/1

(8) Jeder will geradeaus über die Kreuzung fahren. Wer darf als Letzter fahren? Kreuze an.

☐ Radfahrer

☐ Motorradfahrer

☐ Autofahrer

/1

(9)

Du möchtest hier nach links abbiegen. Schreibe in Stichworten auf, was du bei den folgenden drei Punkten zu beachten hast.

7 ______________________________

____

4 ______________________________

____

2 ______________________________

____

/3

(10)

Du willst mit dem Fahrrad nach links abbiegen. Welcher Weg ist sicherer? Zeichne diesen Weg in der Abbildung nach.

/1

(11) Welcher Radfahrer ist an der gefährlichsten Stelle? Kreuze an.

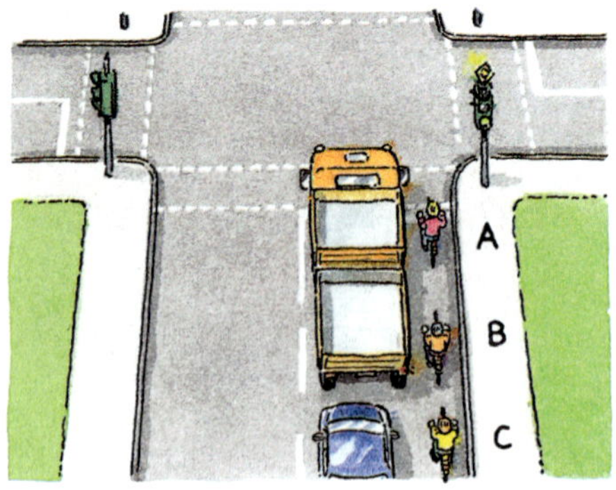

☐ A

☐ B

☐ C

/1

Auswertung: Male für jedes richtige Kreuz und für jede richtige Antwort ein Kästchen an. Beginne vorn.

Mein Wissen zum Verkehr ist richtig gut.																	
Mein Wissen zum Verkehr ist gut.																	
Mein Wissen zum Verkehr ist noch nicht so gut.																	

 Name:

Gesellschaft

Ein Klassensprecher kann in offener und geheimer Wahl gewählt werden. Kannst du die Unterschiede nennen?

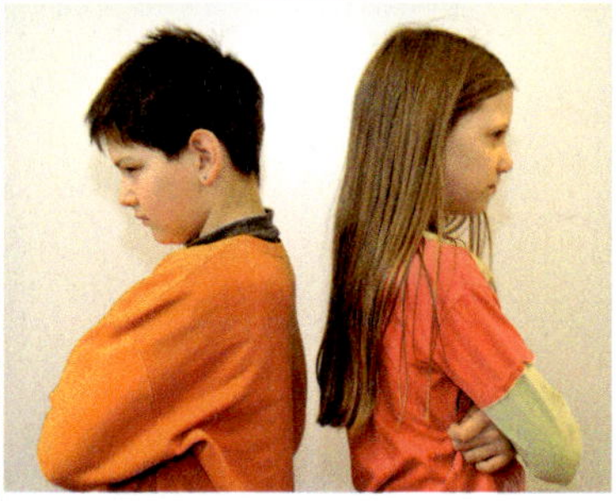

Im Zusammenleben von Menschen kommt es zu Konflikten. Welche Hilfen und Lösungswege kennst du?

Manchmal finden die Jungen die Mädchen blöd und umgekehrt. Dann mögen sich Mädchen und Jungen wieder sehr. Wie erklärst du dir diese Wechsel der Gefühle?

Computer werden in sämtlichen Bereichen des Alltags eingesetzt. Das Internet dient als Informationsquelle. Wozu dient es uns noch?

Mein Lerntagebuch: Gesellschaft

Thema	begonnen am	beendet am
Was mir am Thema gefallen / nicht gefallen hat.		
Was ich gelernt habe. Was ich nicht verstanden habe.		

Fülle die Zeilen gemäß der Überschriften im oberen Kasten aus.
Wenn der Platz nicht reicht, kannst du auch ein Extrablatt (die Kopiervorlage) für die einzelnen Themen benutzen.

Zuneigung, Zärtlichkeit, Liebe (1)

In einer Klasse wurde über Zuneigung, Zärtlichkeit und Liebe gesprochen. Alle Kinder sammelten Bilder zu diesem Thema. Es entstand ein Plakat.

Wenn man einen anderen so lieb hat, dass man gar nicht mehr ohne ihn sein möchte, dann ist es Liebe. Diese Erklärung fanden alle passend.

(1) Schaut euch die Fotos an und beschreibt sie.

(2) Bringt Fotos mit und erzählt dazu.

In jedem Alter können Menschen lieben. Auch kleine Kinder lieben schon. Zuerst lieben Kinder ihre Eltern. Später vielleicht den Bruder oder die Schwester, einen Freund oder eine Freundin. Jugendliche verlieben sich ineinander. Manchmal werden sie ein Liebespaar. Erwachsene, die sich lieben, leben meistens zusammen und sind füreinander da.

(3) Wie zeigen sich junge und alte Menschen ihre Liebe?

(4) Welches Foto gefällt dir am besten? Begründe deine Wahl.

Zuneigung, Zärtlichkeit, Liebe (2)

(1) Ergänze im Text folgende Wörter:
Anziehungskraft – Eizelle – Gebärmutter – Kind – lieben – nah – Samenflüssigkeit – Samenzelle – schönes Gefühl – wachsen.

Wenn ein Mann und eine Frau sich l __________ entsteht zwischen ihnen eine große A ______________________________.
Manchmal wollen sie sich ganz n ____ sein und sich am ganzen Körper spüren. Sie küssen und streicheln sich.
Dabei wird das Glied des Mannes steif und richtet sich auf.

Bei der Frau wird die Scheide feucht. Es ist für beide ein s c h __________ G __________, wenn das Glied in die Scheide gleitet und sie sich hin und her bewegen. Nach einer Weile fließt aus dem Glied Samenflüssigkeit in die Scheide.

Wenn ein Mann und eine Frau sich so lieben, sagt man, sie schlafen miteinander oder sie haben Geschlechtsverkehr.

In der S ______________________________ schwimmen Millionen von Samenzellen. Sie werden in den Hoden des Mannes gebildet.

Beim Geschlechtsverkehr gelangen sie durch die Samenleiter und das Glied in den Körper der Frau. Dort bewegen sich die Samenzellen durch die G ____________________ zu den beiden Eileitern. Am Ende jedes Eileiters ist ein Eierstock. Dort reift jeden Monat eine Eizelle. Diese verlässt den Eierstock.

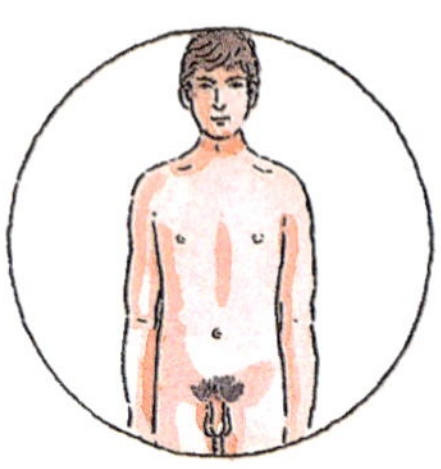

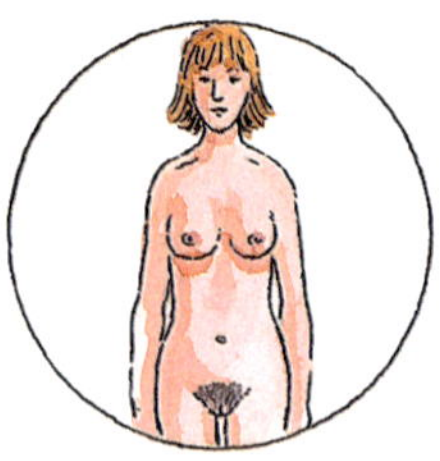

Wenn die Eizelle mit einer S ______________ zusammentrifft, können sie miteinander verschmelzen. Die E __________ ist dann befruchtet. Sie setzt sich in der Gebärmutter fest und beginnt zu w ______________.

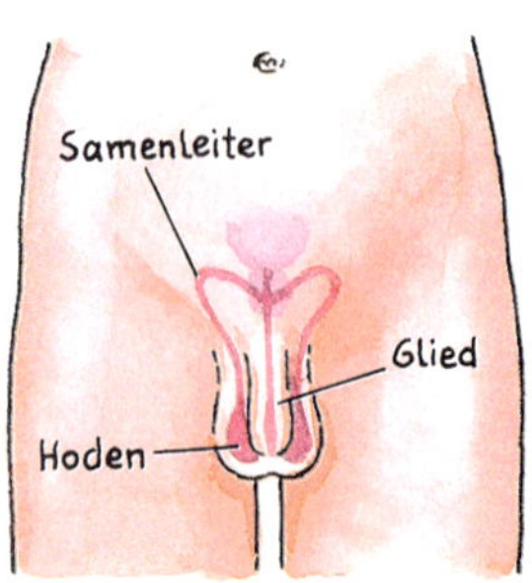

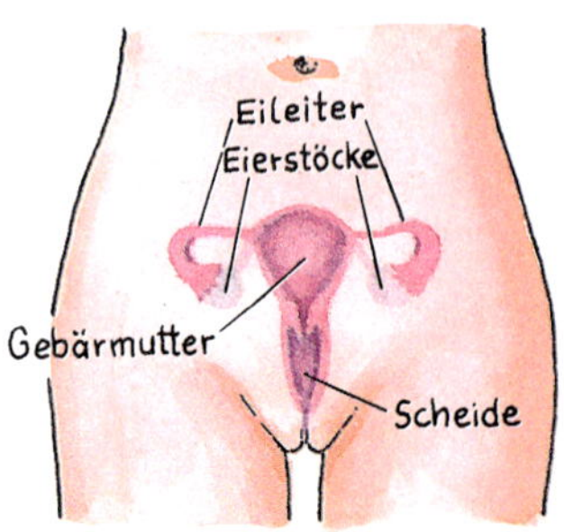

In den folgenden neun Monaten entwickelt sich daraus ein K __________.

Mädchen und Jungen entwickeln sich

Wenn du älter wirst, veränderst du dich. Auch die Beziehungen zu den Menschen um dich herum verändern sich. Andere in deinem Alter erleben etwas Ähnliches. Und alle, die dir jetzt alt vorkommen, haben in ihrer Jugend solche Erfahrungen gemacht.
Wenn du jetzt launisch oder traurig bist, dann mach dir keine Sorgen. Es ist auch normal, dass du dich selbst und andere nervst. Du bist in der Pubertät. Das ist die Zeit, in der der Übergang vom Kind zum Erwachsenen stattfindet.

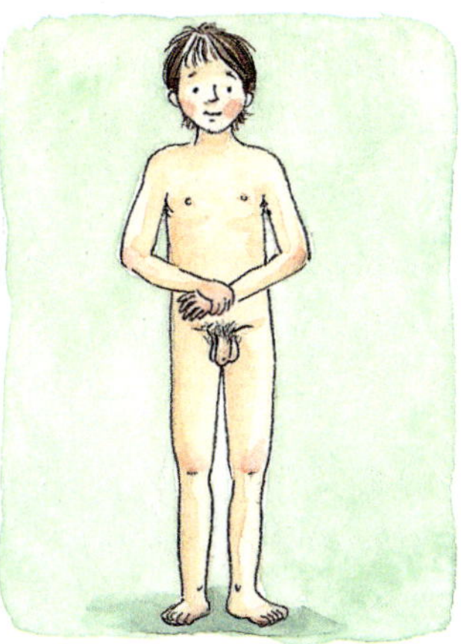

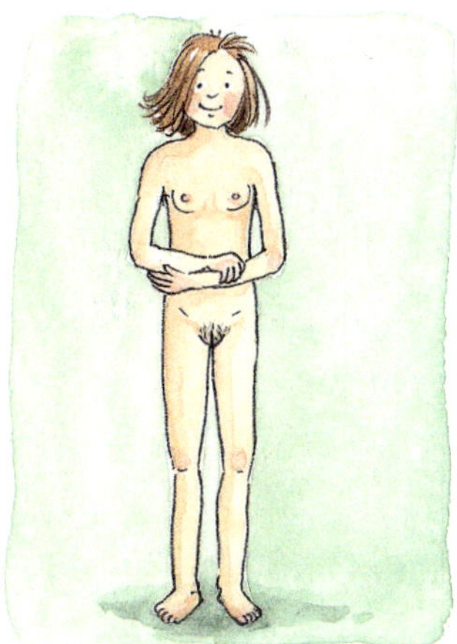

Bei einem Jungen wird die Stimmer tiefer und die ersten Barthaare sind zu sehen. Auch in den Achselhöhlen und oberhalb des Gliedes wachsen Haare.
Mädchen werden in der Pubertät fraulicher und die Brust entwickelt sich. In den Achseln und an der Scheide wachsen Haare. Alle vier Wochen bekommen Mädchen und Frauen ihre Monatsblutungen.

In der Pubertät verändert sich die Beschaffenheit der Haut. Daher solltest du dich täglich gründlich waschen oder duschen.
Es ist normal in den Achselhöhlen zu schwitzen, vor allem, wenn man Sport treibt oder aufgeregt ist. Schweiß muss täglich durch Waschen entfernt werden. Ein Deodorant kann das Waschen nicht ersetzen.

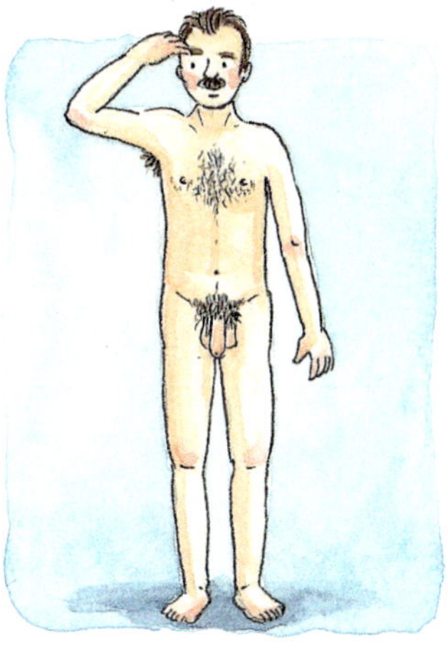

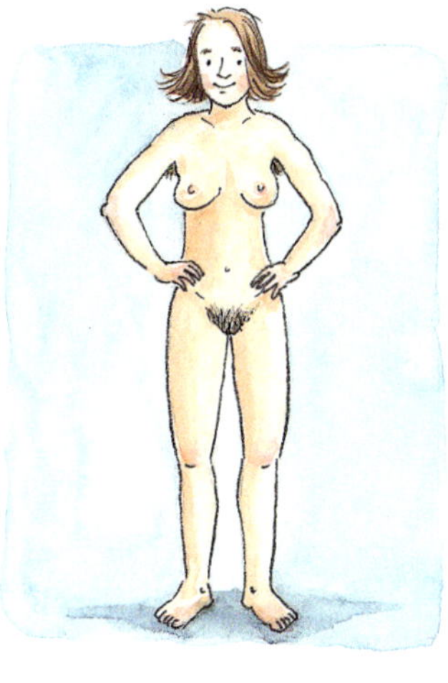

Viele Jugendliche haben auch Probleme mit Pickeln. Du brauchst Geduld, um herauszufinden, was das Beste für deine Haut ist.

(1) Unterstreiche die Veränderungen bei Jungen und Mädchen mit unterschiedlichen Farben.

Das bin ich

Hier kannst du ein Foto einkleben.

Mein Name: ______________________

____

Mein Geburtstag: ______________________

Meine Augenfarbe: ______________________

Hier kannst du ein Foto einkleben.

Das bin ich am: ______________________

Meine Größe: ______________________

Meine Schuhgröße: ______________________

Meine Haarfarbe: ______________________

Meine Lieblingsfarbe: ______________________

Mein Lieblingssport: ______________________

Mein Lieblingsspiel: ______________________

Mein Lieblingsbuch: ______________________

Mein Lieblingstier: ______________________

Meine Hobbys: ______________________

Mein bester Freund: ______________________

Meine beste Freundin: ______________________

Mein Traumberuf: ______________________

Das ist besonders an mir: ______________________

____

____

____

Das bin ich am: ______________________

Meine Größe: ______________________

Meine Schuhgröße: ______________________

Meine Haarfarbe: ______________________

Meine Lieblingsfarbe: ______________________

Mein Lieblingssport: ______________________

Mein Lieblingsspiel: ______________________

Mein Lieblingsbuch: ______________________

Mein Lieblingstier: ______________________

Meine Hobbys: ______________________

Mein bester Freund: ______________________

Meine beste Freundin: ______________________

Mein Traumberuf: ______________________

Das ist besonders an mir: ______________________

____

____

____

(1) Fülle die erste Spalte aus. Die zweite Spalte bearbeitest du etwa ein Jahr später. Vergleiche deine Angaben. Was hat sich in dieser Zeit bei dir verändert?

Jungen und Mädchen (1)

Wie machst du dich hübsch?

Womit spielst du?

Wie nutzt du den Computer?

Welche Sportart betreibst du?

Wie beschäftigst du dich
in deiner Freizeit?

Jungen und Mädchen (2)

(1) Fasst die Ergebnisse von Seite 145 von euer Klasse zusammen und notiert sie.

(2) Tragt weitere Beispiele ein.

(3) Vergleicht die Ergebnisse der Mädchen mit denen der Jungen.

	Mädchen	Jungen
Wie machst du dich hübsch? 		
– mit Nagellack		
– mit Haargel		
–		
–		
Womit spielst du? 		
–		
–		
–		
Wie nutzt du den Computer? 		
–		
–		
–		
Welche Sportart betreibst du? 		
–		
–		
–		
Wie beschäftigst du dich in deiner Freizeit? 		
–		
–		
–		

Fass mich nicht an!

Tine hat ein Problem: Sie hat einen Onkel, den sie sehr mag. Er ist immer lustig und versteht viel Spaß. Wenn er zu Besuch kommt, tobt er mit Tine. Oder sie bauen gemeinsam in ihrem Zimmer Höhlen. Das findet Tine toll.
Es gefällt ihr aber gar nicht, dass ihr Onkel so oft mit ihr schmusen will. Das hat sie ihm auch schon gesagt. Doch er antwortete: „Wenn du nicht mit mir schmusen willst, dann spiele ich nicht mehr mit dir."
Tine weiß nicht, was sie machen soll. Sie hat deswegen schon Bauchschmerzen.

(1) Sprecht über die Geschichte.

(2) Überlegt verschiedene Möglichkeiten, wie Tine ihr Problem lösen kann.

Dirk genießt es, wenn sein Vater Zeit für ihn hat und sie miteinander kuscheln. Dann ist er seinem Vater ganz nah. Er fühlt sich geborgen.
Dirk hasst es aber, wenn ihn jemand durchkitzelt oder so fest an sich drückt, dass er nicht mehr atmen kann. Er findet es eklig, wenn er einen feuchten Kuss bekommt. Dann sagt er laut und deutlich: „Lass das! Fass mich nicht an! Ich will das nicht!"

(3) Wie können sich die Kinder verhalten? Spielt beide Szenen nach.

„Nein“ sagen

„Nein“ sagen kannst du üben.

- Stelle dich mit geschlossenen Beinen vor einen Partner.
- Halte die Arme eng an den Körper gepresst.
- Ziehe deinen Kopf etwas ein und schaue nach unten.
- Sage leise: „Nein, lass das.“

- Stelle dich nun gerade und aufrecht hin.
- Stemme deine Hände in die Hüften.
- Schau deinem Partner gerade in die Augen.
- Rufe mit lauter und fester Stimme: „Nein, lass das!“

(1) Wie fühlst du dich, wenn du schüchtern bist?

(2) Wie fühlst du dich, wenn du stark bist?

____

____

____

____

____

____

____

____

____

____

(3) Schreibe auf, wie sich das Kind verhält.

(4) Schreibe auf, wie sich dieses Kind verhält.

Mutig und stark wie ein Löwe

1. Setze dich auf die Fersen und halte den Rücken und die Arme gestreckt.
2. Lege die Hände auf die Knie und schließe die Augen.
3. Hole nun durch die Nase tief Luft und atme dann – plötzlich – durch den weit geöffneten Mund wieder aus. Strecke dabei die Zunge heraus, spreize die Finger und reiße die Augen auf. Versuche, wie ein Löwe zu brüllen.

Einen Ausflug planen

Die Kinder haben bei der Planung eines gemeinsamen Ausflugs viele Ideen. Die Vorschläge werden gesammelt und aufgeschrieben.

1. Finde Ausflugsziele in deiner Umgebung. Trage in die Sprechblasen Stichwörter für deine Vorschläge ein.

2. Wähle von deinen Vorschlägen zwei Beispiele aus. Begründe, warum diese Ausflugsziele für eine Schulklasse besonders geeignet sind.

Die offene Abstimmung

Die Kinder wollen herausfinden, welches Ausflugsziel am beliebtesten ist. Dazu führen sie eine **offene Abstimmung** durch. Jeder darf sich einmal melden und so seine Stimme bei der Wahl abgeben. Wer sich nicht entscheiden kann, darf sich enthalten und gar nicht melden.

Nacheinander zeigt der Wahlleiter auf jeden Vorschlag an der Tafel. Wer dafür ist, meldet sich. Die Stimmen werden gezählt und notiert.

Nach dieser Abstimmung haben zwei Ziele gleich viele Stimmen erhalten. Dieses Ergebnis hilft nicht weiter. Zur Entscheidung muss eine **Stichwahl** durchgeführt werden.

Die Kinder können nun nur noch zwischen den beiden stimmgleichen Zielen wählen. Es wird nacheinander abgefragt und ausgezählt, wie viele Kinder sich melden. Nun gibt es ein klares Ergebnis. Es steht fest, welches Ziel die Mehrheit der Kinder wünscht.

(1) Nenne die Vorteile oder Nachteile einer offenen Abstimmung.

(2) Diskutiert darüber, warum nicht alle Abstimmungen offen durchgeführt werden.

Einen Klassensprecher wählen

Die dritte Klasse hat beschlossen, einen Klassensprecher oder eine Klassensprecherin zu wählen. Vier Kinder stellen sich zur Wahl.

Sie sagen:

Timo

Lisa

Pia

Murat

(1) Welche Aufgaben hat ein Klassensprecher? Diskutiert die Aussagen der vier Kinder.

(2) Welche Eigenschaften sollte ein Klassensprecher haben?

Die vier Kinder möchten gern gewählt werden. Sie sind alle überzeugt, dass sie gute Klassensprecher wären. Alle vier stellen den Mitschülern vor, was sie als Klassensprecher tun wollen.
So eine begründete und überzeugende Aussage nennt man ein Argument.

Die Kinder wählen in **geheimer Abstimmung** nach demokratischen Wahlregeln.
Bei einer demokratischen Wahl werden Vorschläge auf Stimmzetteln angekreuzt. Man hat ein Wahlrecht, ist aber nicht gezwungen zu wählen. Die Wähler entscheiden frei und geheim, was sie ankreuzen. Alle Stimmzettel kommen in eine Wahlurne. Unter Aufsicht wird das Ergebnis ausgezählt. Gewonnen hat der Vorschlag, der die meisten Stimmen bekommen hat. Dies Ergebnis müssen alle anerkennen, auch wenn sie selbst anders gewählt haben.

(3) Schreibe zu jedem Bild den richtigen Begriff.

Das braucht man für eine geheime Wahl:
Auszählung – Kandidaten – Stimmzettel – Wahlkabine – Wahlurne.

____

____

____

____

____

Werkstatt

Die geheime Abstimmung

Ablauf einer geheimen Abstimmung:

1 Damit bei der Wahl alles richtig gemacht wird, gibt es den **Wahlleiter**. Wer die Wahl leitet, darf mitwählen aber nicht Kandidat sein.

2 Wer sich bei einer Wahl wählen lassen möchte, ist Kandidat. Auch **Kandidaten** dürfen mitwählen.

3 Jeder Wahlberechtigte erhält einen **Stimmzettel** mit den Namen der Kandidaten. Man wählt durch Ankreuzen.

4 Hinter einem Sichtschutz, der **Wahlkabine**, kann man unbeobachtet sein Kreuz auf dem Stimmzettel machen.

5 Die **Wahlurne** ist ein Sammelbehälter für abgegebene Stimmzettel.

6 Wenn die Wahl beendet ist, wird die Wahlurne geleert. Bei der **Auszählung** werden die Stimmzettel vorgelesen und die Stimmen gezählt.

7 Wenn alle Stimmen ausgezählt sind, steht das **Wahlergebnis** fest. Wer die meisten Stimmen hat, ist der Gewinner.

(1) Lies die Texte über den Ablauf einer geheimen Abstimmung. Fülle den Lückentext aus.

Gestern haben wir den Klassensprecher gewählt. Timo, Lisa, Murat und Pia hatten sich als ____________ gemeldet.

Jan überwachte die Wahl als ____________. Er gab jedem Kind einen ____________. Damit gingen wir einzeln in die ____________ und kreuzten einen Namen an. Den gefalteten Zettel warfen wir in die ____________.

Als alle gewählt hatten, begann die ____________. Jan las die Namen vor und Anna führte eine Strichliste an der Tafel.

Dann stand das ____________ fest. Pia hatte die meisten Stimmen erhalten. Sie ist nun unser Klassensprecherin.

Umgang mit Konflikten (1)

Wenn Kinder zusammen sind, kann es vorkommen, dass ein Streit entsteht. Das ist ganz normal und kein großes Problem. Schwierig wird es nur, wenn die Kinder nicht nach fairen Regeln streiten, sondern schlimme Fehler machen. Dann kann aus einem einfachen Streit ein großer Konflikt werden.
Das Wort Konflikt kommt aus der lateinischen Sprache und bedeutet Aufprall. Meinungen, Verhalten und Gefühle prallen aufeinander. Es kommt zu Ärger, Wut, sogar zu Verletzungen und Schmerzen. Dadurch ist es nicht leicht, sich wieder zu versöhnen.

Wie unüberwindliche Hindernisse stehen die falschen Verhaltensweisen einer Versöhnung im Wege.
Wer nicht möchte, dass ein Streit zum Konflikt wächst, muss das Verhalten vermeiden, das auf den Hindernissteinen notiert ist.

1. Lies dir durch, welche Verhaltensweisen einen Streit zum Konflikt werden lassen. Trage auf den Steinen ein, was noch dazu beitragen kann.
2. Berichte von Streitgeschichten, die du erlebt hast. Welche Hindernisse standen im Weg?
3. Wie gelang es, sich wieder zu vertragen?

Umgang mit Konflikten (2)

Wenn ein Konflikt besteht und die Hindernisse nicht aus dem Weg geräumt werden können, entsteht ein Zwiespalt. Das Wort bedeutet „in zwei Stücke gespalten" und meint, dass man getrennt voneinander ist.
Selbst ein großer Zwiespalt lässt sich wieder beseitigen. Je nach Situation kann das richtige Verhalten voneinander getrennte Kinder wieder zusammenführen.

1. Lies, durch welches Verhalten ein Konflikt gelöst werden kann. Trage ein, was noch dazu beiträgt.
2. Erzähle von einem erfolgreich beendeten Konflikt, den du erlebt hast. Welche Brücken waren hilfreich?

Diese Sätze hört man bei Streit oft. Manche Sätze helfen, den Zwiespalt zu überbrücken, manche vertiefen ihn nur:

A) Entschuldige bitte.
B) Immer willst du alles bestimmen!
C) Es tut mir leid.
D) Nie bin ich dran!
E) Du hast angefangen!
F) Ich wollte dir nicht wehtun.
G) Wenn wir miteinander reden, habe ich das Gefühl, du hörst mir nicht zu.
H) Du verstehst überhaupt nichts!

3. Zeichne eine Tabelle und ordne die Sätze von oben dort ein. Finde für beide Spalten weitere Beispiele.

Hilfreiche Sätze	Schädliche Sätze

Konflikte selbst lösen

(1) Schneide und falte ein doppeltes Faltbuch nach der Anweisung auf Seite 156.

Konflikte selbst lösen

Beispiele für ein Gespräch!

(1)

Ansprechen

(2)

Gesprächsregeln

Diese Regeln gelten:

1. Wir beschimpfen uns nicht.

2. Wir lassen uns ausreden.

– Bist du damit einverstanden?

(3)

Probleme nennen

- *Ich bin wütend, weil du …*
- *Ich ärgere mich, dass du …*
- *Ich werde unsicher, wenn du …*
- *Ich fühle mich beleidigt, wenn du …*
- *Ich habe Angst, wenn du …*

(4)

Anhören

- *Was sagst du dazu?*
- *Ich höre zu.*

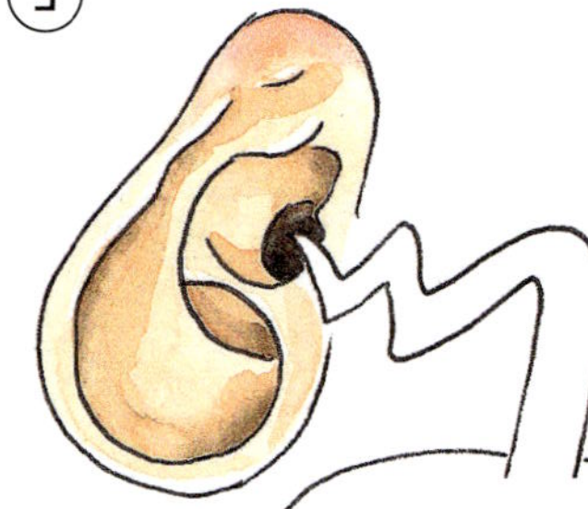

(5)

Nachfragen

- *Ich habe nicht verstanden, was du …*
- *Erkläre mir genauer, was du …*

(6)

Lösungen finden

- *Für eine Lösung stelle ich mir vor, dass ich …*
- *Ich wünsche mir, dass du …*

- *Was meinst du dazu?*

(7)

Beenden

- *Bist du einverstanden?*
- *Sind wir uns jetzt einig?*
- *Wollen wir uns darauf die Hand geben?*

(8)

Kinder können einen Konflikt oft selbst lösen. Sie müssen dazu miteinander sprechen.
Wie dieses Gespräch erfolgreich abläuft, zeigt das doppelte Faltbuch.
Die eine Faltung zeigt den Weg, einen Konflikt selbst zu lösen. In der anderen Faltung sind Beispiele für das Gespräch gegeben.

✂ ---------- mit der Schere ausschneiden/einschneiden; ———— diese Linie falten.

Werkstatt

Konflikte selbst lösen

1

Konflikte selbst lösen

Auf diesem Weg gelingt es!

2

Sprich den anderen / die andere an.

Frage, ob ihr jetzt über das Problem reden könnt.

3

Klärt die Regeln für das Gespräch:
- keine Beschimpfung,
- Ruhe bewahren,
- zuhören,
- ausreden lassen.

4

Sage mit Ich-Sätzen, wie du das Problem erlebt hast.

5

Bitte den anderen (die andere), aus seiner (ihrer) Sicht etwas dazu zu sagen.

6

Höre gut zu und frage, wenn du etwas nicht verstanden hast.

7

Redet darüber, wie es weitergehen soll.

Sagt beide, was ihr euch als Lösung wünscht oder dazu beitragen wollt.

8

Einigt ihr euch?

Ja – dann gebt euch die Hand.

Nein – dann verabredet für später noch mal ein Gespräch.

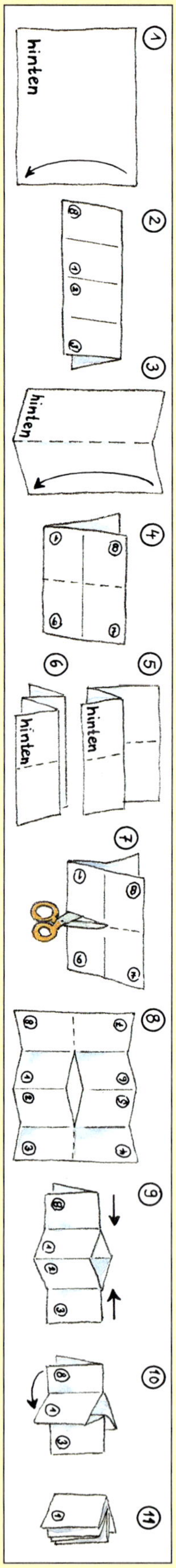

Computerkurs

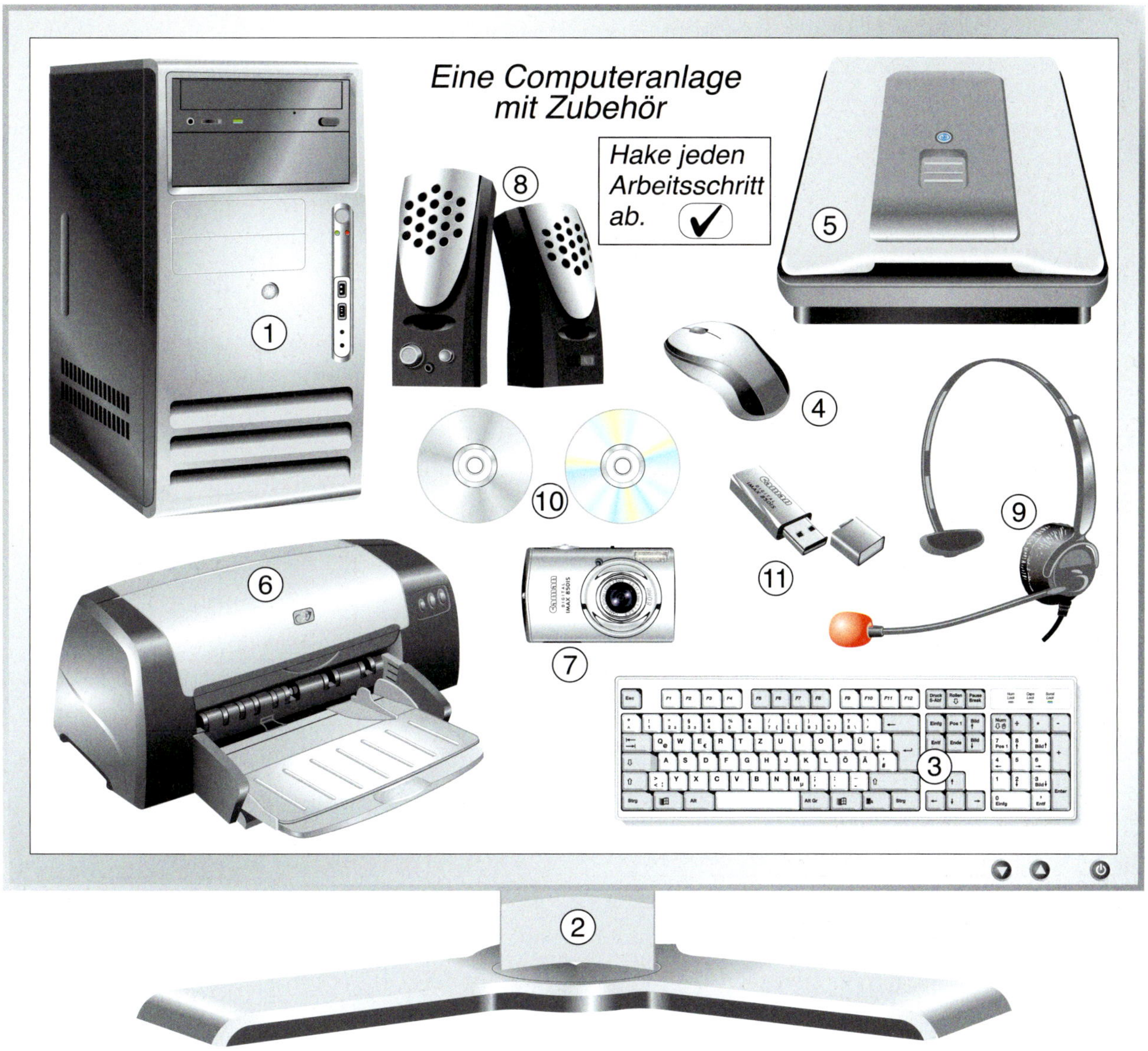

(1) Ordne die Begriffe den Teilen dieser Computeranlage zu:
CD/DVD – Computer (PC) – Datenstick – Digitalkamera – Drucker – Kopfhörer – Lautsprecher (Box) – Maus – Monitor (Display) – Scanner – Tastatur.

① ______________________ ⑦ ______________________

② ______________________ ⑧ ______________________

③ ______________________ ⑨ ______________________

④ ______________________ ⑩ ______________________

⑤ ______________________ ⑪ ______________________

⑥ ______________________

(2) Beschreibe die Aufgaben, für die du einen Computer nutzt.

Der Computer-Arbeitsplatz

Esc (Escape = Abbruch)
Taste zum Unterbrechen oder Abbrechen von Aktionen

F1 – F12 (Funktionstasten)
Tasten, die in Programmen Sonderfunktionen übernehmen.

Sondertaste Druck
Die Taste speichert die aktuelle Ansicht im Zwischenspeicher.

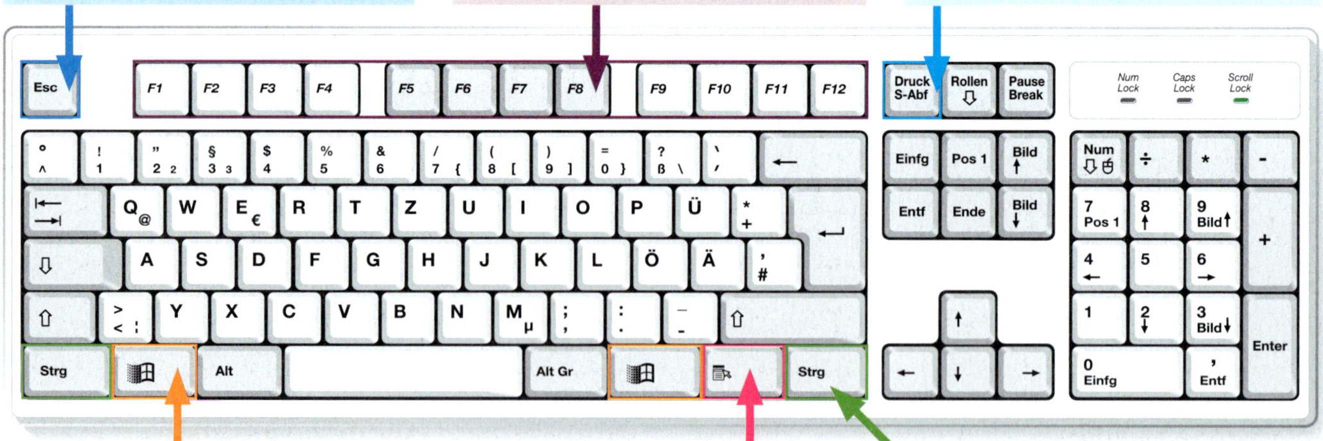

Windows-Taste (Startmenü)
Die Taste ruft das Startmenü auf (genau wie **Strg** *und* **Esc***).*

Kontextmenü
Die Taste öffnet zur aktuellen Aktion passende Hilfsmenüs.

Strg (Steuerung)
Mit einer weiteren Taste wird eine Funktion ausgeführt.

(1) Starte den Computer (PC) und den Monitor. Drücke dazu die Netzschalter. ☐

(2) Wie sieht dein Arbeitsplatz aus? Vergleiche mit dem Monitorbild auf dieser Seite. ☐

(3) Probiere einzelne Tasten aus. Starte und beende ein Programm. Schalte den PC aus. ☐

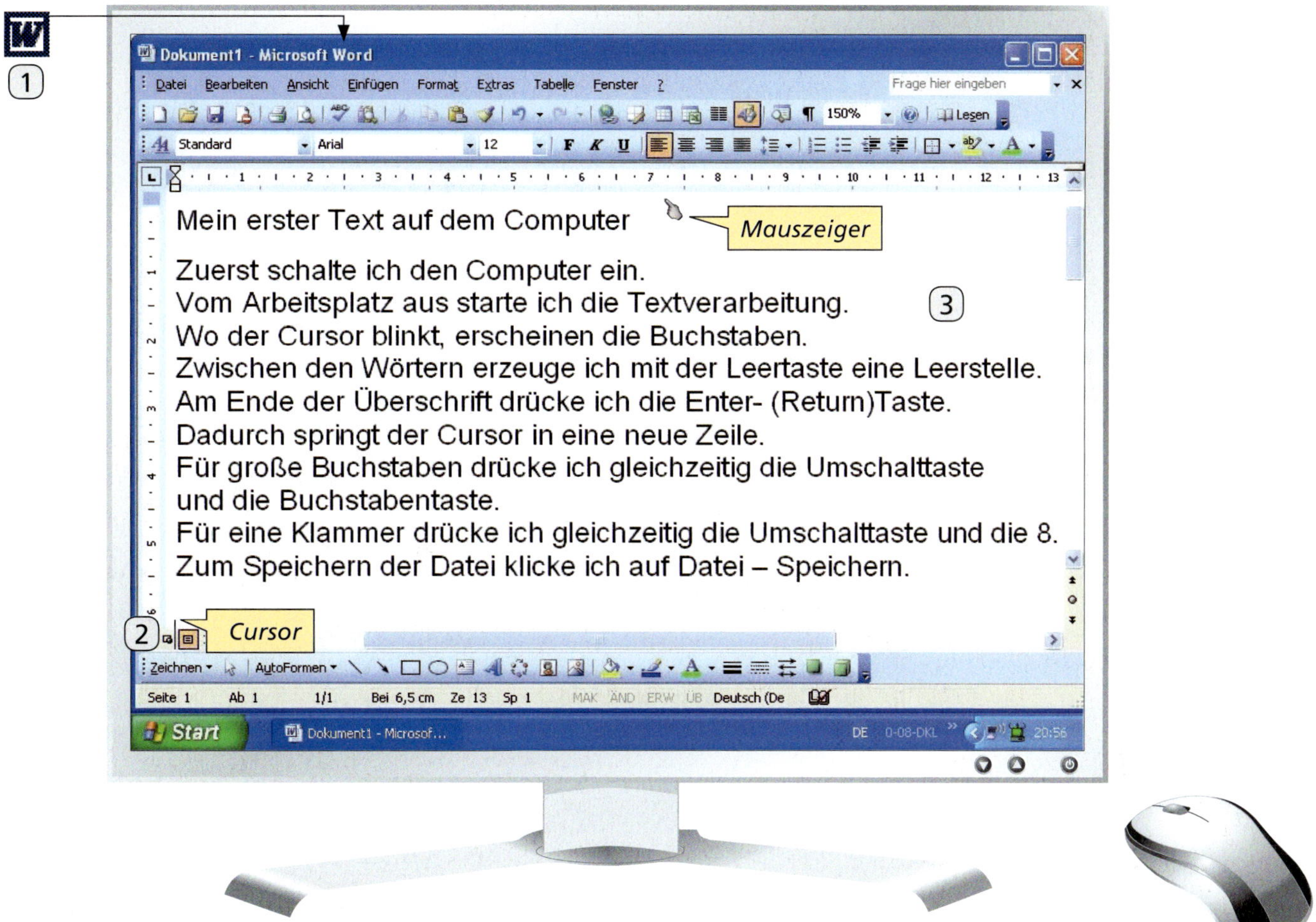

Tab-Taste (Tabulator)
Bewegen den Cursor zum nächsten Tabulator.

Umschalttaste (Shift)
Taste plus Buchstabe erzeugt Großschreibung.

Löschtaste (Backspace)
Löscht das Zeichen links vom Cursor.

Entfernen-Taste (Entf)
Löscht das Zeichen rechts vom Cursor.

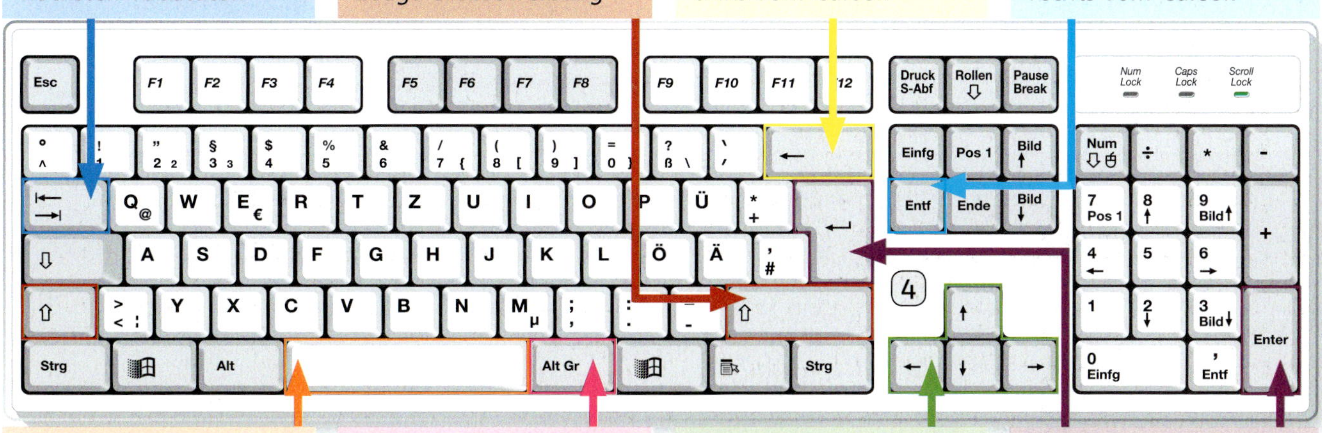

Leertaste (Spacetaste)
Taste erzeugt Leerstelle zwischen Wörtern.

Alt Gr
Taste plus Buchstabe = drittes Tastenzeichen (€)

Pfeiltasten (Cursortasten)
Bewegen den Cursor über den Bildschirm.

Enter-Taste (Return)
Erzeugt eine neue Zeile, bestätigt eine Eingabe.

(1) Starte die Textverarbeitung (entweder vom Arbeitsplatz aus oder aus dem Startmenü). ☐

(2) Der blinkende Balken (Cursor) zeigt an, wo gerade geschrieben wird. ☐

(3) Schreibe den Text vom Bildschirm oben ab (rot unterkringelte Wörter sind falsch abgetippt). ☐

(4) Probiere die Funktionen der farbig markierten Tasten der Tastatur oben aus. ☐

Einen Text speichern, öffnen und drucken

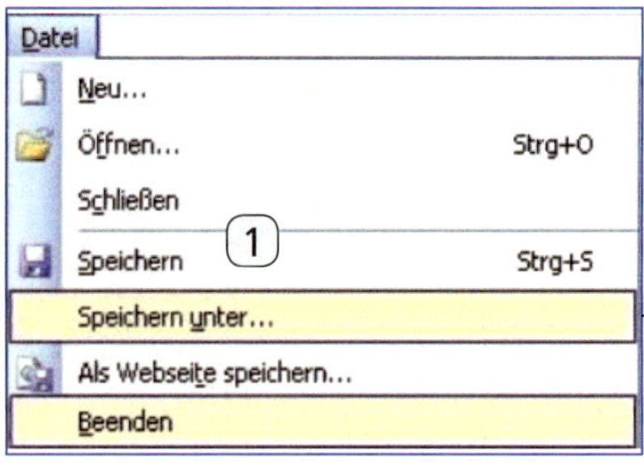

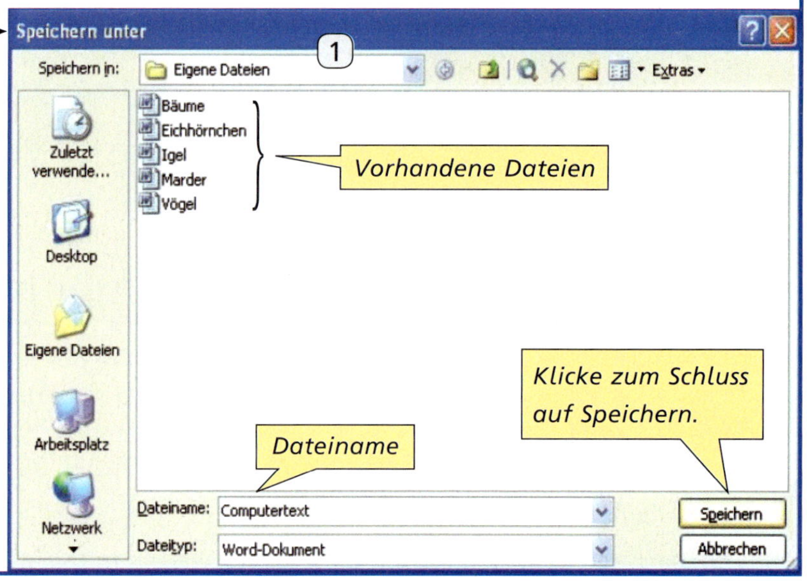

(1) Speichern und Beenden

- Klicke mit der linken Maustaste auf **Datei – Speichern unter.**
- Im geöffneten Fenster bekommt der Text einen **Dateinamen.**
- Beende mit **Datei – Beenden.**

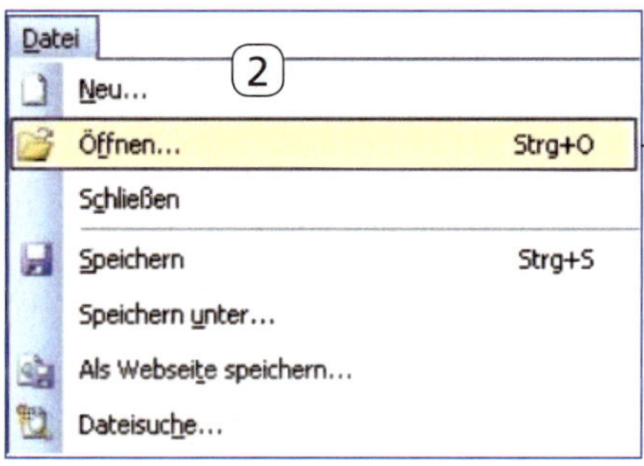

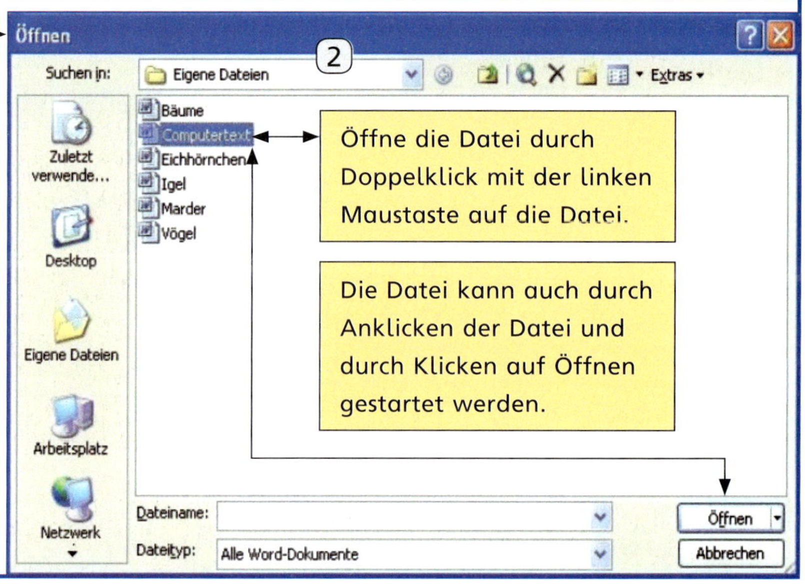

(2) Dateien öffnen

- Klicke mit der linken Maustaste auf **Datei – Öffnen.**
- Im geöffneten Fenster wird die zu öffnende Datei angeklickt.

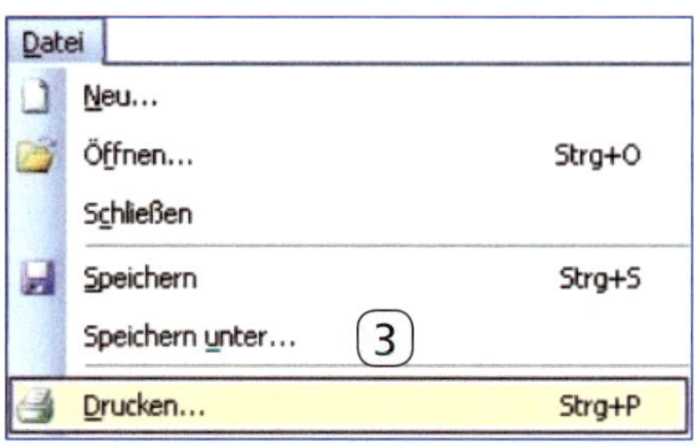

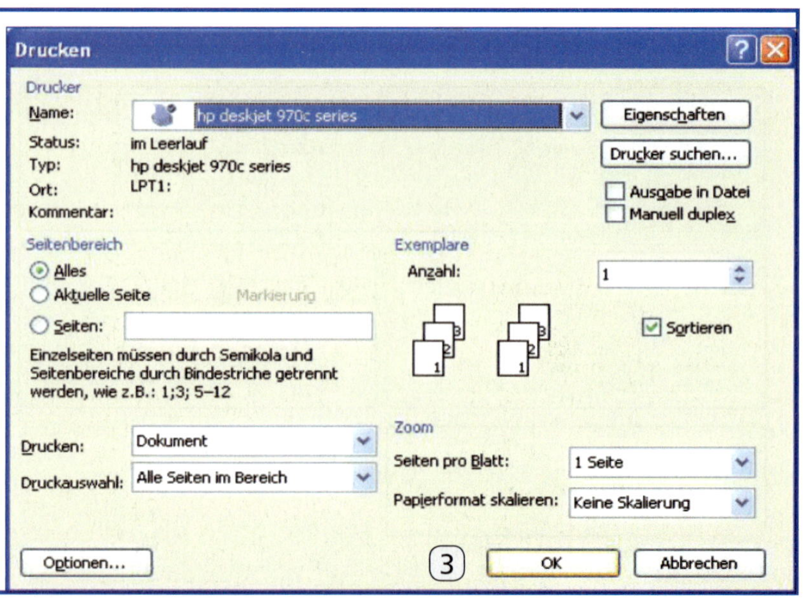

(3) Drucken

- Klicke mit der linken Maustaste auf **Datei – Drucken.**
- Im geöffneten Fenster wird das Drucken durch Anklicken von **OK** gestartet.

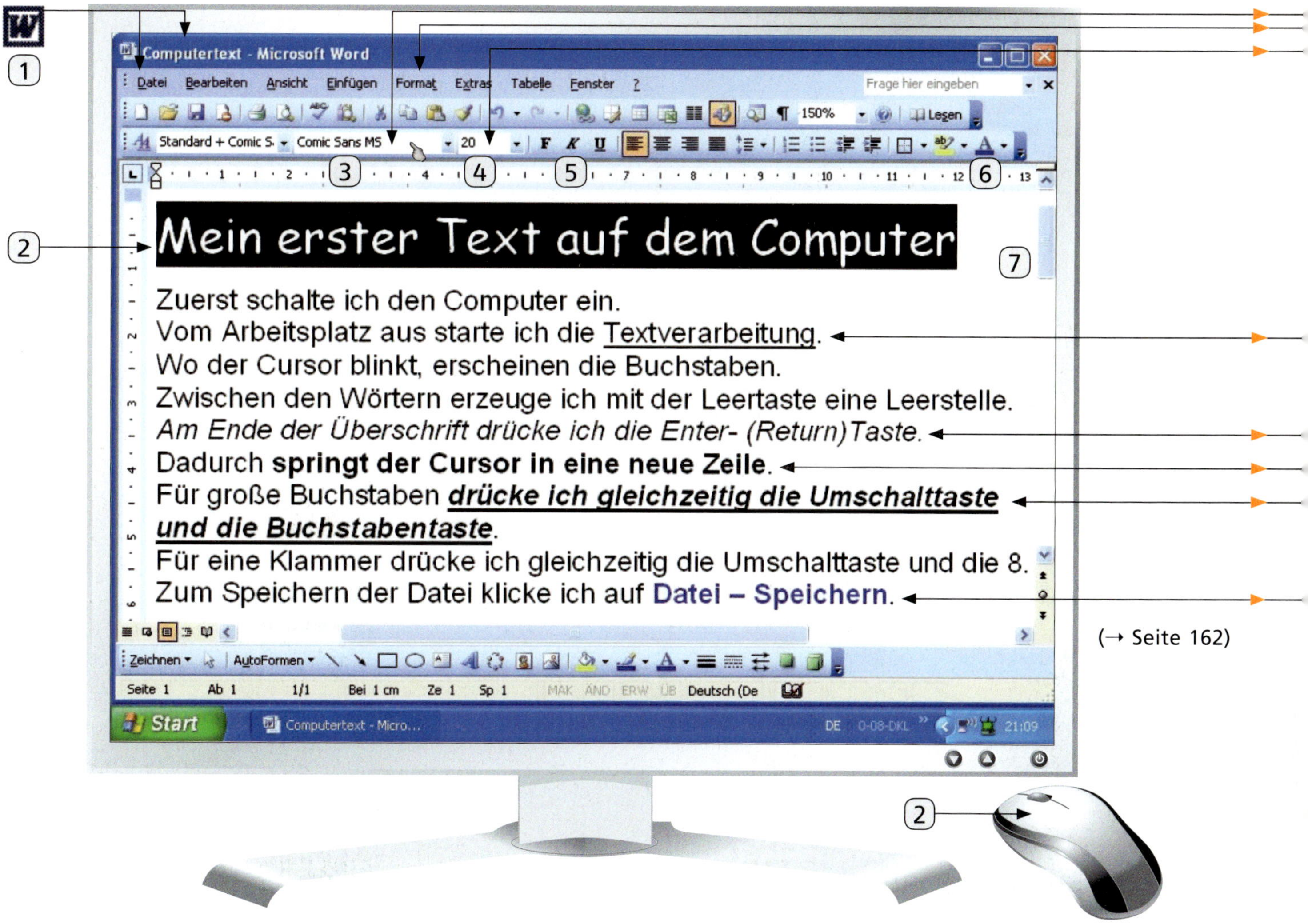

(→ Seite 162)

(1) Starte die Textverarbeitung und öffne **(Datei-Öffnen)** die Datei „Computertext“.

(2) Um geschriebenen Text nachträglich zu verändern, muss er erst markiert werden. Texte werden markiert, indem die Maus mit gedrückter linker Maustaste über den Text gezogen wird. Der Text wird dann schwarz hinterlegt. Markiere die Überschrift.

(3) Im Fenster „Schriftart“ kann unter vielen verschiedenen Schriften eine durch Anklicken ausgewählt werden. Ändere die Überschrift in die Schriftart „Comic Sans“ um.

(4) Im Fenster „Schriftgrad“ wird durch Anklicken einer Zahl die Schriftgröße bestimmt. Normal ist die Schriftgröße 12. Ändere die Überschrift in die Schriftgröße 20.

(5) Einzelne Wörter, Zeilen oder Absätze können nach dem Markieren verändert werden.

U = Unterstreichen	Der Text wird unterstrichen.
K = Kursiv	*Der Text wird schräg gestellt.*
F = Fett	**Der Text wird stark hervorgehoben.**

Es ist auch möglich, ein Wort mehrfach zu verändern ***(fett, unterstrichen und kursiv)***. Ändere bestimmte Wörter in fett, kursiv und unterstrichen um (siehe oben).

(6) Im Fenster „Schriftfarbe“ können nach dem Markieren die Farben der Wörter oder der Sätze geändert werden. Ändere die Farben einzelner Zeichen (siehe oben).

(7) Bewege die Schiebeleiste (Scroll-Leiste) durch die gedrückt gehaltene linke Maustaste. Dabei wird der Text im Bildschirmfenster hoch- und heruntergeschoben.

Einen Text gestalten (2)

unterstrichen

(5)

kursiv

(5)

fett

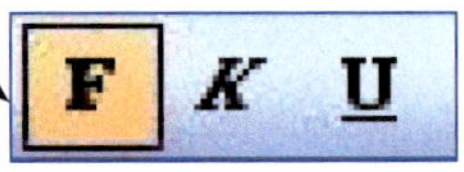

(5)

fett, unterstrichen, kursiv

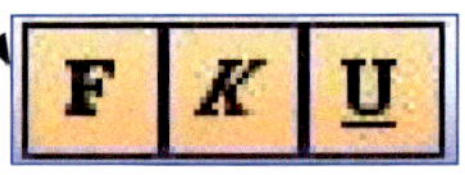

(5)

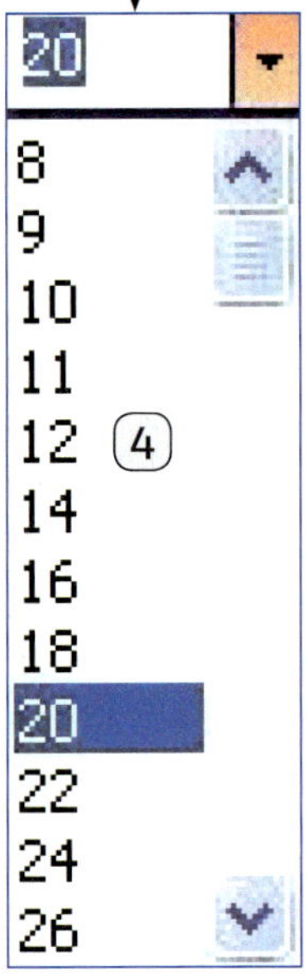

(4)

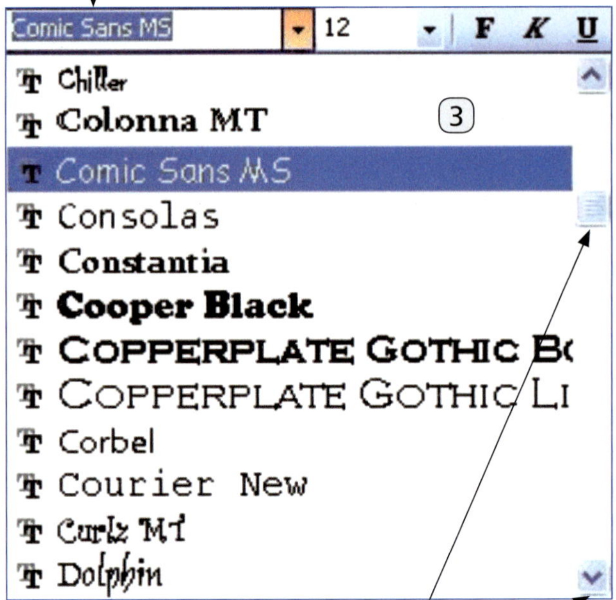

(3)

(7) Scroll-Leiste

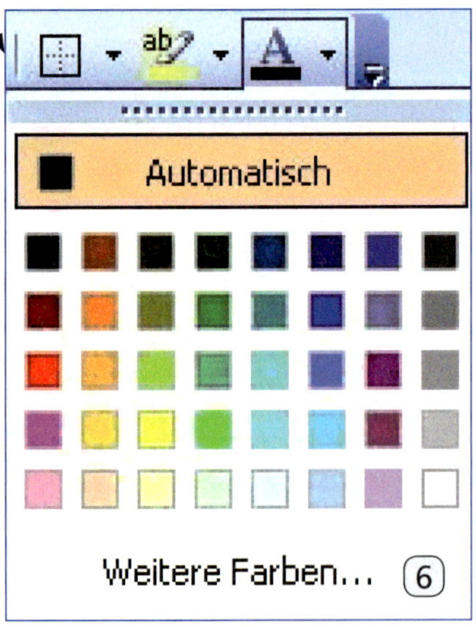

(6)

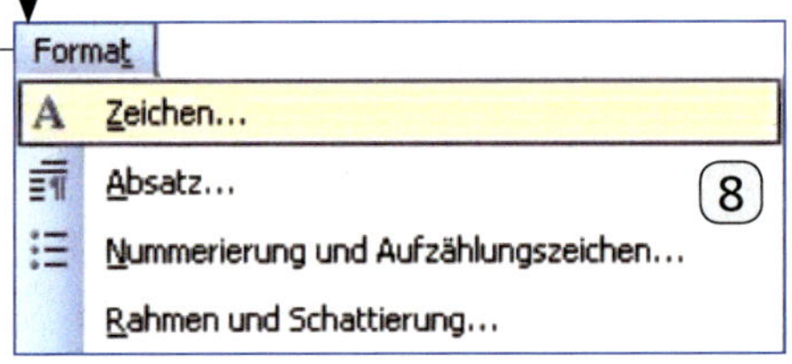

(8)

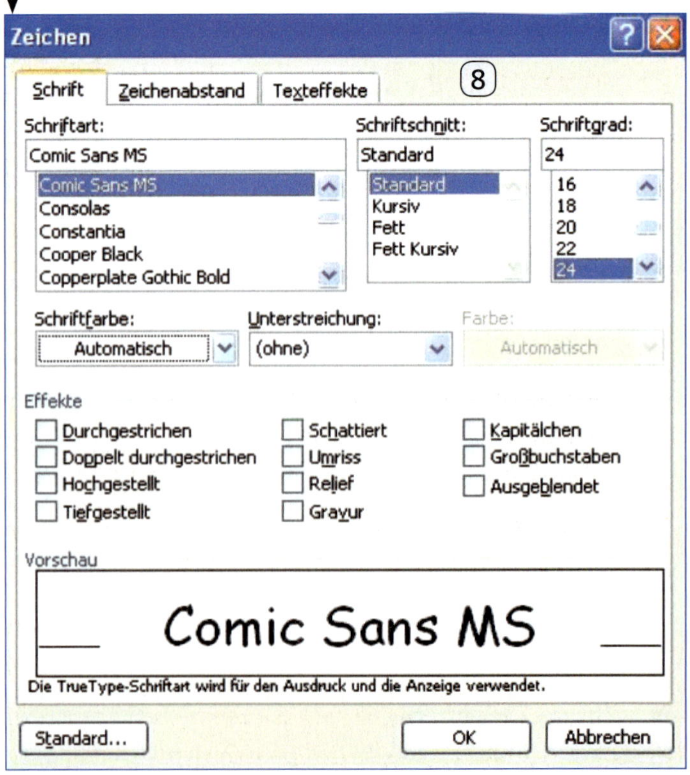

(8)

(8) Im Fenster „Zeichen" können diese und weitere Schriftelemente in einem Arbeitsschritt verändert werden. Klicke dazu auf **Format – Zeichen**. **Probiere** auch die Veränderungen der „Effekte" (z. B. schattiert) **aus**. Im Vorschaufenster siehst diese sofort. Bestätige mit „OK".

Das Internet starten

Der Begriff Internet ist die englische Abkürzung für International Network, was übersetzt ***Inter**nationales **Net**zwerk* bedeutet. Das Internet ist weltweit der größte Zusammenschluss von Computernetzwerken. Man schätz, dass im Jahr 2009 jeder fünfte Mensch auf der Welt (mehr als 1,4 Milliarden) das Internet nutzt. Neben dem Versenden und Empfangen von Nachrichten, sogenannten E-Mails, dient das Internet zum Informieren, Telefonieren, Einkaufen sowie Programme, Musik oder Filme laden.

Ursprünglich wurde die Internettechnologie 1973 für die Datenübertragung zwischen den Computern des amerikanischen Verteidigungsministeriums entworfen.
1984 wurde die Technik dieses Netzwerkes freigegeben und weiterentwickelt. Seit 1989 gibt es den bekanntesten Bestandteil, das **W**orld **W**ide **W**eb (www). Übersetzt heißt das **w**elt**w**eites Netz**w**erk.
Um eine Internetadresse aufzurufen, wählt der PC einen Provider an. Das sind Firmen, die gegen Gebühren die Nutzung anbieten.

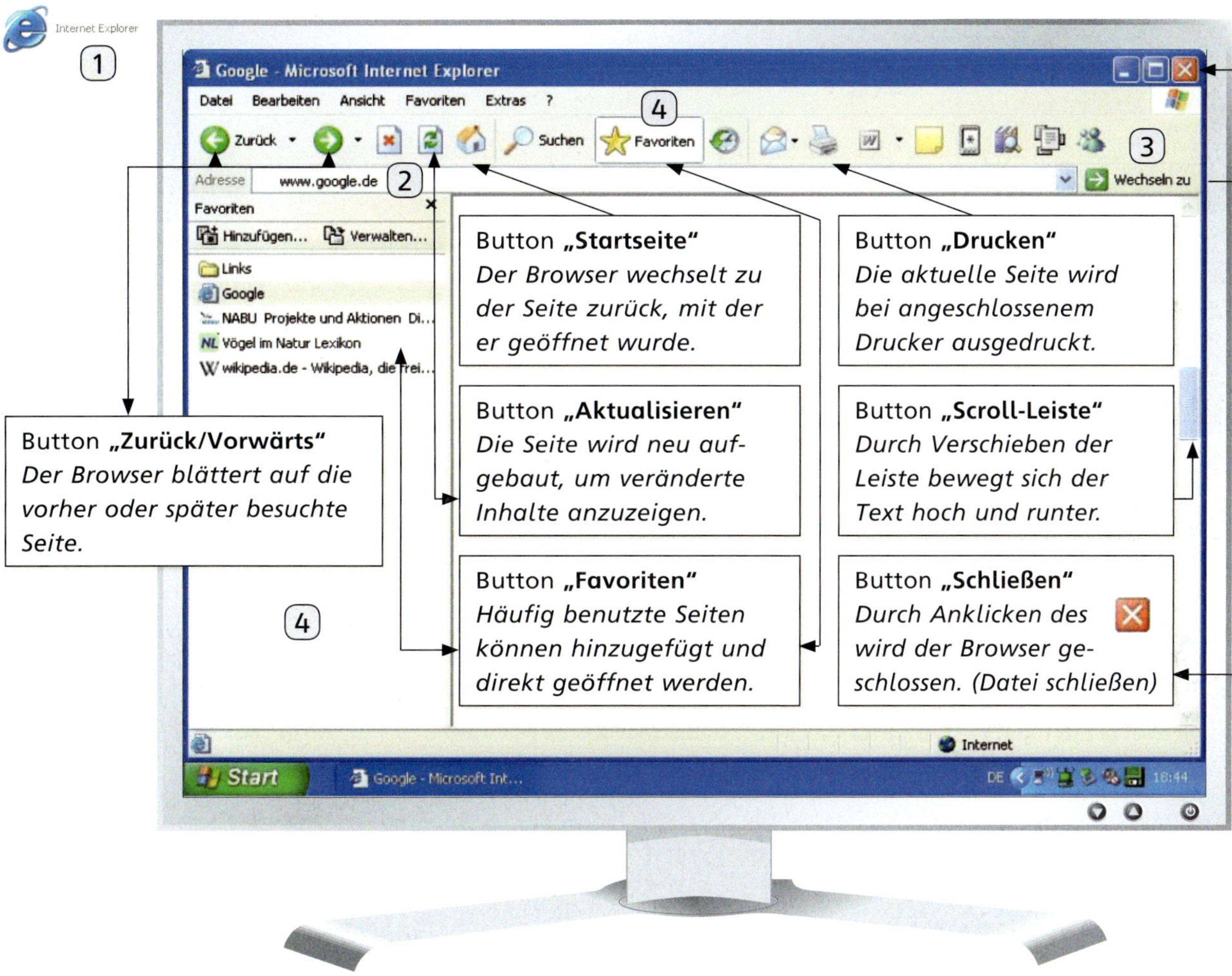

(→ Seite 164)

1. Um das Internet zu nutzen, muss ein sogenannter „Browser“ (sprich: Brauser) aufgerufen werden. Das ist ein spezielles Programm, das Internetseiten sichtbar macht. **Starte vom Arbeitsplatz das Internet. Klicke das entsprechende Symbol an.**

2. In die Adresszeile wird die Internetadresse eingegeben. Die meisten beginnen mit www. **Gib die Internetadresse der Suchmaschine www.google.de** ein.

3. Durch Anklicken der Schaltfläche des grünen Pfeils (Wechseln zu) oder durch Drücken der ENTER-Taste wird die Internetseite aufgerufen. **Starte die Internetadresse.**

4. Über verschiedene Schaltflächen (Buttons) wird das Programm bedient und zwischen den Seiten gewechselt (navigiert). **Probiere die Funktionen der Buttons aus.**

Mit einer Suchmaschine arbeiten

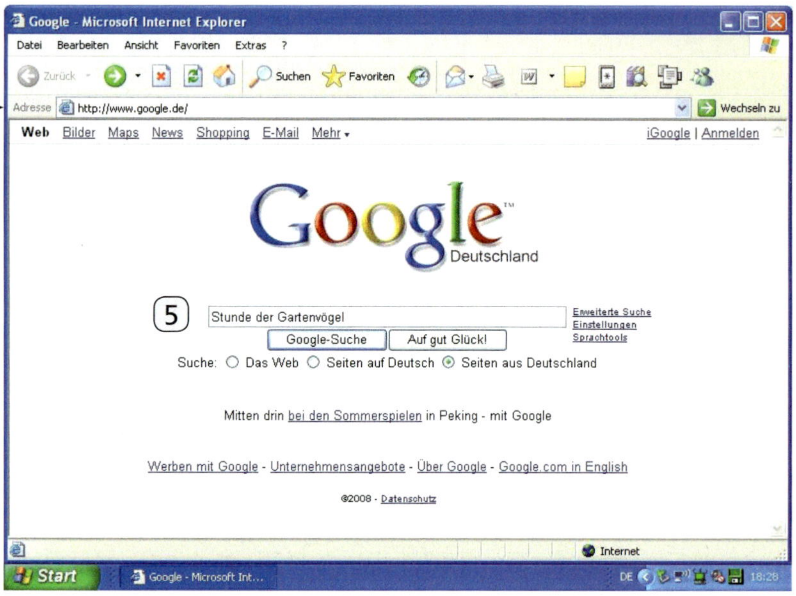

(5) **Eingabe des Suchbegriffes**
Um Internetseiten aufzurufen, muss der Name der Internetseite bekannt sein. Suchmaschinen wie Google (www.google.de) helfen, um Internetseiten zu bestimmten Themen zu finden. Dazu muss der Suchbegriff zum gewünschten Thema eingegeben werden.
Gib den Suchbegriff „Stunde der Gartenvögel" ein. Klicke dann auf die Schaltfläche (den Button) „Suche". ☐

(6) **Auswahl von Internetseiten**
Die Suchmaschine zeigt eine Auswahl der gefundenen Internetseiten an. Je genauer der Suchbegriff war, um so spezieller ist die Anzeige der gefundenen Seiten. Durch Anklicken einer angezeigten Internetadresse wird diese direkt aufgerufen.
Vergleiche deine Suchergebnisse mit der Abbildung. Klicke die Internetadresse zur „Stunde der Gartenvögel" an. ☐

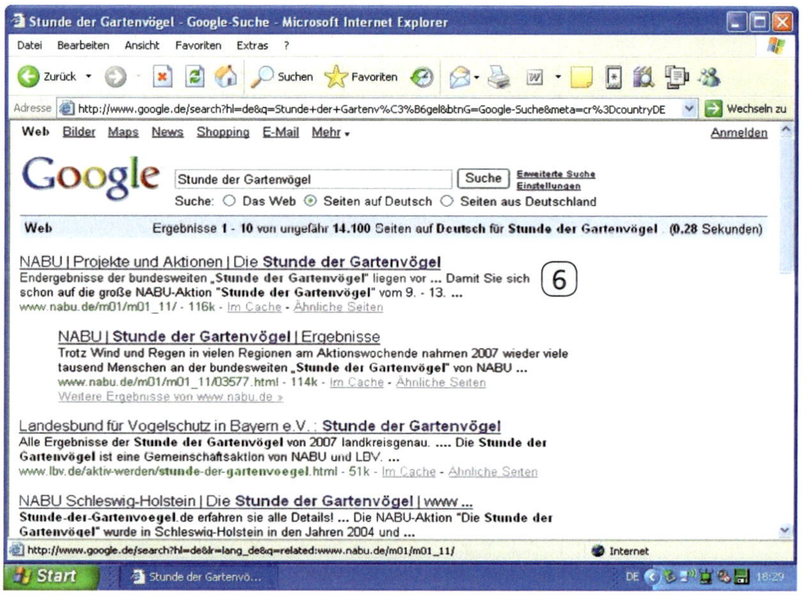

(7) **Auswerten der Inhalte**
Die gefundene Internetseite wird angezeigt. Ob der Inhalt der Internetadresse informativ ist, lässt die Suchmaschine allerdings nicht erkennen. Deswegen muss der Inhalt der Internetseite selbst ausgewertet werden. Immer wenn der Mauszeiger zur Hand wird, kann eine weitere Seite der Internetadresse geöffnet werden.
Suche die Internetseite nach Informationen über Vögel ab. ☐

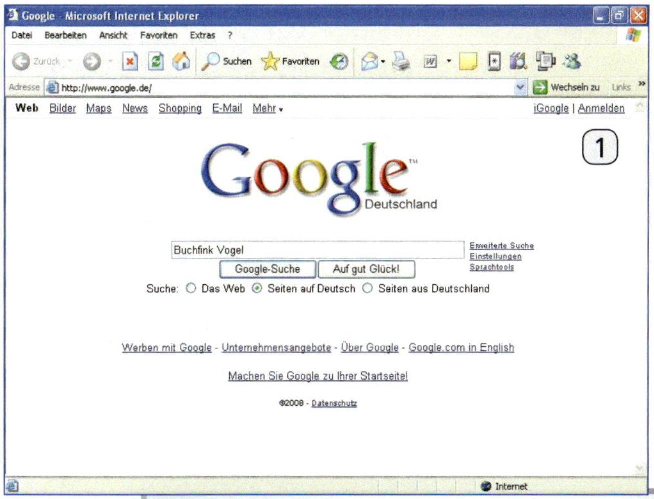

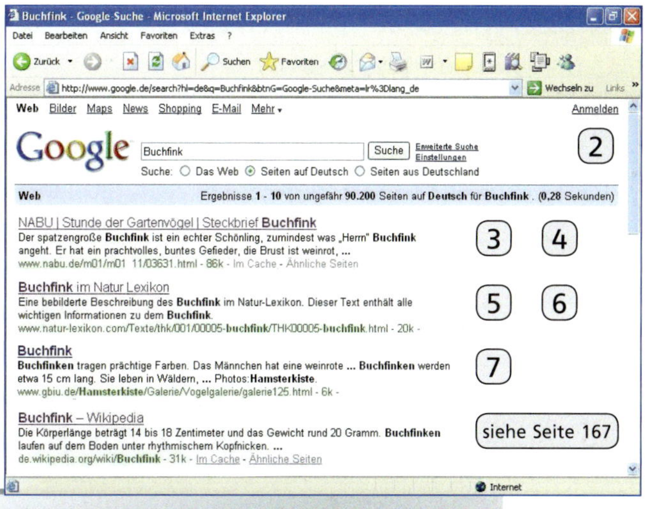

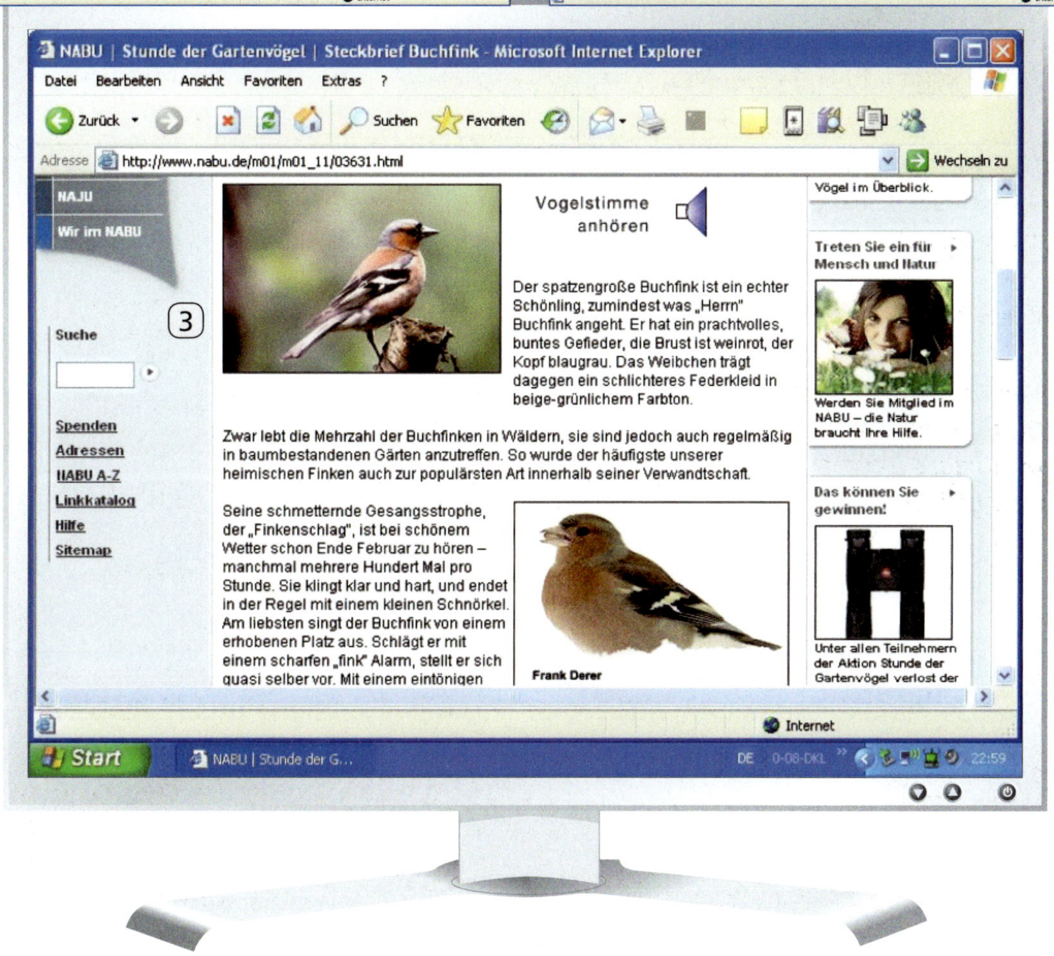

(1) Das Internet ist eine gute Quelle, um sich genau über Tiere zu informieren. Im Beispiel sollen Informationen über den Buchfink eingeholt werden. Zusätzlich zum Namen des Tieres (Buchfink) wird noch der Begriff der Tierart (Vogel) eingegeben, damit nur Internetseiten angezeigt werden, die direkt mit dem Vogel zu tun haben.
Starte im Internet die Suchmaschine. Gib als Suchbegriff „Buchfink Vogel" ein. ☐

(2) Die Suchmaschine bietet eine große Auswahl von Internetseiten an.
Starte die Internetseite des Naturschutzbundes (NABU) zum Buchfink. ☐

(3) Informiere dich über das Aussehen und den Lebensraum des Buchfinken.
Lies die Texte durch. Höre dir die Vogelstimme an. Klicke dazu auf den  **.** ☐

Sich im Internet informieren (2)

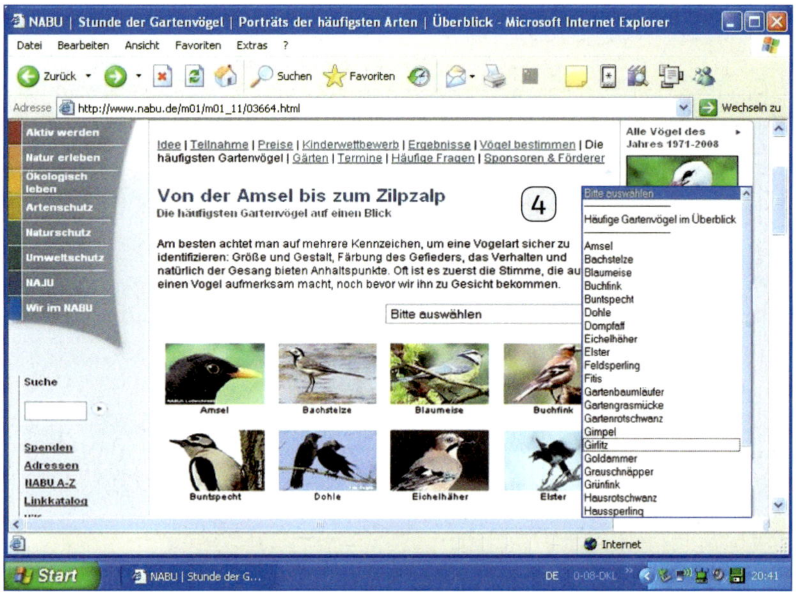

4 Die häufigsten Gartenvögel
Informationen über die häufigsten Gartenvögel können direkt auf der Startseite (siehe Seite 165) geöffnet werden.

- Klicke auf die Schaltfläche „Die häufigsten Gartenvögel“.
- Klicke auf „Bitte Auswählen“.
- Klicke in der Liste auf die gewünschten Vogelnamen. ☐

5 und 6 Scrollen
Eine Interseite ist oft größer als auf dem Bildschirm sichtbar ist.

- Bewege im Beispiel den Schiebebalken (Scroll-Leiste). ☐

3, 5, 6 und 7
Informationsvergleich
Vergleiche die Informationen verschiedener Internetseiten zum Buchfink miteinander.

- Öffne verschiedene Internetadressen zum Buchfink. ☐
- Sammle Informationen über den Buchfink zum Aussehen der Männchen und Weibchen, zur Größe, zur Nahrung, zum Lebensraum und zum Gewicht. ☐

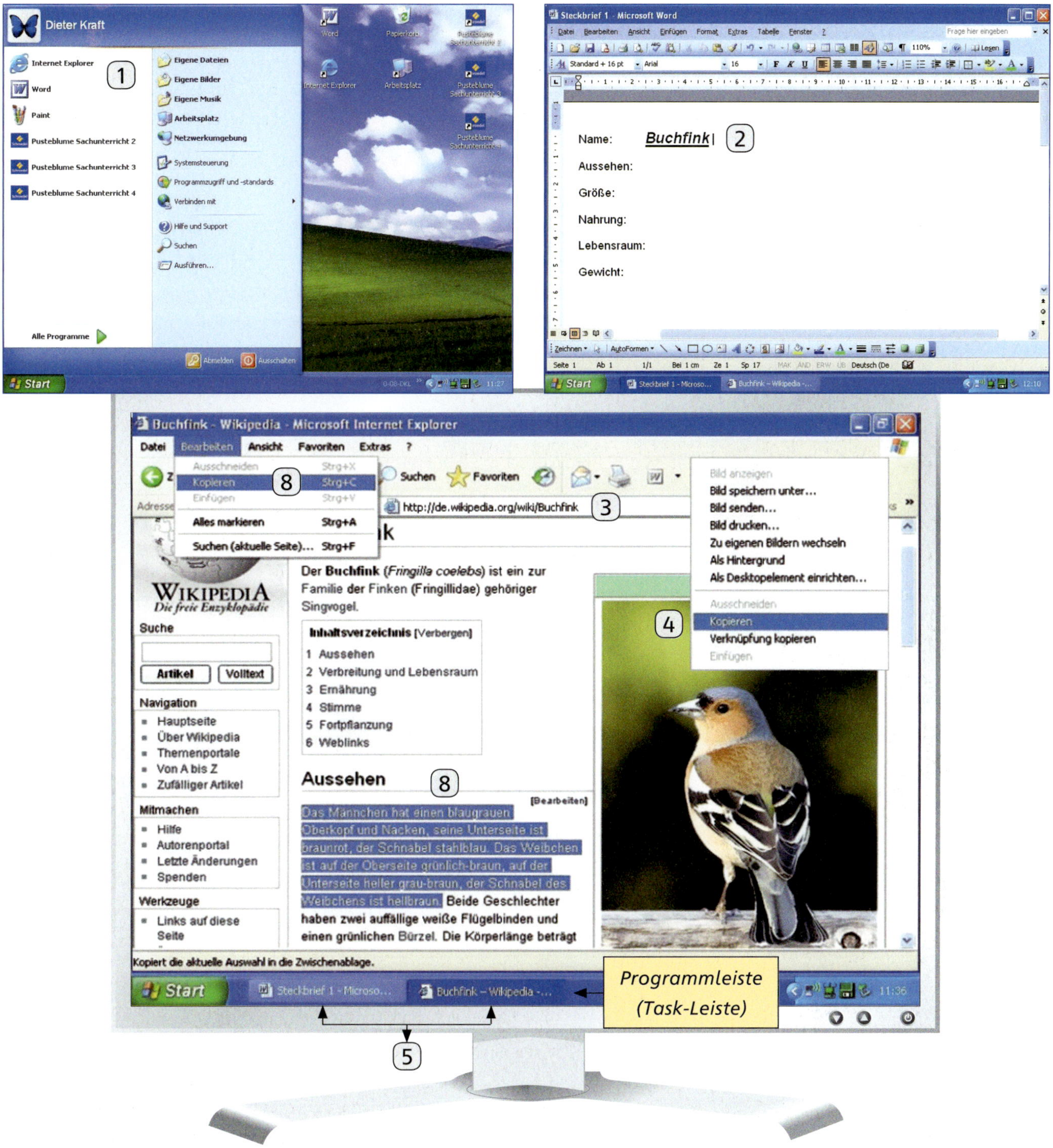

(1) Der Steckbrief über den Buchfinken soll neben Informationen auch ein Bild enthalten. Deswegen wird gleichzeitig mit der Textverarbeitung und dem Internet gearbeitet.
Starte zuerst aus dem Startmenü oder vom Arbeitsplatz aus die Textverarbeitung. ☐

(2) Schreibe mit der Textverarbeitung zunächst die Oberbegriffe zum Steckbrief.
Schreibe mit der Schriftart Arial in der Schriftgröße 12. Der Name „Buchfink" erhält die Schriftgröße 16. Klicke dazu auch fett, *kursiv* und <u>unterstrichen</u> an. ☐

(3) Die Informationen zum Steckbrief und das Bild werden aus dem Internet geholt.
Starte aus dem Startmenü zusätzlich das Internet. Öffne die Internetadresse zum Buchfinken aus dem Lexikon „Wikipedia" (siehe Seite 165). ☐

Einen Steckbrief gestalten (2)

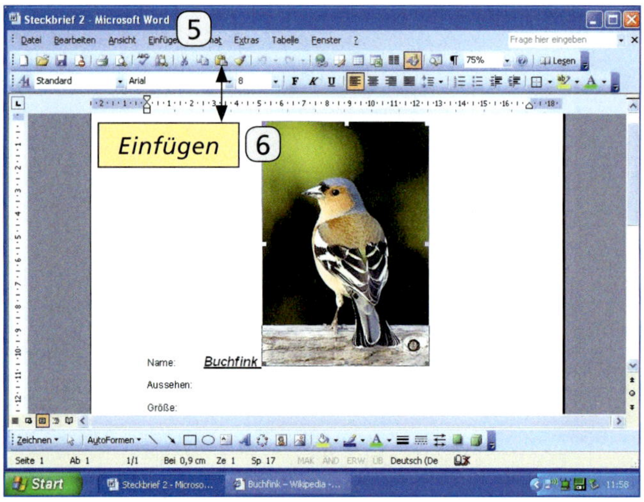

Eine Grafik einfügen

(4) Klicke mit der rechten Maustaste das Bild an. Wähle dann „Kopieren" aus.

(5) Wechsle vom Internet wieder in die Textverarbeitung (Programmleiste).

(6) Klicke in der Textverarbeitung auf die Schaltfläche „Einfügen". Die Grafik wird beim blinkenden Cursor eingefügt. Klicke die Grafik an.

(7) Die Grafik formatieren

Damit die Grafik frei bewegbar wird und daneben geschrieben werden kann, muss sie formatiert werden.

– Klicke nacheinander an (6 Schritte):

① Die Grafik anklicken	④ Layout
② Format	⑤ Rechteck
③ Grafik	⑥ OK

– Verschiebe die Grafik wie in der Vorlage.

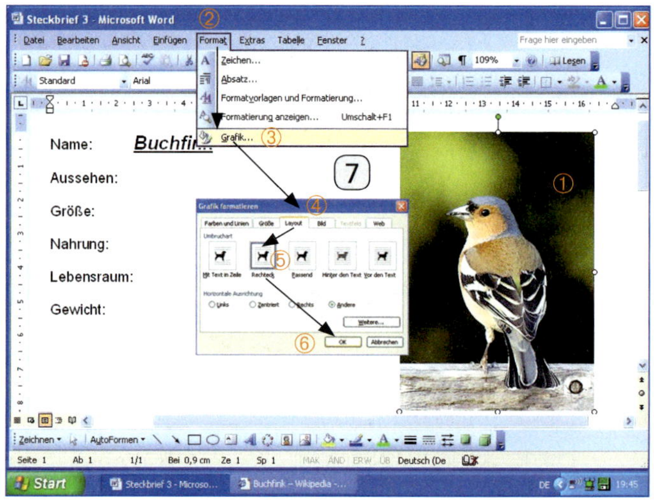

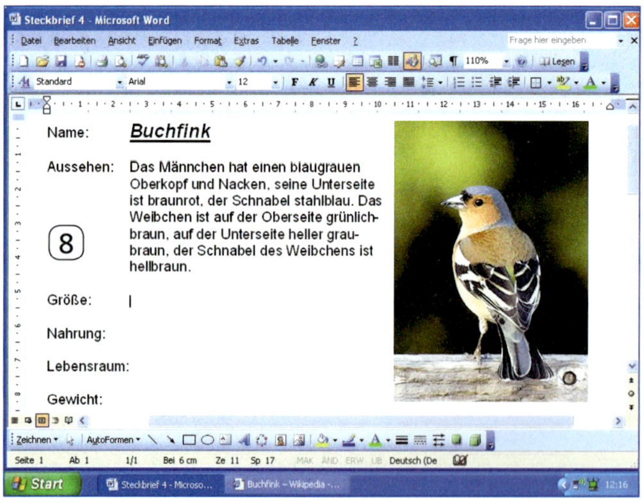

(8) Einen Text kopieren und einfügen

Die Informationen zum Steckbrief werden dem Internet entnommen (siehe Seite 122/123). Gute Texte können direkt kopiert werden.

– Wechsle wieder in das Internet (Nr. 5).
– Markiere den entsprechenden Text.
– Klicke auf „Bearbeiten – Kopieren".
– Wechsle zur Textverarbeitung (Nr. 5).
– Klicke auf das Symbol „Einfügen" (Nr. 6).

(9) Den Steckbrief vervollständigen

Im Steckbrief werden die fehlenden Informationen vervollständigt (siehe Seite 122/123). Ergänzungen zum Nest und zum Gelege des Buchfinken können eingeholt und eingefügt werden.

– Vervollständige den Steckbrief.
– Drucke den Steckbrief aus.
– Schreibe zu weiteren Vogelarten Steckbriefe.

(1) Für eine Ausstellung von Steckbriefen soll ein Plakat gestaltet werden. Dazu wird die Zeichnen-Leiste der Textverarbeitung benutzt. **Aktiviere die Zeichnen-Leiste.** ☐

(2) Aus dem WordArt-Katalog können besondere Schriften ausgewählt werden. **Klicke das Symbol „WordArt“ an. Wähle eine Schrift aus und bearbeite diese.** ☐

(3) **Wechsle ins Internet. Füge eine Grafik ein (siehe auf Seite 167/168 nach).** ☐

(4) **Füge über „Autoformen – Legenden“ eine Sprechblase ein.** ☐

(5) **Suche aus dem „Farbtopf“ eine Farbe aus. Fülle damit die Sprechblase.** ☐

(6) **Füge Linien,** (7) **Pfeile und** (8) **Schatten für Hinweise und zur Gestaltung ein.** ☐

(9) **Probiere weitere Elemente der Zeichnen-Leiste aus. Drucke die Seite aus.** ☐

Ich teste mein Wissen: Computerkurs

(1) Kreuze die richtige Antwort an.

a) Das Wort Computer bedeutet übersetzt …
- Datenspeicher ◯
- Rechner ◯
- Spielkonsole ◯
- Festplatte ◯

b) Die Technik des Internets wurde freigegeben im Jahr
- 1936 ◯
- 1958 ◯
- 1984 ◯
- 2006 ◯

c) Die Abkürzung PC bedeutet …
- Projekt Computer ◯
- Personal Chip ◯
- Privat Computer ◯
- Personal Computer ◯

(Jede richtige Antwort = 1 Punkt) *Mögliche Punktzahl: 3 / Erreichte Punktzahl:*

(2) In jedem Kasten steht ein Wort, das nicht zu den anderen passt. Streiche es durch.

a)
- Computer
- Tastatur
- Enter
- Monitor

b)
- Umschalttaste
- Einschalttaste
- Löschtaste
- Leertaste

c)
- Dateien speichern
- Dateien drucken
- Dateien ausschalten
- Dateien öffnen

(Jedes gestrichene Wort, was nicht dazu gehört = 1 Punkt) *Mögliche Punktzahl: 3 / Erreichte Punktzahl:*

(3) Ordne die Nummern vor den Tastenbeschreibungen den entsprechenden Kreisen auf der Tastatur zu. ACHTUNG: Drei Tasten gibt es zweimal auf der Tastatur.

① – Löschtaste (Backspace)
② – Escape-Taste (Abbruch)
③ – Enter-Taste (Return)
④ – Windows-Taste (Startmenü)
⑤ – Leertaste (Spacetaste)
⑥ – F1 (Funktionstaste)
⑦ – Tab-Taste (Tabulator)
⑧ – Entfernen-Taste (Entf)
⑨ – Umschalttaste (Shift)

(Für jeden richtigen Begriff = 1 Punkt) *Mögliche Punktzahl: 9 / Erreichte Punktzahl:*

(4) Vervollständige den Lückentext.

Der Begriff „Internet" bedeutet (deutsch oder englisch): ______________ ______________

Die kleinen Buchstaben (www) bedeuten (englisch): ____________ ____________ ____________

(Für jede richtige Wortzuordnung = 1 Punkt) *Mögliche Punktzahl: 5 / Erreichte Punktzahl:*

Auswertung: *Mögliche Gesamtpunktzahl: 20 / Erreichte Gesamtpunktzahl:*

20 Punkte bis 17 Punkte = Mein Wissen zum Computerkurs ist … richtig gut.

16 Punkte bis 10 Punkte = Mein Wissen zum Computerkurs ist … gut.

9 Punkte bis 0 Punkte = Mein Wissen zum Computerkurs ist … noch nicht so gut.

 Name:

Zeit

Das Bild zeigt einen Klassenraum einer Schule vor über 100 Jahren. Welche Einrichtungsgegenstände gehörten damals in eine Klasse?

Vor über 1000 Jahren wurden in unserem Land viele Burgen gebaut. Höhepunkte des Lebens waren die Ritterturniere. Welche Teile gehörten zu einer Rüstung?

Dieser Nachbau zeigt die erste Lokomotive, die in Deutschland fuhr. Auf welcher Strecke verkehrte diese Bahn? Wie schnell war sie?

Zwischen 1955 und 1962 war die BMW Isetta eines der bekanntesten Autos. Vermute, wie viele von 100 Familien damals ein Auto hatten.

Mein Lerntagebuch: Zeit

Thema		begonnen am	beendet am
Was mir am Thema gefallen / nicht gefallen hat.			
Was ich gelernt habe. Was ich nicht verstanden habe.			

Fülle die Zeilen gemäß der Überschriften im oberen Kasten aus.
Wenn der Platz nicht reicht, kannst du auch ein Extrablatt (die Kopiervorlage) für die einzelnen Themen benutzen.

Schule früher (1)

① Bild des Kaisers	② ein hoher Lehrertisch	③ Schulbank mit 5 Plätzen

⑪ ein Stuhl

⑩ Tafelputzschwamm

④ Landkarte

⑤ Tafel auf einem Ständer

⑨ Papierkorb aus Holz	⑧ Kruzifix	⑦ ein Harmonium	⑥ Ofen

Vor 100 Jahren gab es in Deutschland einen Kaiser. Für den Schulunterricht im ganzen Land galten damals strenge Anweisungen, die in seinem Namen erlassen wurden. Jeder Ort hatte seine eigene Schule. Alle Kinder gingen zu Fuß zur Schule. Oft gab es aber nur einen Lehrer für 40 oder mehr Kinder und in der ganzen Schule nur einen Klassenraum. Kinder aus allen Schuljahren wurden dort gleichzeitig vom Lehrer unterrichtet. Es war eng und die Einrichtung des Klassenraumes war nicht sehr vielfältig.
Der oben abgebildete Klassenraum wird heute im Museum gezeigt. Es gibt ein Verzeichnis aus dem Jahr 1889 für die Einrichtungsgegenstände dieses Raumes. Du findest Informationen dazu im Rahmen um das Foto.

1. Lies im Bilderrahmen des Fotos, welche Gegenstände zur Einrichtung des alten Klassenraumes gehören.

2. Sieh dir das Foto genau an. Suche die genannten Gegenstände auf dem Foto. Trage die passende Zahl in den Kreis ein.

3. Was entdeckst du noch?

____

____

____

____

4. Vergleiche das alte Klassenzimmer mit deinem Klassenraum. Lege eine Liste an und trage ein.

Einrichtungsgegenstände	
die es nur früher gab:	die es erst heute gibt:

Schule früher (2)

Vor 100 Jahren saßen die Kinder nach dem Alter sortiert eng nebeneinander auf den unbequemen Holzbänken. Während der Lehrer mit einer Gruppe arbeitete, mussten alle anderen Kinder leise schreiben, rechnen oder zeichnen. Die Regeln im Unterricht waren streng. Jeder musste leise sein und still und gerade sitzen. Die Hände sollten auf dem Tisch liegen, die Füße nebeneinander auf dem Boden stehen. Die Kinder meldeten sich bescheiden mit dem Zeigefinger der rechten Hand. Nur wer gefragt wurde, durfte reden. Wer drangenommen wurde, musste aufstehen, den Lehrer anschauen und laut und in ganzen Sätzen sprechen.

Der Lehrer bestrafte Kinder, die nicht gehorchten, oft durch Schläge mit seinem Rohrstock. Unter diesen schlechten Bedingungen lernten die meisten Kinder nicht gern und nicht gut. Weil es immer mehr Kinder gab, wurden vor etwa 100 Jahren viele neue Schulen gebaut und mehr Lehrer eingestellt.
Im Jahr 1914 begann der 1. Weltkrieg. Auch viele Lehrer mussten als Soldaten in den Krieg. Seit dieser Zeit wurden mehr und mehr Frauen als Lehrerinnen eingestellt.

(1) Versucht die Verhaltensregeln für kurze Zeit in eurer Klasse einzuhalten.

Auf dem Foto vom alten Klassenraum steht an der Tafel ein Text in deutscher Schrift. Vor 100 Jahren wurde in dieser Schrift geschrieben. Hier siehst du das Alphabet in deutscher Schrift.

(2) Schreibe deinen Namen in dieser Schrift.

(3) Lies diesen Satz und schreibe ihn in deiner Schrift auf.

Ich schreibe gern.

Stunde	Montag	Dienstag	Mittwoch	Donnerstag	Freitag	Samstag
7.30 – 8.30	Religion von Geistlichen	Religion	Geschichte	Religion von Geistlichen	Biblische Geschichte	Naturlehre
8.30 – 9.30	Rechnen	Geographie	Naturbeschreibung	Rechnen	Geographie	Naturlehre
9.30 – 10.30	Lesen	Rechtschreiben	Aufsatz	Lesen	Rechtschreiben	Aufsatz
10.30 – 11.30	Raumlehre und Rechnen	Rechnen		Raumlehre und Rechnen	Rechnen	
1 – 2	Sprachlehre	Schönschreiben		Schönschreiben	Zeichnen	
2 – 3	Singen	Turnen bzw. Handarbeit		Singen	Turnen bzw. Handarbeit	

Tagesablauf eines Mädchens, 1922

Zeit	
6.00	Aufstehen, Tütenkleben
7.00	Tütenkleben, Schulweg
8.00	Schule
9.00	Schule
10.00	Schule, Pause
11.00	Mittagspause: einholen, Essen machen,
12.00	Geschirr abwaschen, Stube reinigen,
13.00	Schule bis vier Uhr.
14.00	Schule. In den Pausen war ihre einzige Erholung und Spielzeit, Schule.
16.00	„Wir mußten wieder an die Arbeit gehen, nachdem wir hastig Kaffee und Brot mit Wurstschmalz gegessen hatten." Arbeiten.
19.00	Arbeiten
20.00	Arbeiten
21.00	Arbeiten
22.00	Arbeiten

Viele Familien lebten vor etwa 100 Jahren in großer Armut. Nur durch die Mitarbeit der Kinder konnten die Familien überleben.
In den Dörfern brachten Kinder morgens vor der Schule das Vieh auf die Weide. Kinder mussten melken, Holz und Wasser holen oder das Feuer im Herd anzünden. Nach der Schule arbeiteten sie bis zum Abend auf dem Feld oder im Haus, im Stall und im Garten.
Auch in den Städten arbeiteten die Kinder der Fabrikarbeiter vor und nach der Schule. In mühsamer Heimarbeit mussten sie stundenlang weben, nähen, Tüten kleben, Spielzeug schnitzen und anmalen oder Bänder herstellen und aufspulen. Freizeit, Spiel und Hobby – so wie heute – kannten die Kinder damals nicht. Heute ist Kinderarbeit durch Gesetze verboten.

(1) Vergleiche den Stundenplan von 1922 mit deinem Stundenplan. Schreibe auf, was es heute nicht mehr gibt.

____

____

____

____

____

(2) Schreibe deinen Tagesablauf auf und vergleiche ihn mit dem Beispiel von 1922. Unterstreiche Unterschiede.

Schule früher (4)

Die Mühlenschule wurde 1948 gebaut. Zuerst wurden Kinder von der 1. bis zur 8. Klasse hier unterrichtet. Doch seit 1963 ist die Mühlenschule eine reine Grundschule.
Eine neue Turnhalle wurde 1975 eingeweiht und der Schulgarten besteht seit 1982. Das 50-jährige Schuljubiläum feierten Kinder, Eltern und Lehrkräfte mit einem großen Schulfest. Die Schule ist stolz darauf, dass sie 2004 den Fußballpokal der Grundschulen gewann.

(1) Finde im Text wichtige Ereignisse und Jahreszahlen. Trage sie in die leeren Zettel an der Zeitleiste richtig ein. Verbinde die blauen Zettel mit der Zeitleiste.

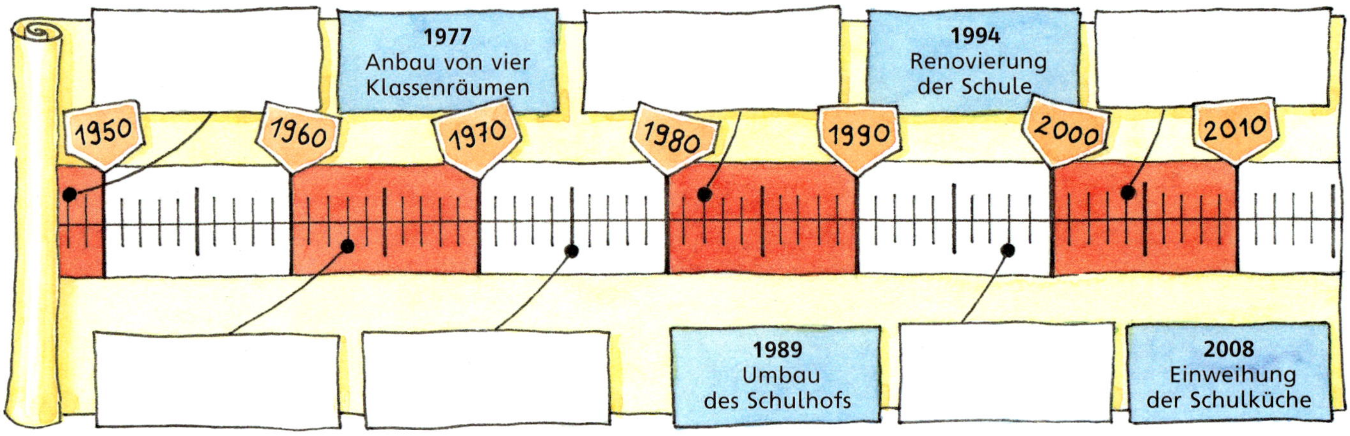

(2) Lies auf der Zeitleiste Ereignisse aus der Geschichte der Schule ab. Nenne jeweils das Ereignis und das Jahr.

(3) Sammelt aus der Geschichte eurer Schule Ereignisse mit den Jahreszahlen. Notiert sie gesondert in einer Liste.

Das Weihnachtsfest früher (1)

„Früher begann die Advents- und Weihnachtszeit wirklich erst mit dem 1. Adventssonntag. Jeden Abend saßen wir dann am Adventskranz, übten auf der Blockflöte und lernten Gedichte für Weihnachten. Oft las uns Mutter Geschichten vor, backte mit uns Plätzchen oder half uns, Sterne aus Strohhalmen für den Weihnachtsbaum zu basteln. Wunderschön waren die Bräuche der Adventszeit. Jeden Morgen freuten wir uns, hinter dem Türchen am Adventskalender ein neues Bild zu entdecken und am Abend trugen wir die Schuhe vor die Tür, in die ‚der Nikolaus' eine Kleinigkeit legte.
Am 4. Dezember schnitten wir Barbarazweige und stellten sie in eine Vase, damit sie an Weihnachten blühten. Am 5. Dezember erwarteten wir den Nikolaus. Für gute Taten durfte ich im Advent zur Belohnung einen Strohhalm in die Weihnachtskrippe legen, die schon leer im Wohnzimmer stand. Meine Wünsche malte oder schrieb ich auf einen Wunschbrief. Den legte ich draußen auf die Fensterbank und streute ein paar Haferflocken für das Eselchen darauf, damit es das Christkind zu meinem Fenster trug.
Am Heiligen Abend warteten wir alle gespannt vor dem verschlossenen Wohnzimmer. Plötzlich läutete ein Glöckchen und wir durften hinein. Wie hell leuchteten in dem dunklen Raum die echten Kerzen am Weihnachtsbaum neben unseren gebastelten Sternen! Darunter stand die Weihnachtskrippe. Wir stellten uns vor den Baum, sangen Weihnachtslieder, spielten mit unseren Musikinstrumenten und trugen Gedichte und Geschichten vor. Erst dann durften wir die Päckchen auspacken. Nach dem festlichen Abendessen gingen wir dann zum Weihnachtsgottesdienst in die Kirche."

1. Berichte, wie Oma früher die Advents- und Weihnachtszeit erlebte.
2. Bring Fotos mit, die zeigen, wie ihr in eurer Familie Advent und Weihnachten feiert.
3. Informiert euch in Büchern oder im Internet zu den Themen „Advent", „Weihnachten" und „Bräuche".

Das Weihnachtsfest früher (2)

(1) Lies zu den Bildern die passende Textstelle auf Seite 177.

(2) Kreuze an, welche Bräuche es so (oder ähnlich) in eurer Familie gibt. Erzähle.

(3) Dieses Bild zeigt, wie eure Oma und euer Opa Weihnachten gefeiert haben.
Aber 10 Dinge hat es damals bei ihnen sicher noch nicht gegeben. Kreise sie ein.

Informieren und präsentieren

Werkstatt

Das schwedische Luziafest

Zur Weihnacht in Schweden gehört das Luziafest am 13. Dezember. Dort ist es dann nur für wenige Stunden am Tag hell. Das Fest erinnert an die heilige Luzia. Vor langer Zeit soll sie in einer Hungersnot im dunklen Winter mit einem Lichterschein um ihr Haar Brot gebracht haben.
In allen Orten wird ein Mädchen als Luzia gewählt. Am Luziatag geht es mit einem weißen Kleid, einem roten Gürtelband und einem Kranz mit leuchtenden Kerzen auf dem Kopf zu den Leuten und singt von der Rückkehr des Lichtes. Dann beschert Luzia den Leuten Pfefferkuchen, Lussekatter (sprich: „Lüssekatter") und Glögg, den schwedischen Glühwein.
Begleitet wird sie von weiß gekleideten Dienerinnen und Dienern, den „Sternenjungen" mit ihren spitzen Sternenhüten.

Lesetipps für Sachtexte:

1. Lies den Text ein erstes Mal.
2. Überlege, um was es in dem Text geht.
3. Lies den Text gründlich.
4. Kläre Begriffe, die du nicht kennst.
5. Überlege, welche Informationen in den einzelnen Abschnitten stehen. Schreibe aus jedem Abschnitt die wichtigsten Informationen auf.

So schreibst du eine Karteikarte mit Stichworten zu deinem Vortrag:

1. Schreibe zu deinem Thema eine Überschrift auf eine Karteikarte.
2. Notiere jedes wichtige Wort auffällig (in Großschreibung, in bunter Farbe, unterstrichen).
3. Füge notwendige Erläuterungen weniger hervorgehoben hinzu.
4. Notiere, wo du Bilder zeigen willst.

(1) Lies den Text so, wie es die Lesetipps vorschlagen.

(2) Suche im Internet nach weiteren Informationen zum Luziafest in Schweden

(3) Gestalte einen Vortrag zum Luziafest. Nutze dazu die Tipps auf dieser Seite und auf Seite 180.

Das Luziafest in Schweden

Luziafest
- 13. Dezember
- Tageslicht

hl. Luzia
- Lichterschein
- Hungersnot

Luzia gewählt
→ Bild. Luzia (Heft, S. 12!)
- Kleid, Kranz, Gürtelband
- Pfefferkuchen, Lussekatter, Glögg
- Dienerinnen, Sternenjungen

Informieren und präsentieren

Schwedische Weihnachten

Am Vormittag des Heiligen Abends besuchen die meisten Schweden ihre Verwandten und Freunde. Gegen 15 Uhr setzt schon die Dunkelheit ein. Dann schauen fast alle eine Fernsehsendung, die in Schweden zum Fest einfach dazugehört: Weihachten mit Donald Duck. Später – oft nach einem langen Saunabad – speist die Familie das Festessen: Heringe, Fleischklößchen, Würste, Rotkohl und Weihnachtsschinken. Danach tanzen und singen alle um den prachtvollen Weihnachtsbaum und wünschen sich „God Jul" (sprich: „Jül"). Vor dem Baum steht der Julbock. Er ist ein Ziegenbock aus Stroh, der böse Geister vertreiben soll. Dann werden die Geschenke geöffnet. Kleine, rot gekleidete Zwerge haben sie gebracht: Tomtebisse, Tomte und Nisse. Zum Dank stellt man ihnen Milchbrei vor die Haustür. Weihnachten endet am 13. Januar, dem Knut-Tag (sprich: „Knüt"). Dann werden die Weihnachtsbäume abgeschmückt und einfach aus dem Fenster geworfen.

1. Lies den Text, wie es die Lesetipps 1 bis 3 für Sachtexte auf Seite 179 vorschlagen.
2. Unterstreiche die wichtigsten Informationen im Text. Hinweis: Unterstreichen darfst du nur in allen Texten, die dir gehören.
3. Notiere die unterstrichenen Wörter auf einer Karteikarte.

Weihnachten in Schweden
– Vormittag: Besuche

So übst du deinen Vortrag:

1. Halte mithilfe der Karteikarte einen Probevortrag.
2. Bitte Zuhörer um Verbesserungsvorschläge und Fragen.
3. Ergänze deine Karteikarte.

Ritter und Burgen (1)

1 Bergfried
2 Palas mit Rittersaal
3 Kemenate
4 Kapelle
5 Wehrtürme
6 Gesindehäuser
7 Vorratshaus
8 Ställe
9 Schmiede
10 Brunnen
11 Scheune
12 Wachturm
13 Tor mit Zugbrücke

Vor mehr als 1000 Jahren regierten Grafen und Fürsten über viele Gebiete Deutschlands. Sie ließen Burgen bauen, um ihr Land vor Angreifern zu schützen und zu verteidigen. Der Burgherr wohnte mit seiner Familie im Palas. Auch seine Ritter, Handwerker, Mägde und Knechte lebten in der Burg.
Oft lagen die Burgen auf Bergen, weil man von oben Feinde früher erkennen und besser bekämpfen konnte. In flacheren Gegenden baute man Wasserburgen. Sie waren von Wassergräben oder Gewässern geschützt. Außen waren die Burgen von einer dicken Ringmauer umgeben. Wer hineinkommen wollte, musste oft erst über eine bewachte Zugbrücke durch das Burgtor eintreten, das durch ein Fallgitter rasch versperrt werden konnte. Von den hohen Wehrtürmen aus konnte die Burg gut verteidigt werden. Der höchste Turm war der Bergfried.
In den Ställen waren die Pferde untergebracht. Die großen Scheunen und Vorratshäuser waren stets gefüllt, damit die Bewohner der Burg in Kriegszeiten nicht so leicht ausgehungert werden konnten. In Friedenszeiten mussten die Bauern der Umgebung einen Teil ihrer Ernte an den Burgherrn abliefern, denn alle Felder gehörten ihm. Dafür schützte der Burgherr mit seinen Kriegern die Bauern und ihren Besitz, wenn Gefahr drohte.

Ein Höhepunkt des Lebens auf einer Burg war das Ritterturnier. Dann probten die Ritter ihren Mut und ihr Geschick im Kampf.
Ein Knappe half dem Ritter, die Waffen anzulegen und das Pferd zu besteigen. Weil die Rüstung 30 bis 40 kg wog, wurde dabei meist eine Leiter aufgestellt oder das Pferd in einen Graben geführt.
Auf dem Turnierplatz ritten die Ritter aufeinander zu und versuchten, sich mit ihren Lanzen vom Pferd zu stürzen.
Gab ein Ritter auf, war der Kampf beendet.

Ritter und Burgen (2)

(1) Beschrifte die Gebäudeteile mit den richtigen Namen.

7 ______________________

4 ______________________

3 ______________________

2 ______________________

____

11 ______________________

6 ______________________

____

1 ______________________

5 ______________________

8 ______________________

9 ______________________

10 ______________________

12 ______________________

13 ______________________

____

(2) Schreibe auf, wie die einzelnen Teile der Eisenrüstung des Ritters heißen:

Beinschiene – Brustharnisch – Ellbogenkachel – Halsberge – Helm – Kniestück – Panzerhandschuh – Schenkelstück – Schulterstück – Visier.

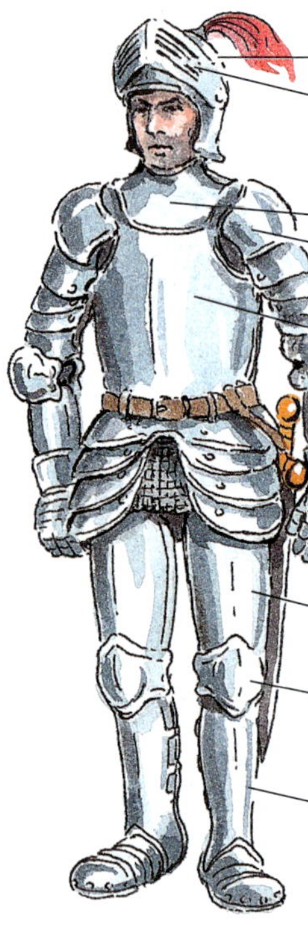

			9											
				2										
					5									
					3									
				4										
							6							
									10					
		7												
1														
	8													

(3) Schreibe die gefundenen Buchstaben zur passenden Zahl. Dann findest du den Namen für das Kleidungsstück, das der Ritter unter seiner Rüstung trägt.

Lösungswort:

1	2	3	4	5	6	7	8	9	10

Die Eisenbahn löst die Postkutsche ab

Postkutschenfahrt

Dampflokomotive von 1829

Bevor es Eisenbahnen gab, fuhren Reisende beschwerlich und langsam mit Postkutschen. Doch nachdem in England die Dampfmaschine erfunden worden war, veränderte man diese so, dass sie sich selbst fortbewegen konnte: Die Lokomotive war erfunden.
1825 wurde die erste Eisenbahnstrecke der Welt in England mit einer Lokomotive von George Stephenson eröffnet. Für den 20 km langen Weg brauchte der Zug drei Stunden. In Deutschland fuhr 1835 die erste Eisenbahn die 6 km lange Strecke zwischen Nürnberg und Fürth. „Adler" hieß die Lokomotive. Viele Menschen beobachteten neugierig, wie 200 Personen mit über 20 Kilometern pro Stunde auf Fürth zuratterten. Schon nach 15 Minuten waren sie angekommen, schneller, bequemer und preiswerter als je zuvor.

In kurzer Zeit wurden immer neue Bahnstrecken eröffnet und miteinander verbunden. So entstand ein Eisenbahnnetz durch Deutschland, das dichter und dichter wurde. Bald wurden Weichen, Signale, Rangierstrecken und Bahnhofsgebäude errichtet und viel befahrene Strecken zweigleisig ausgebaut.
Zugleich wurden die Lokomotiven immer stärker und schneller. 1840 erreichten kleinere Züge mit 5 bis 6 Wagen erst Durschnittsgeschwindigkeiten von 30 km/h. 1860 fuhren längere Züge schon mit 50 km/h und 1890 bereits mit 80 km/h über große Strecken.
1879 wurde die Elektrolok erfunden. Sie musste nicht Kohlen und Wasser mit sich schleppen, sondern erhielt die elektrische Energie über Leitungen.

Die erste deutsche Eisenbahnfahrt 1835

Quiz: Die Eisenbahn löst die Postkutsche ab

Wenn du den Text auf Seite 183 gelesen hast, kannst du dieses Quiz leicht lösen.

(1) Kreise den Buchstaben hinter der richtigen Antwort ein.

(2) Schreib diesen Buchstaben in das richtige Kästchen und du erhältst ein Lösungswort.

Lösungswort:

1	2	3	4	5	6	7	8	9	10

(1) Reisende fuhren, bevor es Eisenbahnen gab, mit

Fahrrädern R

Postkutschen E

Dampfmaschinen F

(2) Die Lokomotive auf der ersten Eisenbahnstrecke war gebaut worden von

George Harrison I

Friedrich Händel L

George Stephenson V

(3) Bei ihrer Fahrt auf der ersten Eisenbahnstrecke der Welt in England brauchte die Lokomotive für 20 Kilometer

10 Minuten E

1 Stunde S

3 Stunden I

(4) Die erste Eisenbahn fuhr im Jahr

1825 T

1802 F

1897 B

(5) Die erste Eisenbahnstrecke in Deutschland wurde eröffnet zwischen

Köln und Hamburg K

Nürnberg und Fürth O

Berlin und Hannover E

(6) Die Lokomotive der ersten deutschen Eisenbahn hieß

Schwalbe N

Gazelle R

Adler M

(7) Die erste deutsche Eisenbahn fuhr mit einer Geschwindigkeit von

über 10 Kilometern pro Stunde G

über 20 Kilometern pro Stunde O

über 60 Kilometern pro Stunde B

(8) Überall in Deutschland wurden einzelne Bahnstrecken gebaut. Später wurden sie verbunden und es entstand ein

Gleis A

Haltesignal H

Eisenbahnnetz K

(9) Eine Geschwindigkeit von 80 km/h (Kilometern pro Stunde) erreichten Eisenbahnzüge im Jahr

1835 L

1860 U

1890 O

(10) Die Elektrolok, die 1879 erfunden wurde, fuhr mithilfe von

Diesel R

Kohlen G

elektrischer Energie L

Die 50er-Jahre: Als Oma und Opa Kinder waren (1)

Opa erzählt aus seiner Kindheit

„In den 50er-Jahren war ich ein Kind. Der Zweite Weltkrieg war erst einige Jahre vorbei. Deshalb gab es noch viele Ruinen und Trümmergrundstücke, wo wir gerne spielten, z.B. Verstecken, Klicker, Räuber und Gendarm. Zum Fahren besaß ich zuerst einen Holzroller, dann einen Ballonroller. Ein Fahrrad hatten nur manche ältere Jungen, die bald aus der Schule kamen. Dabei hätte ich gefahrlos auf der Straße fahren können. Dort fuhren weniger Autos als heute, zudem waren sie kleiner und langsamer.

Meine Hose konnte ruhig schmutzig werden, denn wie die meisten Kinder trug ich eine Lederhose. Das war vor allem für meine Mutter praktisch, schließlich musste sie anfangs noch alles mit der Hand waschen. Nur die neuen Häuser, die auf den Trümmergrundstücken entstanden, verfügten über Badezimmer. Ich badete noch lange Jahre samstags in einer Zinkwanne in der Küche.

Die ersten Fernsehsendungen wurden erst ab 1954 ausgestrahlt, damals nur für ein oder zwei Stunden am Tag. Aber wir hatten noch kein Fernsehgerät. Stereoanlagen, Videorekorder oder DVD-Spieler waren noch nicht einmal erfunden. Meine ältere Schwester hatte sich so gefreut, als sie endlich zu ihrem 16. Geburtstag einen Schallplattenspieler geschenkt bekam.

Beim Einkaufen wurden die Kunden noch bedient. Denn viele Waren mussten erst abgewogen und in Tüten gefüllt werden. Milch ging ich mit der Milchkanne kaufen. Meistens schenkte mir der Kaufmann ein Bonbon.

Ja, so haben wir in den 50er-Jahren gelebt."

Die 50er-Jahre: Als Oma und Opa Kinder waren (2)

Wie viele Familien hatten eigentlich ein Telefon, ein Fernsehgerät oder ein Auto?

(1) Lies die Schaubilder für die 50er-Jahre und trage die Zahlen ein.

(2) Frage 25 Kinder deiner Schule, ob ihre Familien ein Telefon, ein Auto oder ein Fernsehgerät besitzen. Trage dann diese Zahlen für heute ein. Färbe die Schaubilder für heute richtig ein.

50er

In den 50er-Jahren hatten von 25 Familien

_______ ein Telefon.

Familien mit Telefon:

HEUTE

Heute haben von 25 Familien

_______ ein Telefon.

Familien mit Telefon:

50er

In den 50er-Jahren hatten von 25 Familien

_______ ein Fernsehgerät.

Familien mit Fernsehgerät:

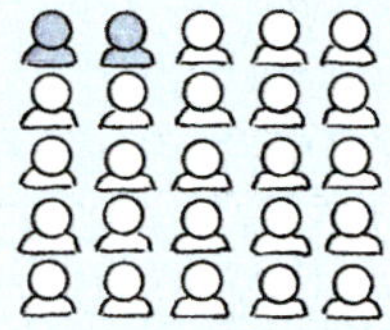

HEUTE

Heute haben von 25 Familien

_______ ein Fernsehgerät.

Familien mit Fernsehgerät:

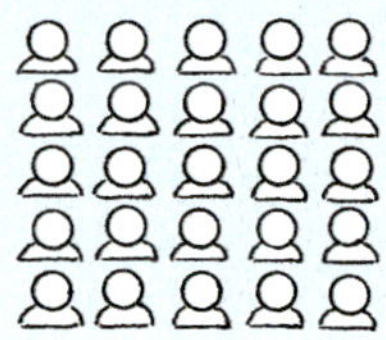

50er

In den 50er-Jahren hatten von 25 Familien

_______ ein Auto.

Familien mit Auto:

HEUTE

Heute haben von 25 Familien

_______ ein Auto.

Familien mit Auto:

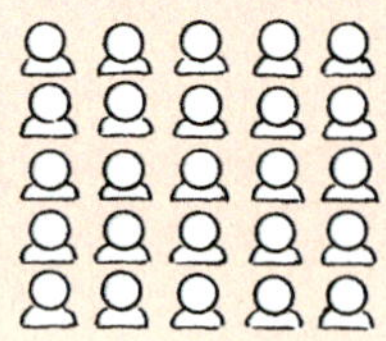

(3) Vermute, warum in den 50er-Jahren wesentlich weniger Familien ein Telefon, ein Fernsehgerät oder ein Auto hatten.

(4) Frage bei deinen Großeltern oder einem älteren Erwachsenen nach, ob sie damals ein Telefon, ein Fernsehgerät oder ein Auto hatten.

(5) Lass dir von deinen Großeltern oder einem älteren Erwachsenen erzählen, wie sich diese Geräte und das Auto von den heutigen unterscheiden.

(6) Lies mit deinen Großeltern oder einem älteren Erwachsenen den Text auf Seite 185. Fragt, was bei ihnen ähnlich oder anders war.

Jahrtausend-Leporello (1)

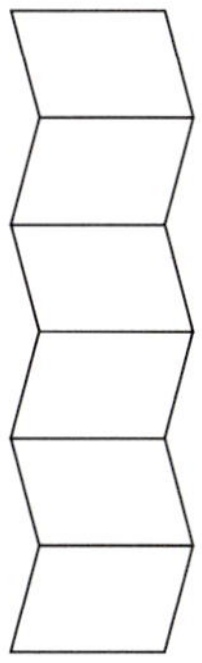

10. Jh.

Malta um 960

11. Jh.

Papst Urban II.
1096 Aufruf zum 1. Kreuzzug

12. Jh.

Handel und Handwerk
Aufblühen in Mitteleuropa
im 12. Jh.

13. Jh.

im 13. Jh.
Dschingis Khan
Eroberungszüge

950 | 1050 | 1150 | 1250

1000 | 1100 | 1200 | 13

Gründung
Abtei: Cluny 11.9.910

Erste Burgen
auf Höhenrücken um 1050

Erstmals Familiennamen
den Vornamen beigefügt
im 12. Jh.

Der Kompass wird
aus dem Osten eingeführt
um 1200

Klebefläche →

Schneide das Leporello an den Schneidelinien aus. Es entstehen drei Streifen. Falte sie zickzackförmig an den Faltlinien zwischen den Jahrhunderten. Klebe sie an den Klebeflächen zusammen. Auf der Rückseite kannst du Ereignisse aus der Geschichte deines Wohnortes eintragen.

14. Jh.

14. Jahrhundert
Große Pestepedemie

15. Jh.

1492
Christoph Columbus
entdeckt Amerika

16. Jh.

1521
Luther auf dem Reichstag
in Worms

17. Jh.

1618 bis 1648
Der dreißigjährige Krieg

1350 | 1450 | 1550 | 1650

00 | 1400 | 1500 | 1600 | 17

Einführung der Turmuhr
im 14.Jh.

1445
Gutenberg erfindet
den Buchdruck

1519 – 1522
Erste Weltumseglung

um 1600
Erfindung des Mikroskops

Klebefläche →

18. Jh.

1789
Französische Revolution

19. Jh.

1816
Jahr ohne Sommer
durch Vulkanausbruch

20. Jh.

Erster Weltkrieg 1914 – 1918
Zweiter Weltkrieg 1939 – 1945

21. Jh.

2002
Einführung des Euro

1750 | 1850 | 1950 | 2050

00 | 1800 | 1900 | 2000 | 21

1769
James Cook
umrundet die Welt

im 19. h.
Massenauswanderung von
Europa in die USA

1990
Deutsche Wiedervereinigung

26.12.2004
Tsunami-Kathastrophe
im Indischen Ozean

✂ - - - - mit der Schere ausschneiden/einschneiden; ——— diese Linie falten.

Jahrtausend-Leporello (2)

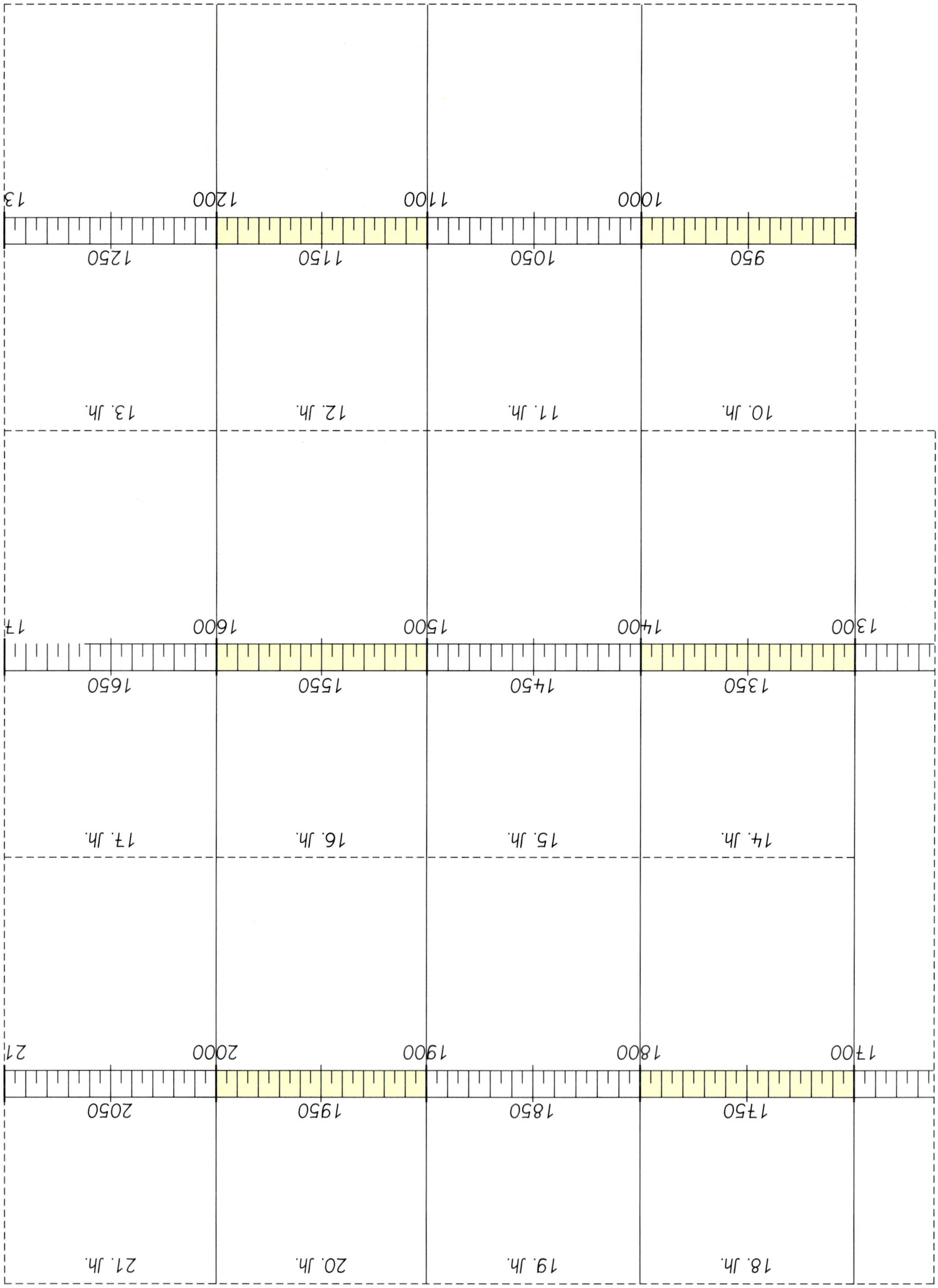

Jahrtausend-Leporello (3)

Zeit sichtbar machen

Zeit kann man nicht sehen, hören oder fühlen. Die ersten Menschen erlebten Zeit als Wechsel von Tag und Nacht und durch die Jahreszeiten. Man braucht Hilfsmittel wie Uhr und Kalender, um die Zeit zu messen und zu zeigen. Eine Möglichkeit für die Darstellung von gemessener Zeit ist die **Zeitleiste**. Auf diesem langen Zeitband können Zeiträume aufgezeichnet werden.

Zeiträume auf dem Leporello

Diese Zeitleiste hat als kleinste Einheit ein Jahr. Zehn Jahre sind ein **Jahrzehnt**, hundert Jahre bilden ein **Jahrhundert**. Tausend Jahre nennt man ein **Jahrtausend**. Jede Einzelseite des Leporellos zeigt auf dem aufgezeichneten Zeitband ein Jahrhundert.

Einteilung der Jahrhunderte

Es gibt zwei Möglichkeiten. Wir stellen die allgemein übliche Methode vor. Danach beginnt das 1. Jahrhundert im Jahr 0 und endet im Jahr 99. Am 1. Tag des Jahres 100 lässt man das 2. Jahrhundert beginnen. Es endet mit dem letzten Tag des Jahres 199. Am ersten Tag des Jahres 200 beginnt das 3. Jahrhundert. Es endet mit dem letzten Tag des Jahres 299.
Von Anfang 800 bis 899 ist das 9. Jahrhundert. Das 10. Jahrhundert beginnt im Jahr 900 und dauert bis zum Ende des Jahres 999.
Im Jahre 1000 ist seit Christi Geburt ein Jahrtausend vergangen.
Man zählt jetzt weiter: 1000 bis 1099 als 11. Jahrhundert (abgekürzt geschrieben: 11. Jh.).
Die Zeit von 1100 bis 1199 bezeichnet man als das 12. Jahrhundert (12. Jh.).
Von Anfang 1000 bis Ende 1999 dauerte das zweite Jahrtausend.
Wir sind jetzt im dritten Jahrtausend.

(1) In welchem Jahrhundert gab es auf den Anhöhen die ersten Burgen?

____

(2) Kolumbus entdeckte 1492 Amerika. In welchem Jahrhundert war das?

____

(3) Im welchem Jahrhundert war die Französische Revolution?

____

(4) Im Jahr 1969 betrat der erste Mensch den Mond. Welches Jahrhundert war das?

____

(5) In welchem Jahrhundert leben wir jetzt?

____

(6) Schreibt weitere Fragen auf. Ihr könnt sie euch gegenseitig stellen und beantworten.

____

____

____

Ich teste mein Wissen: Zeit

(1) Kreuze die richtige Antwort an.

a) Eine Chronik stellt geschichtliche Ereignisse …
- nur auf Bildern vor ◯
- in Prospekten vor ◯
- in zeitlicher Folge vor ◯
- nur auf Videos vor ◯

b) Das Luziafest gehört zum Weihnachtsfest in …
- Deutschland ◯
- Frankreich ◯
- Schweden ◯
- Italien ◯

c) Eine Kemenate gehört zu einer …
- Schule ◯
- Eisenbahn ◯
- Postkutsche ◯
- Burg ◯

(Jede richtige Antwort = 1 Punkt) *Mögliche Punktzahl: 3 / Erreichte Punktzahl:*

(2) In jedem Kasten steht ein Begriff/Name, der nicht zu den anderen passt. Streiche ihn durch.

a)
- Brustharnisch
- Visier
- Bergfried
- Halsberge

b)
- Palas
- Knappe
- Wehrturm
- Kapelle

c)
- J. Gutenberg
- F. Magellan
- Ch. Kolumbus
- J. Cook

(Jedes gestrichene Wort, was nicht dazugehört = 1 Punkt) *Mögliche Punktzahl: 3 / Erreichte Punktzahl:*

(3) Ordne die Ereignisse den entsprechenden Jahrhunderten zu.
Verbinde dazu das Bild/den Text mit dem Jahrhundert, in dem das Ereignis stattfand.

Erste Burgen werden auf Anhöhen gebaut.	Der Kompass wird aus dem Osten eingeführt.	Kolumbus entdeckt Amerika.	Der Dreißigjährige Krieg	Einführung des Euro

900 – 1000 – 1100 – 1200 – 1300 – 1400 – 1500 – 1600 – 1700 – 1800 – 1900 – 2000

(Für jedes richtig verbundene Ereignis = 1 Punkt) *Mögliche Punktzahl: 5 / Erreichte Punktzahl:*

(4) Vervollständige die folgenden Sätze.

a) Die erste Eisenbahn fuhr in Deutschland im Jahr ____________, das war im _____ Jh.

b) Vor mehr als ____________ Jahren regierten Grafen in vielen Gebieten Deutschlands.

c) Ich bin im ____________ Jahrhundert geboren.

(Für jede richtige, vollständige Antwort = 1 Punkt) *Mögliche Punktzahl: 3 / Erreichte Punktzahl:*

(5) Prüfe die Richtigkeit der Sätze. Kreuze richtige Aussagen an, streiche falsche durch.

❑ Das Schönschreiben war früher ein Schulfach.
❑ Deutschland hatte vor 100 Jahren einen König.
❑ Eine Ritterrüstung wog zwischen 60–70 kg.
❑ Gutenberg war der Erfinder des Buchdrucks.

❑ In den 50er-Jahren gab es die ersten Handys.
❑ Barbarazweige blühen zum Heiligen Abend.
❑ Die Postkutsche ist älter als die Eisenbahn.
❑ Die erste Eisenbahn fuhr 30 km in der Stunde.

(Für jeden richtig bewerteten Satz = 1 Punkt) *Mögliche Punktzahl: 8 / Erreichte Punktzahl:*

Auswertung: *Mögliche Gesamtpunktzahl: 22 / Erreichte Gesamtpunktzahl:*

22 Punkte bis 18 Punkte = Mein Wissen zum Themenbereich „Zeit“ ist … richtig gut.
17 Punkte bis 11 Punkte = Mein Wissen zum Themenbereich „Zeit“ ist … gut.
10 Punkte bis 0 Punkte = Mein Wissen zum Themenbereich „Zeit“ ist … noch nicht so gut.

 Name:

Was ich im Sachunterricht gelernt habe (1)

Lies und kreuze das Zutreffende an. Setze an die Stelle der Punkte … deine Bewertung ein.

Beispiel: Ich weiß – gut –, wie sich Schmetterlinge entwickeln.
Ich kenne die Elemente des elektrischen Stromkreises – richtig gut.
Ich kann – richtig gut – Versuche mit Wasser planen und durchführen.

Seite	Themenbereich Natur (1) und (2)		noch nicht gut	gut	richtig gut
7 – 10	Ich kenne	die fünf einheimischen Getreidearten … .			
11 – 12	Ich weiß	…, unter welchen Bedingungen Pflanzen sich entwickeln.			
13 – 14	Ich weiß	…, wie sich Pflanzen verbreiten.			
15 – 17	Ich kenne	Pflanzen und Tiere meiner Umgebung … .			
19 – 20	Ich kenne	die zehn häufigsten Gartenvögel … .			
21 – 24	Ich kenne	Pflanzen und Tiere der Wiese und ihre Nahrungsbeziehungen … .			
25 – 26	Ich weiß	…, wie sich Schmetterlinge entwickeln.			
27 – 28	Ich weiß	…, wie Weinbergschnecken und Regenwürmer leben.			
29 – 32	Ich kenne	Pflanzen und Tiere des Teiches und ihre Nahrungsbeziehungen … .			
31	Ich weiß	…, wie sich Grasfrösche entwickeln.			
33 – 36	Ich kenne	Pflanzen und Tiere des Waldes und ihre Nahrungsbeziehungen … .			
37 – 38	Ich kenne	die Zustandsformen von Wasser … .			
39 – 40	Ich weiß	…, dass Wasser nicht verloren geht.			
41 – 44	Ich weiß	…, wie Trinkwasser gewonnen, genutzt und geklärt wird.			
45 – 47	*Ich kann*	*… Versuche mit Wasser planen und durchführen.*			
48	⟶	**Mein Wissen zum Themenbereich Natur (1) ist … .**			
51 – 52	Ich kann	… Versuche zum Mischen, Lösen und Trennen durchführen.			
53 – 54	*Ich kann*	*… Versuche zum Schwimmen und Sinken planen und durchführen.*			
55 – 58	Ich weiß	…, wie Luft strömt und wie Luft vor Verschmutzung geschützt wird.			
59 – 60	Ich kenne	… die Formen des Wetters und die Geräte zur Wettermessung.			
61 – 62	*Ich kann*	*… Wetter beobachten und Wettererscheinungen deuten.*			
63 – 66	Ich kenne	die Voraussetzungen von Feuer und die Brennbarkeit von Materialien … .			
67 – 68	Ich kenne	die Elemente des elektrischen Stromkreises … .			
71 – 72	Ich weiß	…, welche Materialien Strom leiten und welche nicht.			
71 – 74	Ich kenne	die Bedeutung von Strom und erneuerbaren Energiequellen … .			
75 – 78	Ich weiß	…, wie wichtig eine gesunde Ernährung für mich ist.			
79 – 80	Ich kenne	die Bedeutung von Knochen und Gelenken … .			
81 – 82	*Ich kann*	*… den Puls messen und die Werte der Pulsschläge vergleichen.*			
83 – 85	Ich weiß	…, wie ich gesund bleibe und Erste Hilfe leisten kann.			
86	⟶	**Mein Wissen zum Themenbereich Natur (2) ist … .**			

Seite	Themenbereich Technik				
89 – 90	Ich kenne	die Geschichte des Rades … .			
91 – 92	Ich kenne	bedeutende Erfindungen … .			
93 – 94	Ich kenne	die Unterschiede zwischen der Getreideernte früher und heute … .			
95 – 96	Ich kenne	Formen der Arbeit … .			
97	Ich weiß	…, wie ein Schulbasar geplant wird.			
98 – 100	*Ich kann*	*… Filzkugeln und Filzstränge herstellen.*			
101 – 102	Ich weiß	…, mit welchen Werbemitteln man für ein Produkt werben kann.			
103 – 104	*Ich kann*	*… eine Taschenlampe bauen.*			
105 – 106	*Ich kann*	*… mit einer Taschenlampe morsen.*			
107 – 108	*Ich kann*	*… mit verschiedenen Waagen Gewichte abwiegen.*			
109 – 111	*Ich kann*	*… aus Papier Pfeiler und Brücken bauen und deren Stabilität prüfen.*			
112	⟶	**Mein Wissen zum Themenbereich Technik ist … .**			

Was ich im Sachunterricht gelernt habe (2)

Lies und kreuze das Zutreffende an. Setze an die Stelle der Punkte ... deine Bewertung ein.

Beispiel: Ich weiß – gut –, wie die Menschen in den 50er-Jahren lebten.
Ich kenne die wichtigen Vorfahrtsregelungen – richtig gut.
Ich kann mich – richtig gut – im Internet informieren.

Seite	Themenbereich Raum (mit Verkehrserziehung)		noch nicht gut	gut	richtig gut
115 – 116	Ich weiß	..., wie ich meinen Heimatort erkunden kann.			
117 – 118	*Ich kann*	*... mit einem Kompass die Himmelsrichtungen bestimmen.*			
119 – 120	*Ich kann*	*... Pläne lesen und verstehen.*			
121 – 121	*Ich kann*	*... mit einem Stadtplan arbeiten.*			
124 – 125	Ich weiß	..., was zu einem verkehrssicheren und betriebssicheren Fahrrad gehört.			
126	Ich weiß	..., wie man mit dem Fahrrad anfährt und Abstand hält.			
127 – 128	Ich kenne	die wichtigen Verkehrszeichen			
129 – 130	Ich kenne	die wichtigen Vorfahrtsregelungen			
131	Ich weiß	..., wie ich an haltenden Fahrzeugen vorbeifahre.			
132	Ich weiß	..., wie ich mich beim Radfahren an Baustellen und Engpässen verhalte.			
133 – 134	Ich weiß	..., wie ich mich beim Linksabbiegen ohne Verkehrszeichen verhalte.			
135 – 136	Ich weiß	..., wie ich mich beim Linksabbiegen mit Verkehrszeichen verhalte.			
137 – 138	→	**Mein Wissen zum Themenbereich Raum und zur Verkehrserziehung ist ... .**			

Seite	Themenbereich Gesellschaft (mit Computerkurs)		noch nicht gut	gut	richtig gut
141 – 142	Ich weiß	..., was Menschen unter Zuneigung, Zärtlichkeit und Liebe verstehen.			
143 – 144	Ich weiß	..., wie sich Mädchen und Jungen entwickeln.			
145 – 146	Ich weiß	..., womit sich Mädchen und Jungen gerne beschäftigen.			
147 – 148	Ich weiß	..., wann es wichtig ist, „nein" zu sagen.			
149 – 150	Ich kenne	die offene Abstimmung und ihre Vor- und Nachteile			
151 – 152	Ich kenne	die Wahlregeln bei einer geheimen Abstimmung			
153 – 156	Ich kenne	verschiedene Möglichkeiten ..., um Konflikte zu lösen.			
158	*Ich kann*	*... einen Computer starten und Programme öffnen.*			
159	*Ich kann*	*... einen Text am Computer schreiben.*			
160	*Ich kann*	*... einen Text speichern, öffnen und drucken.*			
161 – 162	*Ich kann*	*... einen fertigen Text mit dem Computer nachträglich gestalten.*			
163 – 164	*Ich kann*	*... das Internet starten und mit einer Suchmaschine arbeiten.*			
165 – 166	*Ich kann*	*mich ... im Internet zu einem Sachthema informieren.*			
167 – 168	*Ich kann*	*... mit dem Computer einen Steckbrief schreiben.*			
169	*Ich kann*	*... mit dem Computer ein Plakat gestalten.*			
170	→	**Mein Wissen zum Themenbereich Gesellschaft und zum Computerkurs ist ... .**			

Seite	Themenbereich Zeit		noch nicht gut	gut	richtig gut
173 – 174	Ich kenne	die Unterschiede zwischen der Schule früher und heute			
175	*Ich kann*	*... einer Zeitleiste Informationen entnehmen und zuordnen.*			
176	*Ich kann*	*Informationen zur Geschichte meiner Schule ... einholen.*			
177 – 178	Ich kenne	die früheren und heutigen Bräuche zum Feiern des Weihnachtsfestes			
179 – 180	*Ich kann*	*... Informationen zum Weihnachtsfest einholen und präsentieren.*			
181 – 182	Ich weiß	..., wie die Ritter lebten und welche Gebäude zu einer Burg gehören.			
183 – 184	Ich kenne	die Geschichte der Eisenbahn			
184 – 185	Ich weiß	..., wie die Menschen in den 50er-Jahren lebten.			
187 – 188	*Ich kann*	*... ein Jahrtausend-Leporello oder eine Zeitleiste herstellen.*			
189	Ich kann	... wichtige Ereignisse auf der Zeitleiste einordnen.			
190	→	**Mein Wissen zum Themenbereich Zeit ist ... .**			